影响全球文明的
中华工匠技术

The Chinese Craftsmanship
and Its Global Influences

潘天波 ……………… 著

世界图书出版公司
北京·广州·上海·西安

图书在版编目（CIP）数据

匠心致远：影响全球文明的中华工匠技术 / 潘天波著 . —北京：世界图书出版有限公司北京分公司，2022.6
ISBN 978-7-5192-9252-2

Ⅰ . ①匠… Ⅱ . ①潘… Ⅲ . ①手工业史—中国 Ⅳ . ① F426.899

中国版本图书馆 CIP 数据核字（2021）第 262460 号

书　　名	匠心致远：影响全球文明的中华工匠技术 JIANGXIN ZHI YUAN
著　　者	潘天波
策划编辑	罗明钢
责任编辑	赵　茜
封扉设计	崔欣晔
出版发行	世界图书出版有限公司北京分公司
地　　址	北京市东城区朝内大街 137 号
邮　　编	100010
电　　话	010-64038355（发行）　64033507（总编室）
网　　址	http://www.wpcbj.com.cn
邮　　箱	wpcbjst@vip.163.com
销　　售	新华书店
印　　刷	三河市国英印务有限公司
开　　本	710mm×1000mm　1/16
印　　张	20.25
字　　数	310 千字
版　　次	2022 年 6 月第 1 版
印　　次	2022 年 6 月第 1 次印刷
国际书号	ISBN 978-7-5192-9252-2
定　　价	69.80 元

版权所有　翻印必究
（如发现印装质量问题，请与本公司联系调换）

序

当你打开这本小书之时，你便开启了"中华工匠技术全球小史"的观光旅程，这个旅程的主题看起来很漫长、很复杂，也很宏大，但实际上它又是很短暂、很简单，也是很微小的。为了减少大家"观光"的疲倦，本旅程的目的地（目标内容）只安排了影响全球的十大中华工匠技术，即扇子、磨子、罗盘、鼓风炉、耕犁、轮子、马镫、火器、烟具和漆器等技术。

本旅程计划完成以下"十大路线"："扇子：从闺房走出的羞涩"（第一章）、"磨子：人类文明之胃"（第二章）、"罗盘：全球空间的延展与冒险"（第三章）、"鼓风炉：远嫁他乡的风娘子"（第四章）、"耕犁：翻动文明土壤的利器"（第五章）、"轮子：人类想象力的胜利"（第六章）、"马镫：改变战争的胜算"（第七章）、"火器：祸起炼丹家的发现"（第八章）、"烟具：人类吸食史的风尚"（第九章）和"漆器：漆香同船去"（第十章）。

如此安排还有以下三个方面的考虑：

第一，旅程只安排"十大路线"，即影响全球的十大中华工匠技术，这是因为这十大中华工匠技术是被技术史、艺术史和工匠史等学界忽视的技术。人们较多关注的是四大发明或瓷器等非常显赫的中华工匠技术的全球传播，对扇子、磨子、罗盘、鼓风炉、耕犁、轮子、马镫、火器、烟具和漆器等技术的关注与研究较少，这些被人们淡忘的"小技术"，却包含外人不知的"大文明"。实际上，所谓四大发明的历史视界和书写传统已然导致了全球国家对中华文明的严重误解，也导致了全球民众对中华文明的理解存在严重偏狭。欧洲文明中心论或技术中心论的出场，在一定程度上与中华技术文明史的书写以及对外传播较少有关。这里列举的十大中华工匠技术对全球的影响是深远的、多元的和震撼人心的，它们对全球人类文明史的发展起到了巨大的推动作用。就拿磨子来说，中国的磨子技术让日本人闻到了抹茶的芳香，让非洲人感受到了咖啡的醇厚，让墨西哥人品尝到了玉米糊的滋味，让英国人对胡椒的加工有了新办法，让欧洲人也吃到了香甜可口的面包。给这些世界饮食文明带来变化的功臣无疑是中国磨子。因此，在这条"路线"中，你首先会欣赏到世界各国是如何有效利用中国磨子加工他们自己国家的食物的，这也是你在这条"路线"中欣赏到的"第一风景"——技术与技术物的风景。

那么，我们的旅程并非如此"物质"，只是欣赏与磨子相关的吃吃喝喝，我们还能看到中国磨子带来饮食习惯改变后的经济、劳动与休闲的变化。当英国寺院里有了中国磨子之后，神圣而虔诚的"寺院经济"开始出现；南美洲有了中国磨子之后，用磨子压榨甘蔗的"蔗糖经济"开始萌动；非洲人和阿拉伯人把中国磨子带到欧洲之后，"面包经济"开始活跃；当欧洲人把磨子带到美洲之后，美洲的"咖啡经济"逐渐风靡全球。很显然，磨子经济背后还引发了一系列劳动和休闲的变化。当中国磨子走向全球的时候，全球的农业劳动、手工业劳动开始转向适应磨子经济而发展，譬如小麦的大面积种植、亚洲胡椒的全球贸易、磨子工匠的流动及赋税的新变化等，这些都是磨子技术所引发的社会文明变化。最值得一提的是，磨子技术引发了全球劳动之余的新的休闲体系，如磨子加工场景（人们在休闲时去磨面粉）、品尝咖啡的休闲场景（休闲的一种体验）等。休闲体系的变化是全球文明水平提高的一种表现，也是人类最为高贵和理想的生存状态。中华工匠技术背后的技术文化景观，是本次旅程中你能欣赏到的"第二风景"——劳

动和休闲的风景。

光看"第一风景"和"第二风景"是不够的,在接下来的旅程中,还要欣赏"第三风景"。所谓"第三风景",就是中华工匠技术在全球的分异带来的文明意义,它包括制度文明、物质文明、精神文明和伦理文明等。譬如马镫技术直接催生了欧洲的封建制度和骑士阶层,火器技术又把欧洲的骑士阶层及其制度炸得粉碎。再譬如中国的耕犁技术给全球的物质文明带来革命性的变革,让全球农民有了新的定居生活保障,全球伦理在耕犁技术体系中诞生。全球有了耕犁技术之后,耕田的劳动时间大大压缩,土壤肥力和利用率也大大提升,进而也延长了人们的休闲时间。休闲时间的延展带给人类精神文明的变化是深刻的,戏剧表演、说话小说、文学艺术、哲学论辩、宗教祷告等休闲时光的文化景观出现了,人类的精神文明水平大大提升。在人类文明史上,休闲时间所创造的文明要远大于劳动时间创造的文明量。没有休闲的民族是忙碌的,但哲学思想的收获是很少的。在中国先秦社会,先进的耕犁技术保障了劳动者的休闲时间,进而出现了"百家争鸣"的哲学思想的发展高峰时期。世界上其他地区的所谓"轴心时代"表现出来的高水平文明,也无不跟休闲文明密切相关。在世界上,中国古代工匠技术无不跟休闲文明相关,它在时间和空间维度上具有深刻的变革性意义与影响,这是本次旅程的"第三风景"——文明和制度的风景。

在此之后,你还能够欣赏到"第四风景",也是本次旅程的最后一个站点——现象与哲学的风景。在你欣赏了前三个站点的风景之后,这个站点将带你回到"宾馆"这个狭小的空间,但它能作为无限思考的空间,让你去回念前三个站点风景的现象学意义和哲学思想,做旅程记忆的清空处理,让自己的思想清空,没有任何的杂念,没有兴奋、自满和骄傲,没有自我文明中心论,没有民族文明优越论。也只有这样,你的这次旅程才是有意义的、轻松的,才是富有诗、灵魂和思想的远行。譬如,你要放弃所有的中国马镫技术给全球带来变化的骄傲,你要放空一切有关马镫技术的自满情绪。因为马镫可能是早期印度骑士阶层的发明,尽管被中国草原部落改良后的马镫技术传入欧洲后产生了深远的影响，但其中也有阿拉伯人将马镫技术传播至欧洲的功劳。在南美洲没有人会记得是中国马镫技术还是印度马镫技术，他们只知道马镫技术是从欧洲传来的。换言之，全球技术的发展和革新绝非孤立的，它们是在交往、互动与互鉴中实现技术粒子创新发展的。那么，在技术现象学背后的哲学思想又是什么呢？这是本次旅程的最后归属或小小的收获。但这个收获是属于你的，笔者在"现象与哲学"的部分并没有过多地谈论，而是留下了很大的空间，让旅行者去探索。

简言之，以"磨子"等"路线"为例，介绍各"路线"中共有的"四大风景"——技术与技术物的风景、劳动和休闲的风景、文明和制度的风景、现象与哲学的风景，构成了一个结构逻辑逐渐递升的风景体系，这也是笔者书写本书的核心程式与结构体系。

第二，这次旅程之所以安排了这"十大路线"，是因为它们所具有的"四大风景"不仅是新奇的，是先前旅行者没有探索到的，而且是具有代表性的中华工匠技术景观。它们分别涉及农业（如耕犁技术）、工业（如鼓风炉技术）、生活（如漆器技术）、战争（如马镫技术）、航海（如罗盘技术）、风尚（如烟具技术）、贸易（扇子技术）等各领域，而且每一技术所涉及的文化领域也是多元的，譬如磨子技术涉及农业、经济、政治、宗教、劳动、休闲等十分丰富的社会文化，它或是中国技术现象学的"活细胞"。实际上，扇子、磨子、罗盘、鼓风炉、耕犁、轮子、马镫、火器、烟具和漆器等技术都是中华技术现象学的"活细胞"，也是全球技术现象学的"活细胞"。在显微镜下透视这个细胞，你就能看到它所具有的身体、思想与灵魂，以及所有的社会文化现象。换言之，"十大路线"是精选的中华工匠技术全球史的样本路线。

同时，在旅行中，你可能注意到了这"十大路线"各自又是独立的路线，即扇子、磨子、罗盘、鼓风炉、耕犁、轮子、马镫、火器、烟具和漆器等技术都是独立成篇的，这样的安排主要考虑到每一位读者的兴趣、爱好和研究方向的差异，可选择其中的某个"路线"。假如你只是对磨子技术感兴

趣,那么只需游览这一条"路线"且丝毫不影响旅行的质量和期待,因为在这一条"路线"中也可以欣赏到"四大风景"。也就是说本书从第一章到第十章每一章写作的技术逻辑和基本范式是相同的,以便给旅行者的欣赏带来可选择的空间。

第三,安排这"十大路线"景观,最为重要的一个学术思考就是打破欧洲文明中心论的神话,走出技术恐惧论的陷阱,客观确认中华工匠技术的全球身份,弘扬与传承中华工匠精神,建构全球文化命运共同体。

在十大中华工匠技术面前,欧洲文明中心论者恐怕可以回家休息了。因为,他们的努力和勤奋是徒劳的,他们没有看到全球文化命运共同体的历史、今天和未来,当然就看不到扇子、磨子、罗盘、鼓风炉、耕犁、轮子、马镫、火器、烟具和漆器等技术的全球分异、传播与影响。技术是没有国界的,全球技术文明是交往的、互动的和互鉴的体系。全球没有绝对孤立的文明板块,更没有绝对孤立的文明中心。同时,技术文明本身也是互联的、互动的和互惠的体系,如罗盘技术的发展与传播带来了全球扩张与新贸易的技术,于是扇子技术、磨子技术也紧随其后被传播至世界各地。再譬如马镫技术催生封建制度和骑士阶层,火药火器技术又摧毁封建制度和骑士阶层。换言之,全球技术粒子之间的互动与迭代更新会在诸多技术领域产生新的效用与作用。

任何技术都是有潜在的危险或副作用的,这是毋庸置疑的。譬如磨子技术使得地主阶级、寺院封建主无偿剥夺了农民的财富和收入,耕犁技术造成土壤被破坏而出现沙尘暴等环境污染问题,马镫技术和火器技术造成全球战争的残酷性和死亡,烟具技术也造成人因吸烟带来的身体问题,扇子技术和漆器技术的过度消费也可能带来奢侈消费主义。那么,技术恐惧论者发现这些危险、危机和危害的一面,对社会发展与文明发展是有益的,尽管如此,"因噎废食"式地抛出"技术恐惧论"而限制技术发展则是杞人忧天的思想。在马克思看来,技术是人的本质力量的外化,只要人的本质力量在这场技术变化中得以展现,进而推动人类文明的健康发展,这种技术文化就是值得期许的。

　　对中华工匠技术而言，人们对工匠及其技术的理解与研究实在是很少。与其他门类的中华历史研究相比，中华工匠技术显然被人们所遗忘。然而，工匠、工匠技术和工匠精神本来应该得到应有的重视，却被正史所遗弃。在中华正史中，很少有史家为工匠列传、为工匠技术赘言、为工匠精神赞美，更看不到中华工匠文化的全球史。因此，梳理中华工匠技术，盘点中华工匠技术文化，澄明中华工匠技术的全球史，这是弘扬与传承中华工匠精神的基础工作，这也是本书的学术使命，或是笔者的社会使命。

　　是为序。

潘天波
2021年2月28日

目录

第 一 章 | **扇子：从闺房走出的羞涩** 001
　　　　　扇子的美学根源：政治与艺术　003
　　　　　中国南方之扇：经济及其美学　008
　　　　　流向全球的中国扇子：恩赐与贸易　012
　　　　　扇子美学意义的全球展开：渗透与转化　017
　　　　　延伸　025
　　　　　扇子的现象与哲学　027

第 二 章 | **磨子：人类文明之胃** 029
　　　　　磨子：作为地方性知识体系　032
　　　　　磨子技术作为经济：结构与种类　035
　　　　　磨子技术作为情感：生产与媒介　043
　　　　　磨子技术作为文明：流动与转化　047
　　　　　延伸　054
　　　　　磨子的现象与哲学　054

第 三 章 | **罗盘：全球空间的延展与冒险** 057
　　　　　罗盘：自然、玄幻与科学　060
　　　　　走向海洋的中国罗盘技术　064
　　　　　罗盘技术的全球网络及传播　068
　　　　　罗盘技术的全球意义　074
　　　　　延伸　081
　　　　　罗盘的现象与哲学　083

| 第四章 | **鼓风炉：远嫁他乡的风娘子** 085

　　鼓风技术迭代发展：从橐龠到风箱 088
　　鼓风技术的全球网络 094
　　鼓风技术的全球意义及其批判 101
　　延伸 105
　　鼓风炉的现象与哲学 107

| 第五章 | **耕犁：翻动文明土壤的利器** 109

　　耕犁技术：多彩中华文明的活力 112
　　耕犁技术谱系：全球分异与支系 116
　　耕犁技术的意义指向 122
　　延伸 133
　　耕犁的现象与哲学 135

| 第六章 | **轮子：人类想象力的胜利** 137

　　苏美尔的陶轮与车轮技术 140
　　中国的轮子技术体系 145
　　欧洲、非洲与美洲的轮子技术体系 151
　　轮子技术的文明意义 156
　　延伸 162
　　轮子的现象与哲学 164

| 第七章 | **马镫：改变战争的胜算** 165

　　马镫技术的萌芽、定型与西传 168
　　马镫技术与全球文明 176
　　"马镫技术论"的哲学批判 181
　　延伸 184
　　马镫的现象与哲学 185

第 八 章 | **火器：祸起炼丹家的发现** 187

炼丹、鞭炮与火药：技术及其报复 190
火器全球分异：从"飞火"到"佛郎机炮" 193
火器技术的历史面向：经学与经验论 197
火器技术的全球意义 201
延伸 205
火器的现象与哲学 206

第 九 章 | **烟具：人类吸食史的风尚** 209

映像与全息元 211
世界风尚与文化互溢 215
延伸 218
烟具的现象与哲学 219

第 十 章 | **漆器：漆香同船去** 221

中国漆器海外输出的缘起 226
中国漆器海外输出的契机 234
中国漆器海外输出的途径 240
中国漆艺的世界文化身份与地位 255
延伸 259
漆器的现象与哲学 260

第十一章 | **技术传播的路径与机理** 261

全球中华技术物景观 266
中华技术物的全球传播路径 270
中华技术物的全球传播机理 275
中华技术物的全球传播系统及其影响 278
延伸 285
技术物传播的现象与哲学 286

附　录 | **技术史书写的困境与援引** 287

　　　　　界限的困境：工艺史、科技史与技术史　289
　　　　　思想的赤字：几种技术史书写偏见　296
　　　　　可能的援引：新范式及其意义　299
　　　　　延伸　305
　　　　　技术史的现象与哲学　305

跋　309

第一章 扇子：从闺房走出的羞涩

　　扇子是东方中国文化的象征，用来遮掩的扇面已然显示出中国文明的羞涩、含蓄与博雅。中国扇子不仅具有政治化的美学表征，还在诸多艺术领域呈现出社会化的美学功能。在丝路全球流动体系中，中国南方扇子的经济美学力量激活了与之相适应的材料美学、市场美学与社会美学的相继出场，扮演了丝路文明互通、互鉴的重要角色，促进了全球美学的交往、互动与交融，激发了欧洲民众的审美情趣、文艺创作和思想启蒙。透视中国扇子美学的全球流动及其意义延伸，或能昭示中华文明在东方化欧洲社会进程中的美学建构价值。

尽管中国扇子是日常生活中的"小物件",但是它的身上含有"大文章"。在狭小的扇面上,中国扇子释放出东方文化所能涉及的诸多文化,譬如扇面书法、扇面绘画、扇面雕镂、扇面刺绣、扇面髹漆、扇面篆刻、扇面文学等门类众多的文艺样态。在小说、戏曲和文学叙事中,扇子已然彰显出东方中国文明的智慧、爱情和优雅。扇子在政治、经济、外交等领域也发挥着它独有的美学建构价值,特别是中国扇子美学的全球流动及其意义的延伸是最值得关注的。尽管沈从文先生著《扇子史话》介绍了中国扇子的发展史,庄申先生著《扇子与中国文化》详尽阐述了中国扇子的历史及其在欧洲的发展,但是扇子文化的美学根源及其在全球流动的意义铺展较少有学者涉猎,这显然不利于对中华扇子文化基因的探讨,也不利于中华美学在全球文明体系中的价值探讨。在接下来的讨论中,以中国扇子为研究对象,站在全球美学史的视角,依据扇子的政治美学、经济美学和社会美学为线索展开,较为详细地探究中华扇子美学的全球流动及其意义延伸,以期确证中华扇子文化的美学根源及其全球意义。同时,对扇子的全球美学史专题研究,亦能为中国技术的全球美学史书写提供一种范式或路径。

扇子的美学根源:政治与艺术

在形式上,扇子的美学意义要大于扇子本身的使用价值,尤其是中国扇子从它诞生之日起,便与政治美学和艺术美学关联在一起。在中国美学史上,扇子美学所具有的政治美学的象征意义是耐人寻味的。但是,扇子毕竟是艺术的扇子和美学的扇子,扇子的政治美学最终还是要转向艺术美学的。

政治化的中国扇子

在一般常识中，扇子主要是用来取风纳凉的工具。扇，本为"箑"或"翣"。《诗经》中有"朱幩镳镳"①的记载，这里的"朱幩"，即"扇汗"。徐锴《说文解字系传》（卷十四）解释云："谓以帛缠马口旁铁，扇汗，使不汗也。"②在汉代，长安有工匠丁缓，曾发明半自动化的"七轮扇"，有很大风力。《西京杂记》记载："（长安巧匠丁缓）又作七轮扇，连七轮，大皆径丈，相连续，一人运之，满堂寒颤。"③尽管这段野史记载不足为信，但汉代的壁画、画像石、漆画等艺术领域多出现扇子的身影，说明汉代扇子使用已经十分普遍了。

就扇子的象征意义而言，扇子从它诞生之日起就有了一定的政治美学寓意，并在以后的发展中逐渐形成了扇子的政治美学表征或功用。譬如三皇五帝时期的五明扇、秦汉时期的仪仗扇、魏晋时期的清谈扇、明清时期的方物扇和宫廷扇、近代的国礼扇等等，它们近乎将普通的扇子与政治美学中的清明、权势、礼仪等紧密联系在一起，进而表达出扇子的政治化美学表征与意味。由此，也形成了扇子美学的身份性、权力性和等级性属性。诸如贩夫引蒲扇、女婢插腰扇、皇帝用宫扇或仪仗扇（见图1-1和图1-2）④、文人持羽扇、闺房配纨扇等，这些扇子的适应空间、使用主体所表现出来的美学身份与角色象征是显而易见的。

---

① 张衍华、刘化民：《诗经本义注译》（上），北京：台海出版社，2016年，第108页。
② 曾枣庄、曾涛选注：《三苏选集》，成都：巴蜀书社，2018年，第257页。
③ ［晋］葛洪：《西京杂记》，周天游校注，西安：三秦出版社，2005年，第60页。
④ 易凡：《中国扇》，合肥：黄山书社，2012年，第12—13页。

图1-1 [元]钱选《杨贵妃上马图》(局部)

图1-2 [唐]阎立本《步辇图》

那么,扇子何以成为政治美学的扇子?或者说,扇子美学何以被赋予了政治美学的象征意味呢?这首先要从扇子的起源说起。崔豹《古今注》云:"五明扇,舜所作也。"[1]这里的"五明扇",即为古代掌扇或团扇的最早雏形,其本来目的是"广开视听,求贤人以自辅"[2]。可见,在原初意义上,扇子就有了政治化的意味。大约在战国和两汉之际,出现了一种贵族或帝王使用的"仪仗扇",又称之为"障扇"。扇子不仅能障尘蔽日,还能显示皇家车队之威风,作为"障尘蔽日"之扇,体现出它的实用美学功能。但作为显示皇家车队威风之扇,扇子已经被赋予了特定的政治化权力意味或身份象

---

[1] [晋]崔豹:《古今注》,北京:中华书局,1985年,第5页。
[2] [晋]崔豹:《古今注》,北京:中华书局,1985年,第5页。

征,进而使得扇子从实用美学走向政治美学。从中国早期的礼仪制度看,皇家车队之威风很显然是皇家礼仪制度在扇子功能上的表达与再现。或者说,"纳礼于器"已然成为中国古代技术美学生产的习惯路径,也表现出了中国古代制度是扇子美学的"主宰",能改变扇子美学的功能方向与意义深度。沈从文如是写道:"目前所见较早的扇子形象是东周、战国铜器上刻画的两件长柄大扇,以及江陵天星观楚墓出土的木柄羽扇残件。从使用方面看,由奴隶仆从执掌,为主人障风蔽日,象征权威的成分多于实际应用。"[①]可见,无论是长柄大扇,还是木柄羽扇,它们都被赋予了特定的政治美学色彩,具有实际功能之外的政治化象征意味。扇子技术、美学与政治或制度的联姻也成为中国古代技术美学意义生成的重要路径。这种路径在中国古代艺术的诸多领域均有表现,譬如用于祭祀的漆器、青铜器,用于宗教的丹炉、罗盘,用于礼仪的美术、绘画等,它们的技术、美学和艺术均被置于政治或制度体系之中。于是,扇子的政治化美学使用被赋予了新的功能与意义,成就了美学的政治化表达价值,美学也让使用扇子的主体被赋予了特定的身份、权力与意味。譬如自汉末至南北朝时期,尾扇十分流行,它几乎成为文士清谈时所执之物件。清谈扇的美学价值在于能表达文士们的哲学立场或玄学态度,标榜自己政治之外的独特身份与品行。扇子的美学意味在玄学文士的清谈中得以延伸与滋长,扇子的政治美学功能在扇子技术美学中得以形成。当扇子被赋予权力、制度和政治的美学意味的同时,扇子美学的价值与功能也会出现新的方向跃迁与转移。北宋郭若虚在《图画见闻志》中记载:"(高丽国)使人每至中国,或用折叠扇为私觌物,其扇用鸦青纸为之,上画本国豪贵,杂以妇人、鞍马,或临水,为金砂滩暨莲荷花木水禽之类,点缀精巧,又以银泥为云气月色之状,极可爱,谓之倭扇,本出于倭国也。"[②]说明朝鲜使者带来了漂亮的折扇作为方物贡献给中国,"贡扇"成为一种制度与权力

---

① 沈从文:《沈从文谈艺术》,南京:江苏人民出版社,2019年,第144页。
② [宋]郭若虚:《图画见闻志》,北京:中华书局,1985年,第259—260页。

象征。宋代大朝会设"黄麾大仗"①，其中有团龙扇四柄、方雉扇百柄。明朝皇帝常用贡扇赏赐自己的臣子，因而出现臣子感谢隆恩的赐扇诗。明初皇帝命令臣工开始仿制外来的折扇，宫廷扇的象征意味走向新的阶段。里根总统夫妇曾接收到中国国礼扇，即题名为"玉堂春秋"的雕漆嵌玉云扇屏风2幅，国礼扇的政治化象征功能是十分明显的。

对于中国古代扇子美学的政治使用问题至少附带出新的义项，即美学的政治化表征使得美学具有重大教育学和传播学意义。在教育学层面，扇子的使用空间成为政治美育的一种工具或符号；在传播学层面，扇子的政治象征文化逐渐成为政治传播的内容。实际上，在中国古代，技术物的美学意义常常被艺术家和政治家放大，并成为他们叙事、交往与礼仪的重要对象。换言之，人们对技术物的美学思考与使用要多于对技术物的哲学思考与使用，这或许致使中国古代技术的哲学意义没有得以彰显，科学发展也因此部分地受到限制。因此，中国古代科学的教育意义或传播意义也未得到应有的彰显。

走向奢华的扇子艺术

扇子是中国古典美学的典型艺术样态，是中国古代一种技术美学样态。中国扇子同中国其他器物艺术一样，它的美学思想是奢华的、富裕的。

从技术美学和技术哲学在中国古代的表现空间分析，中国古代工匠对技术美学的追求远远大于对技术哲学的追求，这不仅仅是中国古代工匠本身的文化素养、政治土壤和制度约束问题，还是中国古代哲学家和思想家对技术的哲学思考偏弱、偏少的问题。实际上，中国古代的技术美学是高度发达的，很明显要优越于技术哲学。在中国古代，高度发达的扇子美学就能轻松地说明这一点。那么，扇子美学的力量何以发达？

就艺术而言，艺术可谓是扇子的美学基础。扇子是工艺表现的载体，

---

① 张科、何耀英：《江南扇艺》，杭州：浙江摄影出版社，2003年，第36页。

能接纳一切能表现的材料。譬如象牙、珍珠、黄金、生漆、锦绣、玳瑁、翡翠、翎羽、牛骨、玉、绢、蒲、葵、檀香等都能表现其上，进而形成形形色色的工艺扇，诸如象牙扇、珍珠扇、黄金扇、生漆扇、锦绣扇、玳瑁扇、翡翠扇、翎羽扇、牛骨扇、玉扇、绢扇、蒲扇、葵扇、檀香扇等因此出现。这些扇子工艺，几乎囊括了中国所有的艺术表现手段，譬如绘画、雕刻、书法、戗金银、髹漆、彩绘、镶嵌、篆刻、描金等。

就扇子的叙事空间而言，中国扇子的美学力量还表现在广告、书法、绘画、戏曲、小说、诗学等众多文艺领域。譬如在小说领域，扇子是小说中人格化的描写对象，因此出现了诸如智慧扇（周瑜扇）、爱情扇（桃花扇）、济世扇（济公扇）、权威扇（仪仗扇）等。在诗学领域，中国古代诗学批评视"匠作之喻"[①]为重要工作路径。在书画领域，扇子是书法和绘画的描写空间，题扇和画扇是艺术家创造书法、绘画的常见形式。在戏曲领域，扇子是舞台上的角色化道具，京剧中也专门有扇子行或扇子功，通常借助扇子表现生旦净末丑的不同角色、动作与情感。扇子被编入舞蹈，使得舞蹈极具表演性。扇子加入太极拳，进而增加了拳路的动作性与连贯性。扇子被使用于相声说书中，为说话增加几份情感魅力与动作表情。另外，还有诸如扇子棋、扇子鼓、扇子戏、扇子歌等，它们无不表现出扇子美学的富庶、奢华与活跃，这显然为中国扇子美学的全球流动提供了基础。

中国南方之扇：经济及其美学

中国扇子的全球流动基础不仅得益于扇子的政治美学象征和艺术特质，还得益于扇子是重要的经济美学对象。也就是说，扇子美学或是经济贸易的通行货币，这在中国南方古代艺术市场上表现最为突出。

[①] 潘天波：《匠作之喻与中国诗学批评》，《中国文艺评论》，2020年第11期，第38—51页。

南方的扇子经济

在古代中国南方,沿海地缘、丰富的资源和数量较多的工匠为江南手工业提供发展基础,诸如扇子、陶瓷、漆器、丝绸等手工艺异常发达。汉唐以降,海上丝路的开通为江南手工艺经济发展提供新的契机,工匠经济的美学生产成为独特的江南社会对外贸易的重要环节。因为,对于欧美等海外国家民众而言,吸引他们的贸易动机、消费欲望与生活开支多半来自经济美学本身的魅力。

在杭州,纨扇生产量以及出口量均较大,这些纨扇主要是由绫、绢等丝织物制作的。纨扇生产大大促进了杭州一带的绫绢生产以及绫绢工艺美学的快速发展,也促进了杭州一带丝绸经济美学的高速发展,特别是有关丝绸的纺织、刺绣、绘画、锦缎等工艺美学走在全国先列,也使得杭州成为全球丝绸的最大供应地。扇子、丝绸、经济、美学、丝路、全球等看似关联不大的资源体系被整合起来了,这些资源的组合所迸发出来的生产能量、经济能量与市场能量是巨大的。南宋时,杭州出现了专门生产扇子的扇子巷,即专门制扇的胡同。《康熙钱塘志》记:"钟公桥街为上扇子巷,北下扇子巷在其北,则集庆巷也。"①大量生产的扇子主要是为了出口,供外国人贸易的需求以及生活消费的需要。

在丝路上,江南扇子的经济价值十分突出。广州十三行(清政府专营对外贸易的垄断机构)是中国扇子出口及中西扇子文化交流的中心,扇子也是典型的南方艺术经济的重要产品。根据统计,出口到欧美的扇子数量极多。譬如1859年1—6月,从上海运往欧洲的扇子有8 774 477把,仅运往英国的扇子就有1 969 000把;1859年10月24日—12月31日从广州运往欧洲的扇子有3 979 000把,其中运往英国的扇子有702 250把,另外运往美国的扇子有

---

① 王国平总主编,丁丙编:《杭州文献集成·武林坊巷志3》(第25册),杭州:浙江人民出版社,2014年,第471页。

2 373 022把。① 很显然,南方的扇子经济曾一度活跃,已然成为南方经济发展的重要支柱。

扇子的经济美学力量

扇子的经济力量也激活了与之相关的材料美学、市场美学、社会美学与生活美学。没有扇子上的材料美学和艺术美学,扇子也许就失去了奢华与艺术,也就失去了财富、身份与地位的象征意味。换言之,扇子的奢华美学来自扇子本身的制作材料及其艺术品位,并非来自扇子自身的使用功能。进一步说,扇子的形式美学永远要大于它自身的功能美学。在材料层面,古代江南的浙江、江苏和上海等地之所以是亚洲扇子市场中心,是因为这些地方盛产与扇子制作相关的材料资源。在经济层面,与制扇密切相关的经济是农业、手工业和市场贸易,当然还包括扇子的艺术市场和艺术经济。与扇子相关的农业经济如漆树种植、桑蚕养殖、珍珠产业、翎羽行业、螺钿生产等,与扇子相关的手工艺有漆艺、纺织、雕刻、竹木等,古代江南的扇子艺术市场联系着江南书画、漆艺、雕镂、篆刻、纸艺、竹雕等多种艺术,并成为江南经济发展的重要领域。在社会层面,当扇子的形式美学走向社会关系领域,扇子身上的材料、经济和艺术也就成就了扇子的社会学网络景观。在这样的景观中,扇子也就成了朝贡、贸易和馈赠的艺术物和象征物。

在经济美学之外,扇子的社会美学功能与生活美学意图也是明显的。譬如德国设计师迈耶径直认为:"毫无疑问,扇子在所有化妆必需品中是最有趣的。……但扇子本身就可以提供一幅展现所有时期工艺和技术发展的完整历史画卷。……有时,扇子也被用于生火鼓风之用(在古代波斯,因宗教原因,严禁用嘴吹风生火)。同时在基督教和宫廷中,扇子是高贵的象

---

① [日]松浦章:《海上丝绸之路与亚洲海域交流(15世纪末—20世纪初)》,孔颖编译,郑州:大象出版社,2018年,第137—138页。

征。"①这就是说，扇子的社会美学意图或力量至少还来自以下几个方面：一是扇子作为"化妆品"或"修饰物"存在，即扇子作为装饰美学存在，为生活空间、身体空间和艺术空间起到一种点缀作用，为表达情感或展示动作而存在。西班牙设计师洛娜·普尔提在《如何设计你的旺宅》中认为："扇子在接待室或者入口区域十分有用，因为可以将有生机的能量引向住宅之内。"②二是扇子因其取风纳凉和避暑消灾的功能被使用，譬如被基督教教徒或宫廷皇帝所用，进而使得扇子具有很特别的生活美学意味。在中国南方很多地方，有端午送扇子的风俗，认为扇子有防虫蝇而避瘟疫之功能。在婚嫁时，还有新娘掩面和新郎却扇的风俗。三是扇子作为高贵的象征物，除了本身的材料高贵之外，扇子的使用者或使用群体的高贵也使得扇子的高贵美学诞生。譬如汉代画像、敦煌壁画或埃及壁画、亚述浮雕、唐宋绘画等空间多见扇子图像，在扇子的美学表达下，清晰地看出这些图像中的人物关系、身份等级及其历史画卷。四是扇子是"历史的画卷"。扇子不仅仅体现扇子本身的美学式样，更多的是展示扇子的美学历史，呈现的是一场婚礼、一种风景，或是一次游历等生产该扇子时期所有的历史场景、景观和文化。因此，扇子上的技艺、绘画和书法等以视觉的形式呈现了历史与记忆。

毋庸置疑的是，扇子美学涉及经济美学和材料美学，更关涉社会美学、生活美学。扇子不过是经济美学、材料美学、社会美学、生活美学的一个家族成员或身体细胞而已，透过家族内的成员或身体内的细胞可以窥见工匠美学的深层次内容向度。因为，小小的扇子身上实在是聚集了很多社会资源，诸如用于装饰扇子的漆、黄金、螺钿、绘画等，而这些奢侈浮华又在宫廷生活、走私贸易、欧洲贸易等诸多方面展现出扇子的经济力量。不过，值得注意的是，这种经济美学力量包括负面的力量或消极的力量。譬如法国汉学家

---

① ［德］迈耶：《世界古典纹案设计》，刘艳红等译，沈阳：辽宁科学技术出版社，2015年，第375页。

② ［西］洛娜·普尔提：《如何设计你的旺宅》，高可意、王雪欢译，长沙：湖南美术出版社，2011年，第269页。

谢和耐在《南宋社会生活史》中这样坦言:"尽管在丝绸陶器的外销上大有进展,中国从十二世纪初即已饱受贫穷之困。从贵重金属和铜钱的输出,可见中国在对外贸易上的重大赤字,可说是入不敷出……南昌的摺扇,以及今浙江和江苏省著名的米酒,皆琳琅满目,应有尽有。"①对谢和耐而言,宋代南方的温州漆器、苏州丝绸、南昌摺扇、杭州珠宝等御街货物均是"一小撮人漫无止境的奢侈浮华",这些器物所消耗的贵重金属以及包括铜钱在内的输出,致使宋代中国对外贸易已然出现重大赤字。

简言之,中国古代南方扇子已然成为丝路贸易的重要对象,扇子经济也成为南方艺术经济的重要形态,扇子美学或为海上丝路贸易提供朝贡和贸易的对象。

流向全球的中国扇子:恩赐与贸易

丝路的开通和国际贸易是中国扇子全球流动的契机,也是中国扇子美学或中国美学走向全球的契机。在丝绸之路上,中国扇子连同它们的优雅、气质和美学被传播到全球,中国扇子美学的全球流动及其文明意义延伸,昭示出中华文明在东方化欧洲社会的深远影响。那么,中国扇子或扇子美学"走出去"的路径是什么呢?扇子和其他中国工匠产品一样,恩赐、贸易等是最主要的出口路径。

朝贡体系中的恩赐之扇

朝贡是中国古代与周边国家建立的一种国际交往模式。在朝贡交往体系下,中外文化与文明得以深入交往交流。值得注意的是,朝贡体系之贡献

---

① [法]谢和耐:《南宋社会生活史》,马德程译,台北:中国文化大学出版社,1982年,第61页。

或成为一种政治象征，往往中国皇帝赐予来贡方国的礼物的价值要远远大于贡物。于是，这种"厚往薄来"的朝贡体系已然成为一种"恩赐经济"，即域外国家都愿意呈贡方物以获得更多的恩赐。譬如木宫泰彦在《日中文化交流史》中描述："当时宋商运来的贸易品是些什么虽不甚详，但主要可能是锦、绫、香药、茶碗、文具等物。……入宋僧商然回国以后，曾在永延二年（988年）二月派遣他的弟子嘉因和宋僧祈乾等赴宋，向宋太宗进献了下列物品：……金银莳绘扇筥一合（内装桧扇二十把，蝙蝠扇二把）……由此可见，日本制的金银描金、螺钿以及琥珀、水晶、红黑木、楼子的念珠、扇子、屏风等工艺美术品，在中国大受欢迎。"①可见，扇子成为中日朝贡体系中重要的艺术品。据《东国文献备考》载，元文宗元年（1328）尝使辽赠者以白铜、螺钿、绘画、屏扇等。另外，元代以辽宁绥中三道岗沉船、福建平潭大练岛1号沉船、西沙群岛石屿2号沉船以及南朝鲜（今韩国）新安海沉船为代表，均出水很多丝路贸易商品。1976年，在韩国新安郡海底曾发现一艘元代沉船，"从沉船中打捞出七一六八件遗物。遗物中有六四五七件瓷器……其他四四八件，有石臼，漆器，扇子，水晶珠，棋盘，胡椒，桂皮，木箱，等等"②。可见，新安海底沉船与海上丝路有关，扇子是丝路贸易的重要对象。

在明清时期，扇子更是中国皇帝恩赐给来贡国的重要礼物。《明史》记载："宣德初，申定要约，人毋过三百，舟毋过三艘。而倭人贪利，贡物外所携私物增十倍，例当给直。礼官言：'宣德间所贡硫磺、苏木、刀扇、漆器之属，估时直给钱钞，或折支布帛，为数无多，然已大获利。'"③明代中日扇子美学交流活跃，日本从中国获得大量的扇子等赏赐之物。至清代，通过恩赐的方法，中国扇子大量走向欧洲。《清朝柔远记》记载："（清雍正五年夏四月，葡国）遣使臣麦德乐表贡方物抵粤。巡抚杨文乾遣员伴送

---

① ［日］木宫泰彦：《日中文化交流史》，北京：商务印书馆，1980年，第247—249页。
② 李德金等：《朝鲜新安海底沉船中的中国瓷器》，《考古学报》，1979年第2期。
③ ［清］张廷玉等：《明史》（第6册），长沙：岳麓书社，1996年，第4778页。

至京，召见赐宴。于赏赉外，特赐人参、缎匹、瓷漆器、纸墨、字画、绢、灯、扇、香囊诸珍，加赏使臣，旋命御史常保住伴送至澳，遣归国。"①可见，清雍正五年，即1727年的中国扇子通过葡萄牙使臣麦德乐，被输出到欧洲国家。

可见，"朝贡贸易"是中国古代丝路贸易的重要形式，让中国的工匠美学由此走向海外，也使包括扇子美学在内的中国技术美学由此得以快速发展，更令中国技术美学传播至海外并发生深刻影响。

丝路贸易之扇

如果说，朝贡贸易是丝路贸易的间接形式，那么，港口贸易就是丝路贸易的直接形式。港口贸易是中国扇子和扇子美学流动的主要路径。迈耶研究指出："法国、中国和日本是扇子的主要生产供货地。扇子最有价值的专著作者海因里希·弗劳伯杰认为这几个国家就可以制造3000万把扇子，这是全球每年4000万把扇子销售量的3/4。"②但是，海因里希·弗劳伯杰没有认识到的是，法国和日本的扇子及其美学均发端于中国。

日本是中国的近邻之国，贸易往来密切。汉唐以降，通过贸易交往，来华的日本工匠学习中国工匠手艺不计其数。中国技术美学也在日本生根发芽，并在日本逐渐走向新的发展之路。另外，由于中国和日本的宗教、使团以及其他文化交往，中国的大量工艺品被带到日本。因此，日本几乎成为海外国家获得中国工艺品的中转站，以至于西方很多国家把日本的中国工艺当成是日本的原生工艺品，而日本工匠的工艺品也经中国传播至海外。宫下规久朗指出："中世纪的中日贸易中，扇子是日本输出的最具代表性的工艺品，日本制的扇子也经由中国（宋朝）传至西方。因此，扇子长期以来在西

---

① [清] 王之春：《清朝柔远记》，赵春晨点校，北京：中华书局，1989年，第64页。
② [德] 迈耶：《世界古典纹案设计》，刘艳红等译，沈阳：辽宁科学技术出版社，2015年，第376页。

方被视为东方的象征，各大洲的拟人像中，亚洲与非洲的拟人像都手持扇子。"①另外，西方国家称日本为"Japan"（漆国）就是典型的对日本漆工文化的误解，日本漆艺和扇子一样，都是来自中国工匠的手艺、智慧与思想。

在丝路贸易中，欧洲人获得中国扇子的另外一个贸易据点是东南亚诸国。早在汉代时期，中国和东南亚的贸易就开始了。《诸蕃志校释》载："交趾，古交州。……土产沉香、蓬莱香、生金银、铁、朱砂、珠、贝、犀、象、翠羽、车渠、盐、漆、木棉、吉贝之属。"②交趾国是汉武帝灭南越后所治郡国，东汉后期独立后建立占婆国，在当今河内一带。就扇子贸易而言，史书记载了宋代与越中南部的占城国有扇子贸易往来。《诸蕃志校释》载："占城，东海路通广州，西接云南，南至真腊；北抵交趾，通邕州。自泉州至本国，顺风舟行二十余程……番商兴贩，用脑麝、檀香、草席、凉伞、绢扇、漆器、瓷器、铅、锡、酒、糖等博易。"③这里记载的"绢扇"就是来自中国工匠的技术工艺。占城，唐以前又称林邑。杨博文注：占城，古称占婆（Campa），原为印度古国，后移此名于东方，地当今越南之中部及南部。文献中记载的这些销往东南亚的中国扇子主要来自中国南方。当时中国南方的温州、杭州等地是宋代的主要制扇中心。譬如《梦粱录（卷十三）·铺席》描述："杭州大街……炭桥河下青篦扇子铺。"④根据荷兰文献记载，今印度尼西亚的万丹省是当时的通商枢纽，其中"第一个市场在城市东侧，凌晨开市，生意做到9时收市，广东人和印度等国的商人一起，经营生意。中国摊棚（Chineser Cramen）成一排，与波斯人、阿拉伯人和孟加拉人为邻。他们出售从广东运去的生丝、纺织品、绒缎、金捆、金绒、陶瓷、漆器、大小铜壶、水银、精巧木柜、各种纸张、历书、金封面的书、镜子、

---

① ［日］宫下规久朗：《这幅画还可以看这里》，杨明绮译，长沙：湖南美术出版社，2017年，第187页。
② ［宋］赵汝适：《诸蕃志校释》，杨博文校释，北京：中华书局，1996年，第1页。
③ ［宋］赵汝适：《诸蕃志校释》，杨博文校释，北京：中华书局，1996年，第8—9页。
④ ［宋］吴自牧：《梦粱录》，杭州：浙江人民出版社，1980年，第116—117页。

梳子、念珠、硫磺、日本刀、加漆刀鞘、人参、扇子、阳伞等"①。可见，明末万丹港不仅有固定的通商市场，还为通商制定有序的贸易时间及其货物对象，其中中国扇子为各国商人所经营的小商品。

在明清时期，中国扇子出口贸易走向隆兴时期，中国大量的扇子被运往欧洲。杞庐主人《时务通考》记载了广州的外洋扇子贸易："……扇子一项，本年出口件数约有一千一百万把之多，制造此货，所用物料，有棉、丝、毛、纸、竹、木等各项，概由人工精巧之故。"②此处记述了光绪二十一年（1895）从广州出口到西欧的扇子数量达到1100万把。颜世清辑录的《约章成案汇览》载《荷国都城炫奇会章程》（光绪八年）云："大荷驻扎中华便宜行事秉权大臣费为特行告白事，照得前于光绪七年九月三十日……南北省细琢各样玉器、各色宝石，广东金银文饰各物，牛庄蒲扇、油纸扇，汉口翠扇，上海各样绢扇、纸扇，宁波纸扇、油扇，台湾木叶扇，汕头蓬州竹制纱扇，广东羽毛扇、纸扇、绢扇、粗细葵扇。"③此处记载1881—1883年，荷兰阿姆斯特丹"中国产品展览会"上有大量的中国扇子，包括蒲扇、油纸扇、翠扇、绢扇、纸扇、木叶扇、制纱扇、羽毛扇、葵扇等各种品类。

在19世纪，中国扇子广受美洲民族欢迎。卫三畏（1812—1884）在《中国商业指南》（*A Chinese Commercial Guide*）中，对于扇子的种类也有详细的记载："扇子：有羽扇、纸扇、绢扇、葵扇（细葵扇、粗葵扇）。由漆竹、根雕、沉香木、象牙、兽骨等制成的扇子主要是为了满足外销。烙画（校者按：烙画古称'火针刺绣'，近名'火笔画''烫画'等）是一种非常精美的技艺，可以将同样的设计图案印在扇子的两面，就像《士师记》（*Judges*）

---

① 参见黄启臣：《广东海上丝绸之路史》，广州：广东经济出版社，2003年，第457页。
② 参见［清］杞庐主人：《时务通考》卷十七"商务八"，清光绪二十三年（1897）上海点石斋石印本。另参见［日］松浦章：《海上丝绸之路与亚洲海域交流（15世纪末—20世纪初）》，孔颖编译，郑州：大象出版社，2018年，第139页。
③ 参见颜世清：《约章成案汇览》乙篇卷四十二上"章程"，清光绪三十一年（1905）上海点石斋石印本。另参见［日］松浦章：《海上丝绸之路与亚洲海域交流（15世纪末—20世纪初）》，孔颖编译，郑州：大象出版社，2018年，第139页。

卷三十中所提到的西西拉（Sisera）的母亲所说的'两面分布着不同色彩的刺绣'。纸扇和砂纸扇则是在扇面、扇骨的把手或是象牙处仿造刺绣工艺制作而成。雉、鹭、鹤、鹅以及其他海鸟、孔雀等鸟禽类的羽毛被用来编织成形状和大小各异，或是打开或是闭合的扇面。最好的烙画扇和羽扇被作为奢侈品销往海外，然而从广州出口到美国和南美洲的葵扇数量是非常大的，它们装在500个箱子中，每一千把价值在1.5—3美元不等。"①这段文字记载呈现出中国扇子的种类、制作工艺、贸易数量和价格等信息，显示了中国扇子在美洲已然成为热销商品。

扇子美学意义的全球展开：渗透与转化

在传播学视野，扇子扮演了沟通与交往的介质。由于扇子集绘画、书法、漆艺、竹艺、玉雕、木刻、纸艺、篆刻、文学等于一身，所以扇子的全球展开即是中国文化与美学的全球展开。关于出口至西欧的中国扇子，卡尔·L.克罗斯曼指出："在中国的贸易商品中，这些最受赞誉的扇子，在良好的条件下保存至今，商船贸易货品清单上、日记和账单中都提到制作精美的异国物品。"②扇子及其美学作为传播符号的建构与传达，对全球国家民众的文明发展产生深远影响。

日本的描金漆扇

在朝贡与丝路贸易体系下，中国扇子的技术美学开始在全球流动。扇子

---

① Samuel Williams Wells, John Robert Morrison, *A Chinese Commercial Guide*, Charleston: Biblio Life Reproduction, 1863, p.119. 参见［日］松浦章：《海上丝绸之路与亚洲海域交流（15世纪末—20世纪初）》，孔颖编译，郑州：大象出版社，2018年，第140页。

② Carl L. Crossman, *The Decorative Arts of The China Trade：Paintings, Furnishings and Exotic Curiosities*, Wood-bridge Suffolk：Antique Collectors Club, 1991, p. 322.

作为中日人际交往的沟通介质,特别是在技术美学领域发挥重要的作用。

技术从来就是流动的,技术美学也成为全球交往的对象。"在日本,人们常在扇面上作画,当作献给神的供品或赠礼。四天王寺留传的国宝《扇面法华经册子》是一本在扇形纸上书写法华经等经文且绘有各种风俗画、花鸟画的对折册子。"①可见,日本人将中国扇子的技术美学运用到祭祀和宗教领域,并结合日本的绘画展示出日本扇子的技术美学特征。

漆扇是日本工艺中的精品。日本工匠将中国的扇子和漆艺完美地融合在一起,生产出精美绝伦的日本漆扇。包括漆扇在内的日本描金漆器"从平安朝(781—1185)中叶以来就进献宋朝,是足以向中国夸耀的一种日本美术工艺品。所以明朝为了学习此项技术,曾在宣德年间特地派人到日本,有个名叫杨埙的学习此技,据说还有独到之处。贡献方物中的大刀鞘和砚箱,都以梨木为地,上以描金研出徽章,扇箱上也施以描金"②。被髹饰的扇箱成为中日朝贡交往的对象,也成为中日技术美学互动的代表之一。

法国贵妇人的持扇时髦

中国扇子的流动意义不仅在于技术美学的延伸与扩展,还在于中国扇子作为身份与财富的象征介质,在丝路国家流动和展开,并最终改变了他们的生活文明与时尚。进一步地说,在丝路上,中国扇子的美学流动改变了全球很多国家的文明程度和生活方式。

欧洲的第一批扇子是在16世纪初出现的。葡萄牙商人和传教士从中国运回了包括扇子在内的"海外稀奇之物",在欧洲国家风行一时。"17世纪中叶,清康熙帝赠送给法国国王路易十四大量扇子。精美细巧的中国扇子使法国的皇帝和贵族们惊为神物,认为这是'魔术家的玩具'。后来,法国国王

---

① [日]宫下规久朗:《这幅画还可以看这里》,杨明绮译,长沙:湖南美术出版社,2017年,第189页。
② [日]木宫泰彦:《日中文化交流史》,胡锡年译,北京:商务印书馆,1980年,第579页。

路易十四、路易十五相继派商船来华，大量进口扇子，并下令商人学习制扇技艺，转授予法国工匠。"①于是，"欧洲本地亦有制扇工业，这类制扇的手工业在1673年始，于法国建立起公会（guild），到了1753年，制扇公会的数量从60家扩增到150家。再者，制扇企业结合马丁漆（vernis martin）的工艺，制作出貌似东方扇却有独特风格的欧洲扇。有珐琅效果的马丁漆同样用于其他仿中国制的器物上，反映出18世纪的马丁漆扇与当时整个欧洲的'中国热'（Chinoiserie）息息相关"②。可见，中国扇子在欧洲宫廷是最为时尚的令皇帝和贵族们惊叹的神物，也说明中国工匠美学和法国艺术美学是相通的。尤其是扇子美学广为法国女性喜欢，伏尔泰径直说，一个没有执扇子的女人如同没有佩剑的男人一样。乔治·亨利·梅森曾在书中如是评价一幅《拿扇子的女人》的图像："图中的女人看来岁处中年，通过她佩戴的装饰品和她的脚可以看出她属于中上层社会。那微驼的后背迫使她走起路来摇摆不定，仿佛发出一种警示，这在欧洲人看来有一种疼痛感。她的右手拿着一把扇子或是一把伞，左手则拿着一支假花。"③很显然，当时的欧洲女性拿着一把中国扇子是一种身份的象征。当然，这种身份象征多半是财富的象征，因为一把精美的中国扇子价值不菲。美国《福布斯》杂志1995年5月9日登载的一篇文章曾这样说："扇子在西方流行是17世纪。当时，西方初步与远东进行贸易往来。起初，只有上流社会的人才买得起扇子，它们自然成了财富和身份的象征，就像艺术品一样。贵族们订制的手工扇子，成本动辄数千美元。"④很显然，中国扇子美学在欧洲传播与流动，并为欧洲宫廷贵族所接受，皆源自中国扇子的材料美学和工艺美学本身的奢华与高贵。至于扇子上的中国文化可能只是令他们惊奇的"异域之花"，并不是他们喜爱扇子的本来想法，否则也不会出现后来在广州十三行大量的"欧洲定制"扇子，即用

---

① 朱显雄：《王星记扇制作技艺》，杭州：浙江摄影出版社，2014年，第39页。
② 王明明：《大匠之门17》，南宁：广西美术出版社，2017年，第219页。
③ ［英］乔治·亨利·梅森：《遗失在西方的中国史：中国服饰与习俗图鉴》，长春：吉林出版集团有限责任公司，2016年，第26页。
④ 苏云编：《百物探源》，兰州：敦煌文艺出版社，2001年，第17页。

欧洲的图像或文化制作中国化的欧洲扇子。对此，戴尔·古德在《康普顿百科全书：文化与体育卷》中写道："在17和18世纪，经能工巧匠精心装饰的扇子是女士衣装必要的点缀。18和19世纪的法国是扇子生产的带头人，而中国也在大量生产扇子以出口欧洲。当1784年美国介入中国贸易时，扇子属于得到文件证明的出口商品。供西方消费的扇子和供国内市场的扇子截然不同。出口扇往往色彩鲜明，细节和雕饰丰富。而供当地使用的扇子则色彩柔和，装饰限于中国传统艺术。"①这说明，出口的扇子主要是为了迎合欧洲民众的美学习惯。

关于中国扇子美学的细致描述，可见之于《利玛窦中国札记》的第一卷第四章，这里详细记载了中国扇子的情况："在这里有一种特殊的行业远比别处普遍，那就是制扇业。这些扇子通常是在酷热季节用来搧风的，各个阶级和男女两性都使用。在大庭广众之中不带扇子会被认为是缺乏风度，尽管气候已应使人避风而不是搧风。或许这种特殊的习俗的原因是人们用扇子是为了装饰更甚于为了需要。中国扇子的式样和制扇的用料种类繁多。扇子通常用芦秆、木头、象牙或乌檀作骨，上面蒙以纸或棉布，有时甚至是带香味的草秸。有的是圆的，有的是椭圆或方形的。上等人士使用的，一般是用光纸做的，上面装饰着图案，很美丽地描着金色，人们携带时或是打开或是合起。有时候扇上书写着一些格言或甚至整篇诗词。扇子作为友谊和尊敬的一种象征，是最常互相馈赠的礼物。在我们的住处有满满一箱这类扇子礼品，都是友人表示敬意赠送给我们的，我们也拿来送人作为友谊的证明。很容易想象在各处从事于制扇业的工匠数目有多少。我总是认为中国人用扇子就好像我们戴手套一样。虽然主要的目的两者似乎恰恰相反，一个是用以驱暑，另一个是用以防寒，但两者一样似乎更经常地都是用作装饰品或纪念友谊的小礼物。"利玛窦对中国扇子的描述已经涉及扇子的技术美学、工艺种类、扇子交往以及扇子制作等信息，也为欧洲人了解中国扇子和扇子美学提供了

---

① ［美］戴尔·古德：《康普顿百科全书：文化与体育卷》，赵景纯等编译，北京：商务印书馆，2005年，第729页。

文本空间。

英国艺术中的扇子情调和女性传情的扇子暗语

当欧洲人遇见中国奢华的扇子,他们近乎遇见了别样的中国文明。因为,丝路上流动的中国扇子走向欧洲日常生活空间,也就将中国扇子所富有的东方神韵、博雅和情调一同带进了欧洲。于是,中国扇子作为情感传达的美学符号活跃在欧洲的诸多空间。譬如英国的绘画领域,扇子作为一种特有的"情调"和"暗语"被艺术家所接受。

在绘画领域,中国扇子是英国绘画家表现的具有异国情调的对象。对艺术家而言,艺术创作来自生活的概括与抽象。中国扇子之所以成为艺术家表现思想与情感的对象,全在于中国扇子本身的美学意蕴。从1570年及1592年的伊丽莎白一世肖像画(有羽毛团扇及折扇)来看,①大约在16世纪末,扇子只不过在英国宫廷中流行。据说,历史上的英国王室中最知名的几位女性都是中国扇子的"粉丝",如玛丽女王、维多利亚女王等都是中国扇子的爱好者。中国扇子在当时几乎成为女王们的财富符号,是交际中最体面且最珍贵的礼物。安格尔的《莫第西埃夫人像》(见图1-3)中莫第西埃夫人手持

图1-3 安格尔《莫第西埃夫人像》(布面油画)
英国国家美术馆藏

---

① 王明明:《大匠之门17》,南宁:广西美术出版社,2017年,第218页。

中国扇子。保罗·高更的作品《拿着扇子的少女》（Girl with a Fan），①描绘了少女手持羽毛制成的"茱莉安娜扇子"。画面中的中国扇子呈现出了来自东方的审美情调。18世纪的欧洲盛行中国美术作品，中国的扇画也在其列。G. F. 赫德逊指出："十八世纪欧洲已于中国之漆器壁纸及装饰品，得见中国之山水画法……此种作品（水墨画）之入欧，或为正式之悬画，或为幔画及扇画……其时欧人狂爱华物，是以中国美术品如潮而至。"②18世纪的中国美术作品对欧洲画家的创作产生了深远影响，譬如布歇的"中国组画"之挂毯《中国皇帝的盛宴》《中国舞蹈》《中国渔人》《中国婚礼》《带伞的中国女人》等具有中国风情的作品之多令人惊叹。西洋美术的华化现象见证中国艺术美学在欧洲的广泛传播及其影响。

在英国，中国扇子已然成为表达阶级身份（见图1-4）③与女性传情的暗语。保拉·安东尼利指出："19世纪时的英国首相本杰明·迪斯雷利是一个深谙世故人心而又富有机智的人，他曾表示，扇子比刀剑的危害性更强，因为扇子可以引发人们的阶级意识与嫉妒心。英国教会则认为扇子的本质相当邪恶。当时的人们用扇子发展出一套很复杂的信号系统，称之为

图1-4 乔凡尼·巴蒂斯塔·莫罗尼《生活在罗索的女人》（布面油画）
英国国家美术馆藏

---

① ［日］宫下规久朗：《这幅画还可以看这里》，杨明绮译，长沙：湖南美术出版社，2017年，第191页。
② ［英］G. F. 赫德逊：《罗柯柯作风——西洋美术华化考》，转引朱杰勤：《中外关系史译丛》，北京：海洋出版社，1984年，第156页。
③ 王明明：《大匠之门17》，南宁：广西美术出版社，2017年，第220页。

'abanico'——在西班牙语中代表'扇子'。当时的年轻女性被严密看管，不得随意与男性接触，但她们还是能够传递信息。从'我愿意嫁给你'到'我们仅仅是朋友'，再到更复杂的'你对我不够好'，都可以用扇子做出的动作表达。当一个女孩用扇子轻轻触碰手掌心时，是说'我想我们不适合在一起'。"①很显然，中国扇子或能"引发人们的阶级意识与嫉妒心"，它是"传情的秘密语汇"，是"一套很复杂的信号系统"。英国作家威廉·科克曾收集了各国妇女用扇子说的话，写成了专著《扇学》，其中就记载了欧洲妇女对其追求者的种种"扇语"，令人解颐。譬如"打开扇子遮住脸的下半部——这表明：我爱你。用扇柄碰唇——在暗示：吻我。用打开的扇子支着下巴颏儿——意思是：我希望下次同你早点见面。把扇子时开时合——这表示：我非常想念你。手执打开的折扇离开——这是说：请别忘了我。缓缓扇动扇子——传达信号：我对你无动于衷。一个劲地扇扇子——发出警告：快离开我！在手里不停地把扇子翻来翻去——严重警告：你太讨厌！将扇子收折起来捏在手中——这是在骂：你是个叛逆者，不值得一爱。把扇子往桌上一掷——这是宣告：我不喜欢你！"②这些"扇语"，即为欧洲妇女对其追求者的"传情暗语"。更进一步地说，中国扇子的美学表达与意义建构为欧洲文明提供了极好的途径。

中外文学中的扇子叙事

中国扇子的美学力量不仅表现在生活系统、艺术系统，还深刻影响外国文学系统。作为文学系统的扇子在中国早就成了文学家的叙事语言。譬如班固《竹扇》、班婕妤《怨歌行》、陆机《羽扇赋》、王献之《桃叶

---

① ［美］保拉·安东尼利：《日常设计经典100》，东野长江译，济南：山东人民出版社，2010年，第167页。
② 孟春明、郝中实、肖雯慧：《万物搜索》（下），北京：北京日报出版社，2016年，第164页。

团扇歌》、王昌龄《长信苑》、刘禹锡《团扇歌》、杜牧《秋夕》、苏轼《扇》、施耐庵《摇扇子》、郭沫若《题竹扇》等等，其中中国扇子成为文人笔下的譬喻对象，借扇设喻几乎成为中国诗学或文学批评的工作路径。同样在小说领域，《三国演义》之诸葛亮、周瑜"羽扇纶巾"的形象，《水浒传》之"铁扇子宋清"，《西游记》之"孙悟空三借芭蕉扇"，《红楼梦》之"宝钗借扇机带双敲"、"撕扇子作千金一笑"和"晴雯撕扇"等人物形象，无不体现扇子成为小说场景叙事的策略。清代作家孔尚任的传奇历史剧《桃花扇》更是扇子叙事的旷世绝品。

当中国扇子走向欧洲的时候，扇子也自然成为欧洲文学的叙事策略与工作路径。在欧洲有两部著名戏剧都是以扇子命名的，一部是意大利18世纪戏剧作家哥尔多尼的《扇子》，一部是英国19世纪末期作家王尔德的《温德米尔夫人的扇子》（又译《少奶奶的扇子》），它们都以扇子为情节的结构贯串物。除此之外，还有加德纳的侦探小说选《扇子舞女》，[①]南希·史宾格的推理小说《奇妙的粉红扇》[②]。这样以扇子命名或为故事情节的欧美小说、戏剧等作品不胜枚举。这毋庸置疑地说明，在外国文学叙事中，中国扇子是最具叙事性的美学介质，它延伸了人的情感语言与思想系统。换言之，中国扇子美学对欧美文学创作的贡献是明显的，它或激发了文学家的创作灵感，或诱发了他们对扇子美学习惯的故事叙事。

作为技术美学对象，中国扇子在全球的意义展开与转化仅仅是中国技术美学的一个特例，诸如中国漆器、中国陶瓷、中国造纸、中国磨子、中国丝绸、中国马镫、中国铁犁等在欧洲的影响都是具有"革命性"的。对中国扇子而言，也许影响最为深刻的是中国扇子本身的技术美学给欧洲带来的文明方式的革命，最为明显的是改变了欧洲女人。德籍华裔穆紫荆在散文《蒲扇》中说："出国的时候，很多人都带了木质的檀香扇做礼品送人。小小的

---

① 参见［美］加德纳：《扇子舞女》，黄光魃、林华编译，成都：四川文艺出版社，1991年。
② 参见［美］南希·史宾格：《奇妙的粉红扇》，武汉传神翻译有限公司译，合肥：安徽少年儿童出版社，2013年。

扇子，面上被雕刻了镂空的花纹。扇柄上的丝坠牵带了浓厚的闺房情怀。这样的扇子常常被人用来做装饰嵌到了墙上。或者带了去参加夏日的舞会。如果真的额头冒汗，需要用扇子来清凉，那是绝对不能用的。因为它扇不出多少风来。"①很显然，这些看似扇不出多少风来的中国扇子成为女性的一种"浓厚的闺房情怀"，或是一种女性文明美的象征。

更进一步地说，中国的扇子技术美学具有一种文明的建构作用，尽管中国扇子在欧洲文明发展中仅仅是一个特例，但具有典型的文明互鉴意义。换言之，中国扇子的技术美学在遇到欧洲文明的外化作用下，显示出它独特的审美生命力和强劲的生长力。

延伸

在阐释中发现，中国扇子已然超越了它本身的技术、美学与文化，它已然是中国文化的重要载体，是中国文明在欧洲传播的美学使者。扇子美学将中华美学带到欧洲，也随之将中华文明中的优雅与浪漫带去了欧洲，并潜移默化地与内生性欧洲文明发生交融与互鉴，进而在欧洲文明中建构出独特的中华化欧洲文明，彰显出中华技术美学在全球文明发展中的建构性作用与功能，也体现欧洲内生文明包括外化性文明元素，也绝非独立的文明体系。就扇子美学的全球史流动及其意义展开研究而言，至少能得出以下启示：

第一，中国扇子美学的全球流动史是技术美学全球史书写的一个范例。中国扇子的美学根源在于扇子的物质材料与艺术属性，其形式化的物质材料赋予了中国扇子的奢华与高贵，其奢华的美学化的艺术属性将其物质材料上升至政治美学、经济美学以及社会美学意义领域，进而将中国扇子物化为社

---

① ［德］穆紫荆：《黄昏香气牵挂来》，纽约：纽约商务出版社，2017年，第43页。

会之扇、贸易之扇和文明之扇，以至于将普通的中国扇子之物转化成制度物、商品物和思想物。对中国扇子物化过程的认识有利于中国古代技术美学的全球传播及其意义延伸。也就是说，中国扇子美学是中国古代技术美学的一个典范，对中国扇子的全球美学史专题研究，或为中国技术的全球美学史书写提供一种范式。

第二，中国扇子文明的全球传播，接通了中华文明与全球文明的对话，延伸与发展了中华扇子的美学意义与影响，反映了中国扇子美学在全球文明体系中的功能与价值。在丝路上，扇子美学在全球的流动、交往与传播，昭示丝绸之路也是一条全球的美学之路。扇子的美学流通，不仅仅是技术美学的流通，还是艺术美学、经济美学和思想美学的流通。因此，全球民众对中国扇子的接触、使用和欣赏，或引发他们的审美转换、经济革新和思想启蒙。换言之，流动的技术美学是社会变革与社会进步的重要力量，它催生了社会政治、经济和文化朝向新的领域和方向深度发展。

第三，中国扇子的文化基因是中华文明基因的集中体现，在扇子身上所浸润的中国手艺、绘画、书法、文学、戏曲、小说、建筑、武术等系列的文化样态，饱含中华文明的优秀基因。对这些技术美学基因的发现、梳理与研究有利于发掘、保护与传承中华优秀传统文化；对这些传播到海外的中华优秀文化基因的研究也有利于建构中华传统文化的话语体系与理论体系；重估中华文明在世界文明体系中的价值与功能，更能有力回击欧洲文明中心论的偏见。

总之，古代中国扇子美学的全球传播及其意义的延展研究，对于当代中国美学话语体系建设以及全球传播具有重要启示意义。就美学的传播载体优势而言，技术美学的全球传播或优于文本美学的全球传播。因此，大力推进中国技术美学及其全球传播具有现实意义。抑或说，当代中国技术美学在造物美学或产品美学建设上的时代任务是紧迫的。

扇子的现象与哲学

扇子是闺房中的羞涩与博雅，中国扇子的全球传播是闺房中羞涩与博雅的一次有组织的"出轨"。不过，令人意想不到的是，扇子的最初羞涩是政治和权力的符号。五明扇、仪仗扇、清谈扇、方物扇、宫廷扇、国礼扇等等，它们近乎是政治的女儿。于是，这位政治的女儿走向了奢华与高贵，走向了智慧、爱情与博雅的殿堂，最后走向了美学的豪门贵族。当世界的眼球被这种美学吸引时，扇子的羞涩成了丝路的货币，扇子经济异常活跃。中国皇帝将它远嫁到全球很多国家，与其说远嫁，还不如说是馈赠与恩赐。从此，中国闺房中的羞涩来到了英国，来到了美国，来到了法国，来到了日本，来到了印度……他们（尤其是贵妇人）近乎嗅到了中国闺房中所有的羞涩与文明。

扇子最大的哲学在于羞涩的哲学。羞涩是一种高贵的品质，是世界上最美的情怀。中国扇子就是闺房里的羞涩符号，它的知识体系里有的是智慧、爱情、博雅、艺术、美学等一连串高贵的气质与文明。羞涩最有力的表达是脸蛋红了。在古希腊医学字典里，"脸蛋红了"就是一种"符号"。扇子不过是遮掩"脸蛋红了"的媒介或工具，它的作用就是越"遮"越"羞"。因此，羞涩在很大程度上是遮出来的。扇子的最大作用还不止于此，关键在于它遮出了爱情、遮出了智慧、遮出了博雅，甚或遮出了文明。

扇子，中华文明库里羞涩的美学标本。

第二章
磨子：人类文明之胃

在技术社会史视野下，磨子已然表征为地方性知识的经济、情感和文明的技术物。在供养全球的农业经济、寺院经济、地主经济、农奴经济和工业经济中，磨子技术不仅显示出独特的文化建构力量，还能激发和维系地方居民的人文情感。在全球范围内，中国磨子技术的广泛传播与推广使得全球的生产结构、饮食结构、营养结构以及文明水平发生质的改进，昭示出磨子技术成为单一技术文明向复合技术文明转型、采集文明向加工文明转型、谷粒文明向粉食文明转型的重要媒介。明鉴磨子技术的全球网络及其价值，有益于回击反技术主义者论调及文明中心论偏见，亦有利于建构科学的技术人文观和世界文明发展观，重现中华文明在全球文明体系中的卓越建树与独特价值。

第二章 磨子：人类文明之胃

在人类历史文明长河中，物质文明总是紧密联系着技术文明、经济文明、制度文明等人类几乎能联系上的诸种文明样态，但是大部分的历史物质样态或技术物伴随时间的推移和社会技术的进步，或淡出民众的视野，或尘封于历史的记忆中。譬如石磨的出现是农作经济、食物加工以及饮食方式革新的重要标志，但史学家似乎对此很少涉猎。实际上，一个重视文物的民族一定是文明久远与文明昌盛的民族，一个连自己物质文明史都不愿守护的国度是没有前途的。因为，"技术，从其起源时刻开始，就与人类本质属性互相联系。并且，人类的这一根本属性，已经体现在其生产活动的每一方面。可见，技术从一开始就是以生命、生存为中心的，而不是以劳动生产为中心的，更不是以权力为中心的"[1]。为此，本文试以作为地方性知识的磨子为基础，以中国石磨技术的全球网络为中心，对由磨子形成的经济形态、情感体验和文明传播等相关问题展开较为详细的分析，以期对古代农业经济、工匠文化和文明交流等研究有所裨益，或能回应欧美一些反技术主义的论调以及文明中心论观点，摒弃技术和人文冲突论及欧洲文明中心主义之偏见，以期建立历史的、整体的、科学主义的技术人文观和世界主义文明观。

---

[1] [美]刘易斯·芒福德：《机器神话》（上卷），宋俊岭译，上海：上海三联书店，2017年，第9页。

磨子：作为地方性知识体系

正如法国学者贝尔纳·斯蒂格勒所言："技术化就是丧失记忆。"[①]人们总是习惯性地记住中国的"四大发明"技术物，但实际上，在中国技术文明史上还有很多给全球文明带来深远影响的技术物，它们已然在文明史的记忆里印象模糊了。譬如，远古时代的磨子技术物在很多的教科书或历史书中几乎销声匿迹。然而，中国远古时代发明的小小磨子对人类文明的贡献确乎不亚于四大发明，它给人类的经济、宗教、制度、技术、情感、文明等带来了深远影响，尤其是对农业种植、经济结构、饮食习惯、身体进化以及文明方式的改变与改进之作用是不可小觑的。

实际上，具有地方特色的磨子技术物不仅是全球文明进步链条上的重要一环，更是人类历史文明记忆的重要标识。早年农村村民集体使用的大石磨（有的地方村民至今还在使用），依然被人们永久性地存档在历史记忆深处，并具有地方性情感召唤的功能。如今尽管农村大多地方已经不使用大石磨了，大石磨全身有裂痕，布满青苔，磨子的"牙齿"也没了，磨主也早已离去，但是大石磨的沧桑岁月与磨坊的故事是不会退却的。在笔者记忆中，每到农历春节，家乡村头的大磨前总是热闹非凡，在磨主老村长的安排下排着长队，有磨米的，有磨玉米的，也有磨小麦的，村民们有说有笑。磨子不仅是磨米和小麦的工具，磨坊还是全村集体性的劳动、聊天和议事的召集地，更是人们嬉戏、玩笑和休闲的地方。在此，最值得一提的具有"学术意味"的是，村头大石磨有四种象征性的雅称（地方性名词）或乡事："磨神"（过新年要贴红纸祭拜）、"老磨头"（指村长）、"磨子集"（指集体议事）和"磨钱"（村长每年收费请石匠维修石磨）。这些有关磨子的雅称或乡事是值得玩味或研究的。在中国农村很多地方，一直保留着"磨神"崇拜的传统，这显然涉及神话人类学及其祭祀自然神或崇拜自然神的学术范

---

① ［法］贝尔纳·斯蒂格勒：《技术与时间：爱比米修斯的过失》，裴程译，南京：译林出版社，2000年，第4页。

畴。其中，"老磨头"和"磨钱"是最值得关注的"磨子经济现象"，这对于乡村"集体经济"（或"磨子经济"）或"队长式管理"（或"族长管理"）是意味深长的经济现象。另外，"磨子集"是反映农村"集体生活"的一面镜子，人们总是不大愿意在家里独自用手推磨磨面，更喜欢去村头磨坊像赶集一样去排队磨面。这里的"快乐事"，或"伤心事"，或其他"爱情事"，或"国家事"等都在不停地上演，磨坊确乎成了一个地方性社会里的大世界。但曾几何时，村里有人相继安装了"柴油磨"（用柴油做动力）、"电磨"（用电做动力）之后，"老磨头"和他的"磨钱"没了，"磨神"的记忆开始在人们的脑海中消退，大石磨的地方性集体行为也随之消失了。但在磨子的雅称或乡事中，不难引出一系列人类学意义上的社会学研究命题。换言之，就村头大石磨（作为"地方性知识"）的技术社会史学视角考察而言，这里自然会牵引出地方性知识的体系性学术问题。

　　首先是磨子技术和磨子经济的关系问题，即磨子技术作为一种垄断性权力的磨子经济存在问题。"老磨头"每年要"征收"属于他作为村长调配的"磨钱"，几乎成为村民的地方性"税钱"，但没有人拒绝缴纳这笔钱，也没有人责怪没有缴纳的村户。"老磨头"在征收"磨税"的时候是绝对有权的，大石磨赋予了村长的特种经济权，是因为全村村民似乎找不到如此大的石盘，而且靠个人力量也无法有足够多的本钱去雇佣村外的老石匠每年来维修磨齿。换言之，磨子技术引发了村落经济的集体性、长期性的存在。也或者说，磨子技术能作为一种地方性村落经济的权力存在。因此，磨子技术造就了地方性的磨子经济。或者说，磨子技术供养和支撑了地方性磨子经济，而不是反过来，地方性磨子经济供养了地方性磨子技术。当然，这种地方性磨子经济也在维护地方性磨子技术的长久存在，直到这种地方性技术被新技术取代。

　　其次是磨子技术和情感的关系问题，即磨子技术作为一种情感文化的存在问题。磨子技术激发了地方性村落情感性的集体劳动，磨子技术已然成为维系地方村落人文情感的"媒介"。或者说，磨子的技术性、情感性和人文性是相通的、互联的。磨子技术能作为地方性村落文化的存在，也能作为村落情感的纽带而释放出它磨面功能之外的情感价值。譬如村民没有人愿意放弃"磨子集"的聚会机会，"磨神"在所有村民心中是有绝对地位的，没有人愿意或敢于冒犯"老磨头"或"磨神"。大石磨几乎成了全村情感交流的一个吸盘石或网络聚集地，村民们在集体劳动中释放着无穷的情感，并在这个过程中享受着快乐。换言之，磨子技术在联络人文情感中似乎发挥着巨大的作用，它维系着集体性生活的情感正当性、娱乐性和共有性。

最后是磨子技术与现代文明的关系问题，即磨子技术被现代技术取代后作为遗产文明的存在问题。大石磨被"柴油磨"和"电磨"取代后，人们发现一个不争的事实——村头大石磨在记忆中的场景和文明并没有消失，人们对它的怀念和情怀依然存在，即便"柴油磨"和"电磨"要比原始的大石磨省时、省功和省力，但似乎人们更加喜欢那笨重的大石磨场景与快乐。换言之，磨子技术能作为集体记忆和情感而被永久地存留，而不是留住磨子或磨子技术本身。这就是说，磨子技术给人类带来的文明是不会消失的，它永远被保存在历史文明的记忆档案中，并发挥着经时间洗礼后的人文价值。

由此，至少能引出三个重要的技术社会史研究的体系性命题，即传统技术作为经济（石磨技术经济史）、传统技术作为情感（石磨技术情感史）、传统技术作为文明（石磨技术文明史）。换言之，在技术-社会观视野下，磨子技术至少包含了技术-经济观、技术-情感观和技术-文明观这三大范畴。不过，归根结底，这三大范畴共同联系着一个备受学界争议的学术问题范式——"技术-人文问题"[①]。在先秦，老子主张"以道驭技"的技术批判思想，并在国家立场建立了技术知识哲学批判体系，认为技术泛滥可能导致社会混乱。在西方，C. P. 斯诺则认为，"两种文化"（自然科学与人文社会科

---

① 参见潘天波：《"技术-人文问题"在先秦：控制与偏向》，《宁夏社会科学》，2019年第3期，第46—52页。

学）是难以融合的，即后来所谓的"斯诺命题"①。海德格尔对此态度是"科学不思考"②，胡塞尔则直言，"现代人让自己的整个世界观受实证科学支配"③。但R.舍普在《技术帝国》中坦言："在技术与文化的争论中，我们不能无条件地向着技术。"④乔治·萨顿（1884—1956）在《科学史与新人文主义》与《科学的历史》⑤中反复强调科学史家应当重视科学（技术）与人文的融合，英国爱丁堡大学社会人类学教授白馥兰⑥则旗帜鲜明地强调技术已然成为一种文化与社会的建构力量而存在。可见，"技术-人文问题"范式已然是一个值得深究的学术命题。

磨子技术作为经济：结构与种类

在全球范围内，"磨子经济"是一个很独特的经济学现象，它联系着全球诸多时期的经济结构，并出现与磨子技术相关联的诸种经济类型。譬如早期的农业经济、中世纪的寺院经济、封建社会的地主经济、殖民时代的农奴经济和资产阶级革命时代的工业经济等。磨子技术供养了诸多时期与之相匹配的经济形态，已然显示出磨子技术在全球经济发展中的独特社会功能与价值，呈现磨子技术文化作为经济发展的建构力量。

---

① 参见顾海良：《"斯诺命题"与人文社会科学的跨学科研究》，《中国社会科学》，2010年第6期。
② "Letter on Humanism" in *Basic Writing*, ed.Davis F.Krell（New York：Harper and Row, 1977），191 ff., especially "What Is 'Thingking'？" in *Vortrage und Aufsatze*, 61.
③ ［德］埃德蒙德·胡塞尔：《欧洲科学危机和超验现象学》，上海：上海译文出版社，1988年，第5页。
④ ［法］R.舍普等：《技术帝国》，刘莉译，北京：生活·读书·新知三联书店，1999年，第192页。
⑤ 参见孟建伟：《科学史与人文史的融合——萨顿的科学史观及其超越》，《自然辩证法通讯》，2004年第3期。
⑥ 参见［英］白馥兰：《技术、性别、历史——重新审视帝制中国的大转型》，吴秀杰、白岚玲译，南京：江苏人民出版社，2017年。

早期农业经济中的磨子技术

在石器时代，磨子技术是那个时代的"尖端科技"。根据目前在中国境内大量出现的磨盘发现，中国应该是全球磨子技术的较早发明国度。或者说，中国的远古先民石匠创造了世界上最为灿烂辉煌的石磨技术文化。从考古遗址推测，中国磨盘大约出现在旧石器时代和新石器时代的过渡时期。譬如在山西吉县柿子滩遗址①中发现约10 000年前旧石器时代的石磨盘及石磨棒等遗物。河南舞阳贾湖文化遗址②发现约8000年前新石器时代的石英砂岩琢磨而成的石磨盘、石磨棒。在中国的春秋战国时期，③出现了双盘有径石磨技术，这种区别于石磨盘加石磨棒的技术，明显带有机械性、动力性和组合性的技术特征。到了汉代，中国农民开始普遍使用轮式水磨加工工具，即以水为动力的用于磨浆的石磨工具。在西方，英国的水磨技术到17世纪才开始普遍使用。但根据威尔·杜兰记载，在古罗马时期，农民使用水或兽类作为动力转动的磨子碾着玉米的技术出现了，④不过，未见古罗马的玉米水磨实物。上述这些说明磨盘技术是新石器时代最为显著的全球农业技术之一。R.舍普等在《技术帝国》中记载："人们在南非发现的磨东西用的石器距今有5万年的历史，在欧洲发现的有3万到3.5万年的历史，包括勒鲁瓦在法国的屈尔河畔阿尔西的一个山洞中找到的三件这类东西。"⑤R.舍普注意到南非的石磨与旋转式石磨是有区别的，尽管它们的功能是一样的——都是用来磨碎谷粒。

---

① 宋艳花、石金鸣、刘莉：《从柿子滩遗址S9地点石磨盘的功能看华北粟作农业的起源》，《中国农史》，2013年第3期，第4页。另参见柿子滩考古队：《山西吉县柿子滩遗址第九地点发掘简报》，《考古》，2010年，第10期。
② 张居中、潘伟彬：《河南舞阳贾湖遗址2001年春发掘简报》，《华夏考古》，2002年第2期，第14—30页。
③ 周伟洲、王欣主编：《丝绸之路辞典》，西安：陕西人民出版社，2018年，第343页。
④ [美]威尔·杜兰：《世界文明史》（第3卷：恺撒与基督），幼狮文化公司译，北京：东方出版社，1998年，第236页。
⑤ [法]R.舍普等：《技术帝国》，刘莉译，北京：生活·读书·新知三联书店，1999年，第29页。

石磨的发明是农业经济技术史上的一件大事。石磨是间歇工作，能连续加工，其工作效率比盘、杵和碓要高得多。磨子原来称为"硙"，后来到了汉代改名为"磨"或"石磨"。石磨的磨盘，"由两扇凿有起伏磨齿的圆形石块所组成，下扇中央装一短轴，上扇合在下扇上面，可以绕轴旋转。谷物由上扇的磨眼徐徐注入，随着上扇绕轴心旋转，谷物在两扇之间均匀散开而受磨压"①。可见，石磨是一种复合性工具体系。有学者认为，"石磨"一词可能来自英文，"汉语'磨'（mo）和英语的mil（磨）及millet（黍粟）相同。如果仅以文字的角度看这个问题，就可以判断中国的磨来源于西方"②。这种判断的根据或具有偶然性，并不具有说服力。巴西历史学家弗朗西斯科·阿道夫·德瓦尔雅热研究认为，葡语"manjolo"（水磨）一词可能源于汉语"磨"，它很有可能是葡萄牙殖民者布拉斯·库巴斯将传入葡萄牙的中国水磨技术带到巴西的。不过早期的拉美人和欧洲人确实可能也使用过类似于中国早期的石磨盘和石磨杵。譬如R.舍普认为："这一技术——妇女的专利——还没有完全消失，还能在某些美洲印第安人和非洲人中看到。石磨有一个几乎水平的平面，略微向前倾斜，妇女们跪在后面，用一块被称为研杵的小石头磨碎谷粒。"③早期的印第安人、非洲人和欧洲人均学会了用研杵或磨杵棒在石磨盘上碾谷物的技术，这成为早期农业经济中最为显赫的技术。

目前发现的磨盘技术，在中国、非洲、美洲以及法国境内均出现得比较早，但用于磨浆的轮式有径石磨技术早在3世纪左右就在中国普遍使用，这比地中海沿岸居民使用这一技术要早400年左右。因为，直到7世纪左右，"人们开始在地中海沿岸（特别是在希腊人中间）发现了对石磨进行的最初几点改进：研杵变大了，上面还挖了加料斗，这样就能不停地往里加料；此

---

① 周伟洲、王欣主编：《丝绸之路辞典》，西安：陕西人民出版社，2018年，第343页。
② ［澳］赵重今：《遥远的华夏文明：破解中国远古文明起源之谜》，秦皇岛：燕山大学出版社，2016年，第59页。
③ ［法］R.舍普等：《技术帝国》，刘莉译，北京：生活·读书·新知三联书店，1999年，第30页。

外人们还给它加了一个手柄，这样就扩大了妇女手中的石块的活动范围……或者男人，因为在这一时期人们开始看见有男人从事这一劳动"①。可见，7世纪以后的环地中海地区居民所使用的石磨技术发生了重大变革。首先是男人们开始从事石磨劳动，其次是将原来的"研杵"变成"磨盘"。于是，手动式旋转磨子出现了，这种技术改进后的石磨技术类似于中国汉代的水磨技术，对地中海周边的经济发展有一定的促进作用。

欧洲中世纪寺院经济中的磨子技术

随着丝路交往的推进与全球贸易的展开，中国的石磨技术被带到了全球各地，尤其是13世纪的蒙古帝国向欧洲的扩张与深入，大大推动了东方中国文化的全球化。中国的石磨技术或经蒙古或经中亚阿拉伯人传播到中世纪的欧洲，并成为中世纪寺院经济的特殊技术样态。

中世纪寺院磨坊成了寺院勒索农民的工具，磨坊经济也成为中世纪寺院经济的主要经济样态。美国人汤普逊在《中世纪经济社会史（300—1300年）》中这样记载："寺院土地上不自由农民所深恶痛绝的一件事是：他们须把自己的全部谷物送到住持的磨坊里去磨粉。1274年，英国圣阿尔班寺院住持的土地上的农民曾拒绝再屈从这项对贱农的苛重勒索，并开始使用自己的手转磨子。住持诺吞·罗哲尔对他们使用了威迫方法。于是，叛乱的贱农进行了鼓动，全城鼎沸。"②这场英国圣阿尔班寺院的"反抗石磨运动"，既证实了欧洲在13世纪使用石磨技术勒索农民的事实，又反证了13世纪的英国石磨技术还未得到普及，但部分农民已开始使用自己的手转石磨了。进一步说，被推翻的欧洲中世纪石磨经济（见图2-1）还显示，"对整个人类而

---

① ［法］R.舍普等：《技术帝国》，刘莉译，北京：生活·读书·新知三联书店，1999年，第30页。
② ［美］汤普逊：《中世纪经济社会史（300—1300年）》（下），耿淡如译，北京：商务印书馆，2017年，第355页。

言，技术既是主体彰显自我的力量的象征，也是自我毁灭的力量。这是技术根深蒂固的二元性"①。圣阿尔班寺院所控制的石磨技术既是自我宗教力量的表征，又是叛乱的贱农毁灭他们的力量。实际上，13世纪的欧洲已经开始接触东方的石磨技术，尤其是马可·波罗来到中国之后所撰写的游记让欧洲人开始认识东方中国，了解到中国的石磨技术文明。

图2-1 神秘的磨坊
此图取自[法]罗伯特·福西耶主编，李增洪等译
《剑桥插图中世纪史：中册（950—1250年）》，
山东画报出版社，2018年，第2页

中国封建地主经济中的磨子技术

　　磨子的广泛使用也推动农业结构的变迁。在使用石磨棒之后，人们更多的是使用碓来舂击谷粒。从"棒"到"碓"，增加了手的用力方式，从原来的磨制谷粒，变成舂击谷粒。碓的工作效率要比棒高些，但为了充分粉碎谷粒或进一步提高效率，石磨被发明出来了。在河北邯郸、陕西临潼等地的战国墓中多出现碾粟米的石磨，②这无疑表明我国黄河流域粟作文化的技术特征明显。考古发现，在淮南国出土了用于磨浆的汉代水磨，③1960年在陕西户县（今西安市鄠邑区）出土了汉代石磨，④1968年考古人员在河北保定满城汉墓

---

① 吴国盛：《技术与人文》，《北京社会科学》，2001年第2期，第92页。
② 邵万宽：《中国面点文化》，南京：东南大学出版社，2014年，第30页。
③ 郭学东：《淮南国出土的汉代水磨》，《安徽史学》，2013年第6期，第130页。
④ 《户县文物志》编纂委员会编：《户县文物志》，西安：陕西人民教育出版社，1995年，第191页。

中发掘出石磨，1982年在河南淇县汉墓遗址出土了一盘西汉石磨。①汉代石磨的大量出土显示了汉代农业经济的复苏与繁荣，并反映了汉代小麦、稻谷等农业作物的耕作面积可能扩大。

魏晋以来，农民渐渐改用水力，有的还利用齿轮技术能同时转动几台连齿碓磨，大大提高了水磨效率。大约在晋代泰始年间（265—274），"河南尹杜预在洛水畔建立'连齿水碓'。6世纪初，任北魏吏部尚书的崔亮等发明的水碾、水磨和连机碓等多种用水做动力的加工工具，比西欧类似的设施领先一千多年"②。在唐代，农业经济发达，水磨与手推磨使用极为广泛。"敦煌莫高窟初唐321窟南壁的《宝雨经变》中有不少反映劳动人民生活的场面，其中东侧上部的一栋房屋后有两婢女在推转手磨加工食物。特别引人注意的是壁画中描绘的手推小磨和1972年敦煌古城内出土的唐代小石磨大体相同。"③敦煌遗书还记载了敦煌唐代佛教寺院水磨的经营方式（如出租、收费、纳税等），反映了古代寺院经济生活的特征。很显然，敦煌唐代佛教寺院的"磨子经济"类似于英国圣阿尔班寺院的"勒索经济"。不同的是，敦煌寺院出现了较为缓和的勒索方式，但都是利用了磨子技术来盘剥农民的。唐大历十三年（778），"因水磨、水碾太多，妨碍灌溉，曾一次毁掉水磨、水碾80多座"④。北宋绍圣四年（1097），政府于长葛等处修磨坊260余所，⑤还在中央政府中专设隶属于司农寺的水磨务机构。

在《王祯农书》中，有古代水磨技术的详细记载："其水力传动部分有卧轮式和立轮式两种。一个立轮带两磨的装置称为立轮连二磨，最多的有一轮带动3个齿轮，每一齿轮带动1盘大磨，大磨再各带动2盘小磨，合计一个立轮带9盘磨，这种水磨被称为'水转连磨'。此外还有二船并联，中间安置立

---

① 河南省文化厅文物志编辑室编：《河南省文物志选稿》（第8辑），郑州：河南省文化厅文物志编辑室，第170页。
② 周伟洲、王欣主编：《丝绸之路辞典》，西安：陕西人民出版社，2018年，第343页。
③ 同上。
④ 王俊编：《中国古代水利》，北京：中国商业出版社，2015年，第139页。
⑤ 同上。

轮，两船各置一磨，称'活法磨'。"①水转连磨已然成为中国封建地主盘剥农民的工具，地主阶级对水磨技术的控制一方面供养了封建地主经济，另一方面也影响了封建科学技术的使用与推广，限制了中国社会经济的发展。尽管大型水转连磨可以"利用水流的力量，带动九个磨子同时工作，不仅可以磨粮食，还可以磨茶叶，做茶饼，功效很高，据说磨一天粮食可以供'千家'食用"②，但遗憾的是，大型水转连磨这一高效、重要的技术发明，由于它影响了地主阶级对农民的盘剥，并没有得到普遍使用和推广。

美洲农奴经济中的磨子技术

随着欧洲的殖民扩张，葡萄牙殖民者布拉斯·库巴斯将传入葡萄牙的中国水磨技术带到了南美洲巴西。巴西的贵族和商人为了榨取非洲黑奴的血汗，他们开始改进水磨的动力，一种机械化的甘蔗石磨诞生了，进而诞生了美洲非常独特的"农奴甘蔗磨经济"模式。

磨子技术一度成为欧洲殖民者压榨非洲黑奴的武器。A. B. 叶菲莫夫和 C. A. 托卡列夫在《拉丁美洲各族人民》中描述："巴西的贵族和奴隶商人，不顾荷兰军队仍然盘踞在巴西本土的东北，而派出了一支武装队开往非洲海岸。从里约热内卢出发的一支九百人的远征队，于1648年到达安哥拉，在那里击败了荷兰人，保证了对巴西中部和南部地区的黑奴供应。主人一旦买得奴隶之后，便力图在最短期间从他们身上榨取一切精力。糖场主为了与同行竞争，把自己奴隶的非人劳动强度提到了最高限度。黑人们在灼热的阳光下，弯着腰从早到晚地砍着甘蔗。……榨甘蔗的机器（叫作'甘蔗磨'）不停地转着要把一抱一抱的甘蔗不断地送进去，稍一疏忽就会把手卷入滚轴。这样的事情时常发生。在磨子旁边，甚至有人专门拿着一把斧头，以便将不

---

① 王俊编：《中国古代水利》，北京：中国商业出版社，2015年，第139页。
② 沈庆荣：《儒法斗争对我国古代农机发展的影响》，《儒法斗争与科学技术》（第3辑），1975年，第37页。

幸者受伤的手砍掉。"①这场发生在南美围绕甘蔗和磨子的殖民扩张、殖民战争和农奴经济显示，美洲农奴经济中的磨子技术已然成为巴西的贵族和商人榨取非洲农奴的工具。

很显然，巴西"农奴甘蔗磨经济"确证了来源于中国的石磨技术在南美的变异性传播与发展。或者说，流动的石磨技术在全球所产生的变化既有积极的外化性影响，也有消极的变异性发展。对外化性而言，磨子技术物给全球文明带来发展性质变，譬如中国思想和技术给法国带去重农主义经济的发展，但也给英国寺院或巴西农场主带去盘剥农民的技术工具。

资本主义社会工业经济中的磨子技术

中世纪的欧洲寺院和美洲的巴西在使用石磨技术之后，在社会关系和社会生产方面发生了深刻的变化。或者说，石磨技术不仅影响了他们的社会关系，还影响了他们获取生产资料的方式。

中国的磨子技术加速了欧洲工业革命的进程，改变了欧洲资本主义的生产关系。在马克思看来，"社会关系都是与生产力密切联系着的。人类获得新的生产力的时候，就改变他们的生产方法。而生产方法，即获得他们的生活资料的方法改变的时候，他们就改变他们所有的社会关系。用手推的磨子产生了封建领主的社会，用蒸汽机的磨子则产生了工业资本主义的社会"②。在此，马克思用石磨技术证明了封建经济和资本主义经济中的生产力和社会关系及其获取生活资料的方法，也间接显示了中国石磨技术给欧洲工业革命带来的影响。譬如在欧洲造纸工业经济中，中国的石磨技术扮演着重要角色。罗伯特·E. 勒纳等指出："从有用的圈养动物身上取皮制的羊皮纸非常昂贵，加之从一只动物身上只能弄到大约四张好的羊皮纸，那么抄写一部圣

---

① [苏] A. B. 叶菲莫夫、C. A. 托卡列夫：《拉丁美洲各族人民》，李毅夫、陈观胜等译，北京：生活·读书·新知三联书店，1978年，第54页。
② 参见翦伯赞：《历史哲学教程》，桂林：新知书店，1939年，第88页。

经就必须杀死二百到三百头羊或小牛。而纸张则是破布经由磨子磨成浆制成的，这就大大降低了价格，中世纪后期的记录表明，纸张的价格只有羊皮纸的六分之一，因而读书写字的代价就便宜了。"[1]显然，磨子技术为欧洲的造纸提供了磨浆工具，从而降低了纸张的价格，加速了欧洲工业革命以及文明的发展。

概言之，通过上述农业经济、寺院经济、地主经济、农奴经济和工业经济中的磨子技术所扮演的角色和承担的社会功能看，石磨技术不仅供养了与此相匹配的地方性经济，还产生了不同的经济文明。在全世界范围内，中国的石磨技术推动了东方文明的全球化，也促进了全球技术文明的互动与互鉴，重组和建构了全球各地各民族的文明资源，进而生成了与磨子技术密切相关的独特文明价值。

磨子技术作为情感：生产与媒介

磨子技术不仅有经济的建构力量，还具有情感的建构力量。或者说，磨子技术在建构人的情感维度上具有独特的功能。进一步说，技术能作为情感建构的媒介，技术物本身具有了情感的召唤结构，在社会文明发展中发挥了文化结构性建构作用。

中国磨子的人格化与宗教化

就磨子技术进化史来看，磨子使用的动力技术在不断地更新与发展，譬如手力磨子、畜力磨子、水力磨子、风力磨子、蒸汽力磨子、电力磨子等相继产生。当磨子技术作为一种文化存在时，各个时期的动力磨子所创造的情

---

[1] ［美］罗伯特·E.勒纳、斯坦迪什·米查姆、爱德华·麦克纳尔·伯恩斯：《西方文明史》，王觉非等译，北京：中国青年出版社，2005年，第395页。

感与文化建构力量是具有独特意味的。

在石器时代，磨子技术一开始被女性控制与使用。或者说，磨子技术具有女性化劳动特质，并是具有女权意识的一种工具。由于在部落内部的分工意识，大部分女性用她们的双手拿着磨盘和磨杵的脱壳工具，进行集体性的谷物加工。在早期的原始农耕文明部落中，作为技术物磨子的食物加工机械维系了男女分工的社会关系。在考古发掘中，磨子作为原始人墓葬的"陪嫁物"或昭示磨子在原始生产、生活中的重要地位。在旧石器时代晚期的山西下川遗址也发现有石磨盘和石磨棒，1978年出土于河南省新郑县（今新郑市）裴李岗文化遗址的新石器时代石磨（距今7000～8000多年），山东淄博市博物馆藏北辛文化时期石磨盘和石磨棒，①系为女性使用的脱壳工具，可再现当时女子生产劳动的场景。被"陪葬"的磨子既是石器时代生产的工具，又是人们情感的依赖与媒介，否则不会被人们带入"未来的世界"。

就磨子技术的发明而言，磨子的发现和生殖崇拜有一定关系。在河南郑州市浮戏山，一直流传有伏羲女娲"滚石磨成亲"的神话。另外，在河南新密，也一直有"滚石磨盘"的婚俗。所谓"滚石磨盘"就是男女青年两人各背一扇石磨盘，滚下山合在一起就可以领取天意结为夫妻。②很显然，滚石磨盘具有阴阳相合、生殖崇拜和天人合一的宗教哲学意蕴。或者说，在原始民间信仰中，"滚石磨盘"是典型的灵石崇拜的原始宗教信仰。从生产性工具到婚俗仪式工具的转化，显示出石磨在民间信仰体系中已经被人格化和神圣化了。究其根源，谷粒是农业社会最重要的食物来源，而石磨是加工谷粒的重要工具。因此，石磨也由此被提升到很高的地位，甚至成为人格化和宗教化的媒介对象。

在民间，相传每年的正月初十是石头神的忌日，这一天是不准动用石盘的，还要给家中石磨披红贴"福"字。村头大磨还要贴对联："雷声隆隆

---

① 王振华：《以文说物》，济南：齐鲁书社，2018年，第4—5页。
② 张振犁：《中原神话研究》，上海：上海社会科学院出版社，2009年，第383—384页。

驱走千条鬼，瑞雪纷纷迎来万家福。"①很显然，对联寓意将磨子的功能无限放大，并影射到宗教功能和美好生活的领域。再譬如，乌江流域的农村还有"正月祭头，腊月祭尾"的风俗，逢年过节必须"推磨"，以表达对天、地、神、祖先的虔诚与敬畏，尤其"至人们婚丧嫁娶、大小事情吉凶、昌顺的预测与占卜、尊卑敬仰的伦理表达，都要通过推磨的形式来预测与消解"②。很显然，石磨成为人们敬畏天地的宗教化情感媒介，成为人们对美好生活的情感寄托物。与其说是对磨子的宗教化情感崇拜，不如说是人们对磨子技术的一种崇拜以及对生活的祈福与愿景。

外国人眼中的中国磨子

根据考古发掘，西亚曾出土了9000多年前的磨盘，在撒哈拉沙漠北部发现了旧石器时代石臼，它是石磨的前身，③德国科布伦茨附近的尼德尔门迪希发现有用玄武岩打制的磨盘。④尽管在西亚、非洲以及欧洲等地也发现了磨子，但外国较少发现类似于中国的石磨技术。因此，来到中国的外国人对中国的石磨技术均感到好奇，并多有描写与想象。

英国人爱德华·科尔伯恩·巴伯曾来到中国重庆，他在《华西旅行考察记》中这样记载："房间的一角有头水牛懒洋洋地拉着磨子，另一角有个工人踩着踏板在使用喧嚣不已的鼓风机。"⑤巴伯对水牛动力石磨的描写，显示出磨坊的劳动场景以及轮式石磨旋转慢的特点。西班牙人拉达在福建时，看到了中国的碾磨场景，这样描写："他们有很多磨子，有两种是用来把稻草中的

---

① 张广智、高有鹏：《遍地神灵：民众的俗信》，北京：生活书店出版有限公司，2015年，第204页。
② 潘登福：《乌江流域石磨文化探析》，《装饰》，2010年第3期，第110页。
③ ［澳］赵重今：《遥远的华夏文明：破解中国远古文明起源之谜》，秦皇岛：燕山大学出版社，2016年，第59—60页。
④ ［法］吕西安·费弗尔：《莱茵河》，许明龙译，北京：商务印书馆，2017年，第103页。
⑤ ［英］爱德华·科尔伯恩·巴伯：《华西旅行考察记》，黄田译，重庆：重庆出版社，2019年，第20页。

谷子清理出来做饭,他们有两种手推磨,虽然我们也看到了一些水力磨。"①拉达对中国磨子的种类、功能的描述,显示出一种格外的关注与情感。

大约在18世纪早期,荷兰船员、瑞典人和法国人等将中国磨子带到欧洲。在英国,有句谚语"常转的磨子不会长苔",显示出用过磨子的人对轮式石磨的理解。西班牙人塞万提斯在《唐吉诃德》中说:"人没了槽牙,就等于磨坊没了磨子。"②这句话表明塞万提斯对轮式石磨技术部位的理解,进而对人的槽牙及其行为方式的理解。中国的石磨技术以及加工技术,对于欧洲人来说,它是令人好奇的、有趣的。查尔斯·亚历山大·戈登在《一个英国军医的中国观察实录》中描写了中国天津石磨磨麻油的场景:"还有一样东西很有趣,值得顺便说一说,就是麻油坊。……油坊内部的陈设之前已经描述过,和磨面的磨坊没什么两样。我可以非常简要地描述加工芝麻所要经过的一般步骤。收集的芝麻首先在水中浸泡到一定程度,然后倒入铸铁浅锅里,锅用高粱秸秆生火烧烤。芝麻从锅里取出之后放在石磨上磨细,由'驴力'推动,与之前提到用小麦磨面的情景一样。"③戈登在此详细描写了天津农村用石磨加工麻油的方法与过程。另外,戈登对石磨加工高粱的场景也是觉得好奇,他这样描写:"经过几个村庄,我碰到几个人正在磨高粱。谷子被放在石臼中,石臼是一块坚硬碳质大石头上凿挖的一个圆锥形深窝,石臼放在村子里像广场的地方,仿佛是供整个村庄使用。……石磨的下扇被牢牢固定在几英尺高的磨台上,上扇可以绕着磨轴转,上扇上伸出一个横杆,可以轭上驴或骡子。上扇上放置一个圆锥形料斗,使里面的'料'能够以调节好的速度均匀通过这个倒金字塔式的顶点。谷物通过石磨上扇中心的磨眼进入石磨,其方式与以前或者现在依然使用的手推磨相同。"④戈登在此或许

---

① 吴孟雪:《明清时期欧洲人眼中的中国》,北京:中华书局,2000年,第149页。
② [西班牙]塞万提斯:《唐吉诃德》,唐民权译,北京:华夏出版社,2007年,第85页。
③ [英]查尔斯·亚历山大·戈登:《一个英国军医的中国观察实录》,孙庆祥、计莹芸译,上海:学林出版社,2018年,第180页。
④ [英]查尔斯·亚历山大·戈登:《一个英国军医的中国观察实录》,孙庆祥、计莹芸译,上海:学林出版社,2018年,第185页。

看出了磨眼和磨轴的功能，但对中国石磨的"集体劳动"是无法理解的。显然，他对中国石磨技术的发现怀有好奇的心态，尤其是发出了疑问——"石臼仿佛是供整个村庄使用"，即对中国农村石磨劳动场景的好奇与不解。

同样，早年来中国的美国人对中国石磨也是好奇的。潘维谦在《老外看福建》中这样回忆："厦大的一位老工人……一听说我想要一个石磨，好几个农民跑到乡下采石场，结果我们有了3个而不是1个石磨。从此，我再也不敢想当然，把磨子当作花岗岩了。"[①]潘维谦在对厦门人的描述中至少道出了厦门人对美国人的好客友善，还显示出美国人好奇到处都有中国石磨，并不是什么稀罕物。厦门人赠送潘维谦的石磨，无疑增进了中美两国人民的了解、认知与情感。

磨子技术作为文明：流动与转化

从全球范围来看，中国石磨及其技术在全球交往中扮演着重要角色。中国石磨技术作为流动的文明体在全球传播，打破了民族和地区的空间界限，走向人们的生活与审美，进而改变了使用石磨的世界人民的身体、习惯以及行为方式，并显示出全球文明始终流动的特质。

磨子技术在美洲

大约在公元前7000至公元前5000年之间，即北美的沙漠文化时期，此时的美洲"先民过着采集野生植物食料的采猎生活，几乎没有农业，碾碎果实和植物种子用磨石磨盘，不会制陶，以筐盛物"[②]。同样，北美的科奇斯文

---

① ［美］潘维谦：《老外看福建》，厦门：厦门大学出版社，2005年，第235页。
② 陈明远、林川：《文明拂晓：复合工具体系》，北京：语文出版社，2019年，第273—274页。

化时期（前7500—前5000）的先民也用砂石制作磨盘用于碾出坚果果实或植物种子，进而改进了北美原始人的饮食结构和种植结构，大大推动北美人的生活方式和生活文明的改革进程。但根据考古发现，在美洲出土的与亚洲有相似性的楔状石核，可能是亚洲或美洲部落人在追猎、迁徙中留下的"接触性杰作"。傅朗云在《通往美洲的丝绸之路》一文中记载，在印加帝国那期卡古墓葬中曾考古发现丝绸刺绣，在阿尔万山古神庙石碑上发现汉文"水"字，在美洲的部分印第安人喜欢用中国古钱制作眼睛面具，等等，这些出土的中国化遗物暗示了早期美洲和亚洲的中国文化具有亲缘性接触关系。考古学家在墨西哥曾发现5世纪前后的中国风格的遗物。考古学家奈云曾经"在墨西哥越万滔地方，寻获泥制古像甚多，面貌确与华人无异。……其塑法与中国近代之木雕神像相似，盖亦千余年前中国之技术也。……在墨西哥一处农田曾发现装有许多泥塑古佛的几只石匣，古佛的面貌和服饰与中国中古时代的装束毫无差异。还发现一串刻有中国文字的古钱，串钱的麻绳并未腐烂，组织法和形状也和中国的相同"①。巴西历史学家弗朗西斯科·阿道夫·德瓦尔雅热研究认为，很有可能是葡萄牙殖民者布拉斯·库巴斯将传入葡萄牙的中国水磨技术带到巴西的。顾卫民在《葡萄牙海洋帝国史：1415—1825》中记载："继西班牙人以后，葡萄牙人还将动物在世界各地运来运去。他们将印度和亚洲其他地方的动物和家畜带到了美洲，包括马、驴、骡、牛、羊、猪、鸡、鹅、狗和猫。……公牛可以用来拖运装载甘蔗的板条箱，拉沉重的货车，拉动碾压甘蔗的磨子，还可以用来耕地。"②显然，中国等亚洲国家的动物、植物和农业工具被欧洲殖民者带到了南美，尤其是用于磨甘蔗的石磨让南美人"尝到了甘蔗的甜头"，使得美洲的蔗糖及其贸易向全球展开。

除了将石磨用于制糖以外，墨西哥人用原始的石磨技术生产巧克力。石磨的纹路走向与巧克力的味道有直接关系，石磨技术让美洲人同样尝到巧克

---

① 沙丁等：《中国和拉丁美洲关系简史》，郑州：河南人民出版社，1986年，第27页。
② 顾卫民：《葡萄牙海洋帝国史：1415—1825》，上海：上海社会科学院出版社，2018年，第426页。

力的味道。另外，美洲的玛雅人喜欢用石磨磨玉米，然后用玉米粉做各种食品。玉米或最早源于拉美的墨西哥一带。在墨西哥，考古学家曾发现了新石器时代距今3500年左右的玉米化石和石磨。"1492年，航海家哥伦布将他在靠近美洲大陆海地岛时看到的玉米报告给西班牙国王。他把那里独有的重要农作物称为'神奇的谷物'，描述其'甘美可口，焙干，可以做粉'。1494年，哥伦布再度航海归来，把玉米果穗奉献给西班牙国王。哥伦布发现美洲新大陆并将玉米带回欧洲，后来玉米传遍世界各地。"①很显然，玉米和石磨以及哥伦布之间存在着文明互动意义上的链条，欧洲人首先将石磨技术带到美洲，而石磨技术使得美洲的玉米广泛种植，进而玉米又被传播到全球各地。可见，石磨技术是"单一技术文明"向"复合技术文明"转型的媒介，进而引发社会结构的相应变化，也引发了社会出现新的分工形式。

磨子技术在非洲

在丝路交往史上，中东和北非是亚洲与欧洲的贸易及文明交往的过渡地带。丹尼尔·利伯曼认为："在中东，他们收获大量野生大麦，并发明了石磨来制造面粉。"后来，中东地区又引进了小麦，与面食相伴的石磨技术被广泛推广。尼加拉瓜学者塞尔希奥·拉米雷斯在《一千零一次死亡》中如是描述："他们曾登上一艘停泊在尼罗河沼泽地的船只，这艘船用来运载从非洲阿比西尼亚绑架来的女黑奴。一些女人弯腰在石磨上将小麦捣碎，头上有如马鬃毛般的长发自然地垂下来。"②这段文字描述了黑奴贸易及非洲黑奴使用石杵性质的磨子舂麦子的情形。换言之，早期非洲的磨子与中国原始石器的石磨盘技术是一样的。譬如"在上埃及的卡邦尼亚、伊斯那库姆温布、努比亚图什卡等遗址，年代约在公元前16000—前9000年之间，都有磨盘和石镰

---

① 石少龙：《水煮粮史》，郑州：河南大学出版社，2018年，第43页。
② ［尼加拉瓜］塞尔希奥·拉米雷斯：《一千零一次死亡》，许琦瑜译，成都：四川人民出版社，2018年，第5页。

之类的工具出现"①。古埃及的雕像中有碾轧面粉的场景,从古埃及墓葬里出土的陶俑还有磨面烤制面包的场景。②德国人类学家利普斯(1895—1950)在《事物的起源》中描绘了非洲人使用杵臼舂麦子、制粉和揉面的场景。"在家庭用具方面,石头另一重要用途是作磨板和磨棒,全世界原始人的主妇们用它来磨碎谷物或其他植物食品。磨板是一块大石头,磨棒是一块较小的圆石头。从北美的收获者部落直到非洲和太平洋岛屿的农业部落,都普遍使用这样的工具。"③这就是说,在中国轮式石磨没有传播到非洲之前,他们使用的磨子与中国早期的磨盘十分类似。这一点是确信无疑的,在北非和撒哈拉沙漠地区的考古可以得到确证,"随着这个地区的气候变得干燥,古代动物渐渐绝灭,人类也陆续迁走,但留下了宝贵的历史资料——岩画和石磨。他们(阿尔及利亚先民)在居住过的洞穴壁上和岩石上,描绘下他们捕获的或者驯养的动物的形象。他们留下来的那些巨大的石磨,表明在这个沙漠地区的原始人很早就知道农业,开始栽培植物"④。但是,这里的石磨还不同于中国轮式石磨。实际上,在很长的一段时间内,东非居民习惯在石头上摩擦绒毛草谷子,但他们还无法知道轮式磨子技术。⑤丹麦学者凯伦·布里克森指出:"印度磨工曾经告诉我:他们的石磨是漂洋过海从孟买运来的,因为非洲的石头硬度不够,承受不了碾磨的工作。"⑥那么,孟买的石磨很有可能来自中国,因为目前没有资料显示印度的石磨技术早于中国。根据史料记载,唐代高僧玄奘曾将中国的手推石磨技术带到印度。⑦直至1637年,华侨商人容

---

① 陈明远、林川:《文明拂晓:复合工具体系》,北京:语文出版社,2019年,第273页。
② 陈明远、林川:《文明拂晓:复合工具体系》,北京:语文出版社,2019年,第278页。
③ [德]利普斯:《事物的起源》,汪宁生译,成都:四川民族出版社,1982年,第114页。
④ [阿尔及利亚]卡迪尔·阿里:《阿尔及利亚地理(自然·人文·经济)》,唐裕生等译,北京:商务印书馆,1978年,第51页。
⑤ [英]伯顿:《中非湖区探险记》(下),李宛蓉译,上海:上海文艺出版社,2013年,第310页。
⑥ [丹]凯伦·布里克森:《走出非洲》,晨星译,北京:当代世界出版社,2000年,第117页。
⑦ 参见黎先耀、张秋英:《世界博物馆大观》,北京:旅游教育出版社,1991年,第237页。

观在印尼爪哇岛的巴达维亚开设首家水力和畜力并用的石磨榨糖厂。①可见，中国的石磨技术是"采集文明"向"加工文明"转型的媒介，进而引发相应的经济结构发生变化。或者说，一种根源于石磨技术的混合经济出现了。

磨子技术在欧洲

李约瑟指出："公元前2世纪以前，在任何西方文化里都找不到一个含有磨的'转动'意思的动词，从那时起'推拉磨'和'转动磨'的差别就清楚了。实际上在罗马时代以前，在西方没有任何样式的旋转磨的证据。"②1世纪，中国的"水车"经波斯传至罗马，大约从中世纪开始在欧洲得到普及。"起初，水车主要用作磨制面粉的石磨动力，这种以水车为动力的制粉场称作磨坊（mill）。不久这种动力得到了更为广泛的应用，一批与之相匹配的传动机构如直齿轮、伞齿轮、曲柄连杆等被发明出来。"③很显然，欧洲的石磨技术的改进与中国的水车技术不无关系。

最早将中国石磨技术带入欧洲的可能是阿拉伯人和非洲人。非洲生产咖啡豆，自从有了石磨技术之后，品尝咖啡在非洲以及欧洲得到普遍欢迎，尤其是非洲人和阿拉伯人将咖啡与石磨技术带进欧洲，进而形成了欧洲人饮用咖啡的习惯或文明方式。同时，石磨技术也引发欧洲的生产技术和结构变革。美国学者斯蒂芬·所罗门在《水：财富、权力和文明的史诗》中指出："简单的卧式水车主要用来磨面，水轮与固定在它上边的石磨平行，水流驱动水车运转。比起古代用两个奴隶或一头驴子拉动的手磨（其功率大体相当于半马力，1马力约合735瓦特），水车驱动的磨功率要大好几倍。经过改良的直立式水车的功率约比手磨大五六倍。通过凸轮轴和传动装置，直立式水

---

① 李学民、黄昆章：《印尼华侨史》，广州：广东高等教育出版社，2016年，第124页。
② ［英］李约瑟原著，柯林·罗南改编：《中华科学文明史》（下），上海交通大学科学史系译，上海：上海人民出版社，2019年，第881页。
③ 姜振寰：《科学技术史》，济南：山东教育出版社，2019年，第99页。

车把旋转动力转化为推动石磨或其他设备高速旋转的动力。"①石磨动力的改进,使得加工生产粮食的速度、质量得以提高,进而影响了欧洲人的饮食结构与生产结构。譬如面包的出现与石磨技术是不无关系的。因为没有旋转磨子,是无法将麦粒磨碎,再用这种面粉做成面和面包的。英国小说家丹尼尔·笛福(1660—1731)在《鲁滨逊漂流记》中描述:"我若是要做成面包,就得有磨粉的磨子、筛粉的筛子、烤面包的炉子,还得有酵母和盐。"②可见,石磨是制作面包的关键技术。石磨也是从"谷粒文明"向"粉食文明"转型的媒介,进而引起欧洲人的饮食结构,甚至身体与疾病系统发生新的变化。

除了咖啡和面包之外,欧洲人加工胡椒也离不开石磨技术。18世纪晚期,英国人在改进中国石磨的基础上发明木质手摇"胡椒磨",③这种坚固的木质使得胡椒不至于把磨子损耗得太厉害,被磨细了的胡椒也影响胡椒的味道。甚至石磨技术或能将欧洲人的身份和地位联系在一起。历史地理学家房龙(1882—1944)在《固执鬼彼得:彼得·史蒂文森的生平与时代》中这样描述:"现在,大家可以试想自己回到了古代,那时,你家桌上若是摆了个胡椒粉的磨子,就能说明你是欧洲的统治阶级。"④很显然,当时欧洲的石磨技术被掌握在少数人的手里,石磨及其技术成为统治阶级或贵族的身份象征。

---

① [美]斯蒂芬·所罗门:《水:财富、权力和文明的史诗》,叶齐茂、倪晓辉译,北京:商务印书馆,2018年,第174—175页。
② [英]丹尼尔·笛福:《鲁滨逊漂流记》,张国华译,北京:北京联合出版公司,2016年,第170页。
③ 熊璐主编:《工业设计史》,合肥:合肥工业大学出版社,2018年,第27页。
④ [美]房龙:《固执鬼彼得:彼得·史蒂文森的生平与时代》,朱姝译,北京:新星出版社,2012年,第16页。

磨子技术在亚洲

在日本、韩国以及东南亚很多地方,中国的石磨技术被广泛推广。中国的石磨技术不仅改变了亚洲人的饮食习惯,还改变了亚洲很多国家的营养结构与文明水平。譬如日本抹茶技术和抹茶文明就来源于中国。日本的抹茶或称为"绿金",是日本的茶道用茶。根据研究,"用石磨将这种茶磨成粉末,它的营养成分比一般的绿茶要高十倍"[1]。很显然,抹茶文明和抹茶营养得益于中国的石磨技术。

在北宋时期,中原地区主要产小麦、茶叶等作物,因此农民修建了大量水磨,除磨面外,还用于磨茶。[2]宋代斗茶之风气盛行,茶磨用于研磨茶叶,庆历五年(1045)梅尧臣作《茶磨二首》。苏轼诗云:"浸穷厥味臼始用,复计其初碾方出。"[3]当时的衡山茶磨最为著名。[4]大约在12世纪,传说有一位来中国的荣西和尚,将茶树和磨茶技术带回日本。[5]但日本的石磨技术直到19世纪还没有得到推广。法国弗朗索瓦·莫拉在1897年写给教父的信中说:"东京地区或周边的殖民地,连一家面粉厂也没有。在这里,磨米的磨子只能用来将稻米和糠皮分离,却不能用于研磨面粉。"[6]费尔南·布罗代尔在《十五至十八世纪的物质文明、经济和资本主义》的第一卷中也指出:"在十九世纪的日本,北斋的一幅画提供的图景几乎令人难以置信:甘蔗竟全靠臂力压榨。"可见,日本使用石磨技术是很晚的。另外,日本豆腐是离不开中国石磨技术的。在元明间,豆腐传入日本、印度尼西亚等地,清代传到欧洲。

简言之,中国的石磨技术在全球范围内被传播与推广,石磨技术使得

---

[1] [德]布吕莫娜、托马克:《女人一本书》,天津:天津教育出版社,2010年,第220页。
[2] 王俊:《中国古代水利》,北京:中国商业出版社,2015年,第139页。
[3] 苏轼:《苏轼诗集(合注)》,冯应榴辑注,上海:上海古籍出版社,2001年,第1513页。
[4] 唐德荣:《宋代湘南手工业的发展与商贸业的荣盛》,《求索》,2010年第4期,第45页。
[5] [意]隆巴迪:《茶》,徐焰译,北京:中国摄影出版社,2015年,第104页。
[6] 王钦峰选编:《法国在广州湾:广州湾综合文献选》(第一卷),广州:暨南大学出版社,2018年,第59页。

全球很多地方的生产结构、饮食结构、营养结构以及文明水平发生改进与发展。尤其是石磨技术已然成了单一技术文明向复合技术文明转型、采集文明向加工文明转型、谷粒文明向粉食文明转型的重要媒介，显示出石磨技术的全球价值和功能。

延伸

综上所述，磨子作为经济的、情感的、文明的技术物，它发挥了磨子技术物特有的经济模式、情感纽带和文明生态的价值与功能。磨子技术不仅显示出独特的文化建构力量，还能激发和维系地方居民的人文情感。磨子技术物或石磨技术文明并没有受到空间的限制，中国石磨及其技术文明被传至全球很多国家。石磨技术文明的流动性显示出任何文明都不是孤立的或静止的，中华文明与世界其他文明是互动的。或者说，中国技术物或技术文明的全球传播昭示人类文明是流动的、互鉴的，显示出中华文明在全球文明体系中的身份与价值。因此，本章研究所得出的重要启示是：轴心文明以来各大文明体都在全球文明发展中发挥着自己独特的价值，都有为人类命运共同体发展的全球主义潜力。在当今社会，全球所有文明及其国家政治行为体所面临的共同问题是如何促成全球文明的持续繁荣与健康发展。人们应当摒弃欧洲中心主义或东方中心主义偏见，在全球主义视野下共同建设人类命运共同体才是唯一的正确选择。

磨子的现象与哲学

磨子，一个一直在等待"推手"到来的符号。这位推手不是别人，正是人类自己。以中国人为代表的亚洲人，以及欧洲人、美洲人、非洲人……他

们用双手推动了这盘全球文明之磨。在盘磨旁,中国人学会了享受面食的文明,日本人开始了他们的抹茶与豆腐文明进程,非洲人研磨出品尝咖啡的时间与文明,巴西人拥有了蔗糖文化及其文明,墨西哥人的巧克力与玉米文明走向全球,英国人的胡椒和面包文明风靡欧洲……这一切来自两片带有磨齿的磨子,磨子技术使人类走向深远的文明之境。

磨子的最大哲学是时间哲学。磨子帮助人类拥有了"围磨群语"的欢乐时间,它生成了磨子旁边的"宗教时间",诞生了人类的"闲暇时间"和"经济时间"。如果没有磨子,闲暇时的抹茶时光、咖啡时光、巧克力时光等的来临可能要比我们想象的要晚得多;如果没有磨子技术,中国地主经济、英国寺院经济、巴西蔗糖经济、墨西哥玉米经济等可能要失去它们历史的文明魅力。闲暇与劳动(经济)的哲学逻辑在磨子技术中得以完美地体现。没有劳动,就失去了闲暇;有了闲暇,劳动就更有动力与特色。换言之,闲暇是劳动的思想家和哲学家。

磨子的历史,就是一部文明的史诗。

第三章
罗盘：全球空间的延展与冒险

在技术全球史视野下，中国罗盘已然表征为一种经验知识的自然性、宗教性和科学性的技术物。罗盘定向技术的发现与发明为人类延展空间提供可能，从早期的自然罗盘和风水罗盘，发展到宋代的旱式罗盘以及后来的水式罗盘，中国罗盘技术从自然、宗教空间逐渐走向了深远的海洋空间，进而在全球形成了独特的罗盘技术分布网络。罗盘技术的全球传播催生了欧洲民众对地理空间的新感知，引发了欧洲国家对全球资源的划分与重组，促进了欧洲近代自然科学的连锁发展，形成了欧洲全新的地理观和全球观。明鉴中国罗盘技术在全球的传播网络及其发挥的教育意义与文明意义，有利于重现中华技术文明在全球文明体系中的卓越建树与显赫身份，并为中国的全球技术史书写提供新的范例。

在学界，人们对罗盘、司南或指南针的研究一般聚焦于"时间起源"（诞生）[①]、"形制构造"（磁性）[②]和"文化意义"（影响）[③]，多采用考古[④]、实证或实验[⑤]、文献[⑥]等多种方法手段以阐释罗盘技术的微观历史与价值。但对于技术罗盘的社会史而言，罗盘技术在社会关系中的文明性和教育性意义是显而易见的，它深刻影响人们对空间、地理与时间的认知，甚至罗盘技术对科学、哲学等学科也产生了深远影响。换言之，技术社会史或技术哲学为研究罗盘敞开了一种面向社会空间或技术哲学的崭新视界。这种学术视界可暂时放弃对罗盘技术的诞生空间与时间的纠缠，并从对罗盘的原始技术复原、形制和性能的细节考察中逃离，把研究的重心转向罗盘技术在社会史网络中曾经发挥的教育性、哲学性和科学性之中观理论探讨中，实现罗盘技术研究的社会史或哲学史意义上的转向，从而建立新的全球技术史立场，回击欧洲文明中心论或自我文明优越论偏见，或为中国的全球技术史的书写提供一种范例。

---

① 譬如刘秉正、刘亦丰：《关于指南针发明年代的探讨》，《东北师大学报（自然科学版）》，1997年第4期；刘洪涛：《指南针是汉代发明》，《南开学报（哲学社会科学版）》，1985年第2期。
② 譬如林文照：《关于司南的形制与发明年代》，《自然科学史研究》，1986年第4期；孙机：《简论"司南"兼及"司南佩"》，《中国历史文物》，2005年第4期。
③ 譬如王振铎：《中国古代磁针的发明和航海罗经的创造》，《文物》，1978年第3期；王振铎：《司南指南针与罗经盘》，《考古学报》，1948年第3期。
④ 譬如章炳麟：《指南针考》，《华国月刊》，1924年第5期；王正书：《"司南佩"考实》，《文物》，2003年第10期。
⑤ 譬如黄兴：《天然磁石勺"司南"实证研究》，《自然科学史研究》，2017年第3期。
⑥ 譬如刘亦丰、刘亦未、刘秉正：《司南指南文献新考》，《自然辩证法通讯》，2010年第5期。

罗盘：自然、玄幻与科学

物质、时间和空间是人类探寻宇宙的三大永恒变量，也是自然宇宙体的三大紧密相联的构成要素。人类对自我生存空间中的时间和物质探寻一直没有停止，并将自然物质赋予特有的时间性和空间性属性，进而建立属于人类的时空逻辑体系。罗盘测向技术的诞生就是人类探寻宇宙物质、时间和空间的产物之一，即在特定的自然物质身上发现其空间指极性和时间永恒性，这确乎是一项全球性的伟大发现与科学发明。

自然罗盘

在自然文明史上，人类很早就学会了定位空间与方向仪象的时空技术，通常是利用自然界的动物（鳗鲡、鸽子、燕子、蜜蜂等）迁徙、天体星象（日光、北极星等）、河流水势（高低走向）、树木风向（季风规律）等途径辨析方向，进而为人类自己的行为活动确立坐标。

在跨湖桥遗址中，考古学家发现了"带光芒的太阳纹彩陶、火焰纹彩陶和刻划、镂孔、彩绘三者组合的太阳纹图案"[①]。毋庸置疑的是，史前人类刻画的太阳纹图案极具时空性特征，显示出原始人类对时间性方向与空间性方位的认知与渴望，并付诸经验性知识叙事——时间性图案绘画，这些图画具有明显的教育意义，即作为早期人类学习的教科书。同样，在西安半坡仰韶文化遗址[②]中，曾出土的人面鱼纹彩陶盆上带有明显的方向性刻符，说明半坡古人已经萌生了描绘空间的方位思想或方向意识，具有了一定的判断空间位置和测定方向的能力。诸如此类的考古发掘资料是很多的，再譬如河南濮阳西水坡遗址曾出土6000年前的骨制北斗星形状的斗柄，山西柿子滩旧石器时

[①] 蒋乐平：《钱塘江史前文明史纲要》，《南方文物》，2012年第2期，第91页。

[②] 高友谦：《理气风水》，北京：团结出版社，2006年，第21页。

代遗址的朱绘岩画所刻画的女巫头顶或为北斗七星，浙江余姚河姆渡遗址①出土的黑陶腹部的猪图像正中一颗星也是天极星。这些出土的太阳纹、鱼纹、北斗星等原始的时空性特征明显的图案表明，早期人类对自我的空间位置、空间方向以及空间时间的意识，已具备了原始认知与经验描述的能力。

这里姑且可以把早期人类利用自然现象确定方向的技术称为"自然罗盘技术"，只不过这种技术属于经验性技术范畴，或者是环境适应性技术，还不是生产习得性技术。自然罗盘技术是早期人类对自然现象的天才发现，考古发掘的空间方向性的图案是史前工匠的智慧表达。或者说，早期工匠为探寻空间方向利用了自然界的日月星辰、山川树木等物象，已具备了初步的感知方位的能力，这些能力为后来的罗盘定向和定位技术的发明提供了必要基础。原始自然罗盘技术的书写与叙事意味着一个显而易见的教育学问题，即自然现象作为被刻画的图案，既是日常经验性教育与传承的教材，也是后期人类发现和发明新技术的必要教材。

风水罗盘

在史前，工匠一般是由巫工组成的群体，并具有较高的地位与身份。《说文解字》曰："工，巧饰也。象人有规矩也。与巫同意。"②这段话里有三个关键词：巧饰、规矩和巫。这三个关键词关联到"工"的三个基本内涵规定：技术、工具和身份。从神话学意义上来看，早期的"工"是非常神圣的，具有一定的神性或宗教性。因此"工"之定名至少表现有三个方面的想

---

① 河姆渡遗址考古队：《浙江河姆渡遗址第二期发掘的主要收获》，《文物》，1980年第5期。
② 汉语大字典编辑委员会编：《汉语大字典》，武汉：湖北辞书出版社，1992年，第173页。

象社会学内涵：技术神圣、工具神圣和身份神圣，[①]尤其是巫的身份职业决定了工匠生产的神圣性或巫术性特征。因此，人类早期的技术发明通常具有玄幻的神话色彩。

在自然罗盘技术的参照上，中国古代先民发明的风水罗盘是用来祭祀、礼仪和占卜的一种工具，尤其是用于建筑风水占卜、军事占卜，也有其他重要活动的占卜。譬如早在殷商时期，"卜工制度"就是一种重要的占卜活动，因为工匠在殷商社会中的地位是很显赫的。于是，殷商时期的王依龟甲灼兆而卜，宗教官负责占卜刻辞，记录占卜诸事，并由王册封为工。因此，"卜工制度"，即王占卜工匠之祸乱与逃亡，并册封为工的制度，或为"册工制度"。譬如甲骨卜辞。甲寅（卜），史贞：多工亡尤（《合集》19433）；己酉卜，水工方（《合集》20615）；丙申卜，鼎（贞）：既入商工（《合集》21607）。上述"三卜"工匠之事，卜问百工是否有祸起，或是否逃亡，或是否有入商工等，可见商王对百工之关注。占卜之目的或不是为了手工之事，意在防止出现不利于官府统治之事；或是否进入工匠行列，即问卜（考察）能否册封为工。不过，殷商时期的占卜工具还没有证据显示是风水罗盘。大约在汉代，被用于占卜的栻盘开始出现，譬如安徽阜阳双古堆、甘肃威武等地曾出土用于占卜的栻盘。至唐代，"掌灵台地理事"[②]的地理堪舆师杨筠松善于制造用于建筑占卜的风水罗盘。至明清时期，风水罗盘已经成为风水命理测算的必备工具。

[①] 由于史前人类的生产力低下，工匠的技术对于人类发展极其重要。因此，工匠的地位是崇高的，以至于《考工记》曰："百工之事，皆圣人之作也。"什么是"圣人"？《说文》曰："圣，通也。"说明，工匠均为智者、巧者，是能够通晓很多造物事理的圣人、神人。譬如，人们把张衡、马钧说成是"木圣"；因鲁班发明了锯子、墨斗、矩尺、刨子等，人们敬奉他为"鲁班神"。那么，由这些神人所造的器具，也就被赋予了神话色彩。譬如在远古社会，传说中的神器很多，譬如盘古斧、女娲石、伏羲琴、昆仑镜、神农鼎、轩辕剑、昊天塔、崆峒印、炼妖壶、东皇钟等等。

[②] 按《江西通志》云："筠松，窦州人，僖宗朝国师，官至金紫光禄大夫。掌灵台地理事。黄巢破京城，乃断发入昆仑山步龙。一过虔州，以地理术行于世，称救贫仙人是也。"参见［晋］郭璞：《四库存目：青囊汇刊2青囊海角经》，北京：华龄出版社，2017年，第143页。

风水罗盘的出现，显示出人类从早期自然罗盘的空间意义向宗教意义过渡。这体现了早期人类对自然罗盘技术使用的一次转移，实现了自然罗盘功能的一次技术升级，已然表现出一种生产习得性技术的转化与应用。尽管风水罗盘带有明显的宗教意义，但是反映出人类征服自然的一次宗教化思想进步，同样也具有一定的宗教化教育学意义，即规约、调整与引导人类的空间行为选择与方向。

科学罗盘

所谓"科学罗盘"，即用于测定方向的磁石罗盘。用于测定方向的磁石罗盘技术的发明并不是偶然的，它是一个渐变转换的过程，即从自然罗盘向科学罗盘或磁石罗盘的逐渐转换。大约在3世纪，中国人就发现了磁石取针。《鬼谷子全书》云："其察言也，不失若磁石之取针。"[①]这里的"磁石之取针"，即为磨石成针的实践，或为"司南"之用。《鬼谷子》又云："故郑人之取玉也，必载司南之车，为其不惑也。"[②]伴随人们对磁石物理功能的发现与使用，磁石罗盘方位指向的宗教意义逐渐被数字方向的科学意义所取代。直至宋代"指南鱼"的出现，罗盘从早期的玄幻罗盘开始走向科学罗盘，从早期的占卜巫师手中的道具转型为航海家在茫茫大海中确定方向的工具。

就罗盘技术发生史意义而言，它从早期的自然意义逐渐向宗教意义转型，并最终被科学意义所取代，进而被用于发现与探测自然的空间方位。由此，罗盘技术的行为意义也发生多次转型，即从早期经验性的自然罗盘的发现并用于辨别方向，到后来的磁石罗盘技术的发现并被用于风水占卜，发展至后来它被用于大海航行，并在全球发挥引领和规约人们空间行为的教育功能，这显示出罗盘技术知识与自然经验、人类行为之间存在某种伦理学和教

---

① 房立中编：《鬼谷子全书》，北京：书目文献出版社，1993年，第299页。
② 房立中编：《鬼谷子全书》，北京：书目文献出版社，1993年，第325页。

育学意义上的复杂关系。换句话说，罗盘技术的伦理性、教育性和经验性为它的全球传播提供可靠的必要基础。

走向海洋的中国罗盘技术

海洋是全球交往的通道，是罗盘技术首先打通了海洋通道，为人类交往指明了航向与位置，并规约与引导人类的空间导向行为。从早期的自然罗盘和风水罗盘，到宋代的旱式罗盘，再到后来的水式罗盘，中国罗盘技术从陆地走向海洋。由此，中国罗盘技术成为走向海洋空间的重要利器。

立司南以端朝夕

大约在公元前4世纪到公元前3世纪之间，中国已经开始发现磁石现象，并发现其指南的物理性质。《韩非子·有度》记载了"先王立司南以端朝夕"[1]，即先王用"司南"（天然磁石罗盘）测定方向，它具有明显的教育学意味。这里的"以端朝夕"原理，即《考工记·匠人》所记的"以正朝夕"原理。[2]磁石罗盘是中国古代工匠在劳动中发现和发明的一种指向仪器，它源于春秋时期工匠的采矿冶炼技术或方家的磁石磨针实践[3]，至战国时代已经发明了用于判断方位的"司南"。很明显，司南技术在哲学意义上具有明显的实践性和工具性表征，还具备一定的物质性和工具性特质。

---

[1] ［战国］韩非：《韩非子》，秦惠彬校点，沈阳：辽宁教育出版社，1997年，第12页。
[2] 孙机：《再论"司南"》，《中国国家博物馆馆刊》，2018年第7期，第156页。
[3] 沈括《梦溪笔谈》载："方家以磁石磨针锋则能指南，然常微偏东，不全南也。水浮多荡摇。指爪及碗唇上皆可为之，运转尤速，但坚滑易坠，不若缕悬为最善。其法取新矿中独茧缕，以芥子许蜡缀于针腰，无风处悬之则针常指南。其中有磨而指北者，余家指南、北者皆有之。磁石之指南犹柏之指西，莫可原其理。"参见［北宋］沈括：《梦溪笔谈》，上海：上海书店出版社，2009年，第229—230页。

在欧洲，古罗马时期的博物学家普林尼在《博物志》中曾论及磁石现象，罗马共和国时期的哲学家提图斯·卢克莱修·卡鲁斯（约前99—约前55）在《物性论》中也描述过"磁石现象"，卢克莱修的有关磁石的论述后来被16世纪英国的物理学家威廉·吉尔比特援引《论磁石》。①但欧洲首次提到磁罗盘技术还是在1190年，当时亚历山大·内克姆（1157—1217）在他的《来自大自然》一书中写道："水手们在海上航行时，在不能利用阳光的阴天或夜幕将世界裹得一团漆黑，而且他们已不知道他们的船正驶向罗盘的哪个方位时，他们就用一根针去触那块磁石。针就会旋转起来，当针停止运动后，针尖就指向北方。"显然，欧洲论及磁石指南的物理属性较晚，内克姆的《来自大自然》提及的天然磁石罗盘比公元前4世纪的《韩非子》中提及的天然磁石罗盘要晚1500多年。

占星导航与磁石引针

在早期，海洋导航系统主要依赖星象以别四方。《汉书·艺文志》曾记载中国早期占星导航书籍《海中星占验》《海中五星顺逆》《海中二十八宿国分》《海中日月慧虹杂占》等，这里的"海中"或为汉代方士研究的海洋空间。②《汉书·艺文志》所记载的汉代导航书籍（或手册）表明汉代人利用自然星象导航的事实。《太平御览》卷十五引东晋虞喜《志林》云："黄帝乃令风后法斗机，作指南车，以别四方。"③这里的"斗机"，抑或为北斗的天机星；"指南车"，或为根据斗机而设计的指向仪。④占星导航技术是根据自然现象变化的偶然性习得，也是人类不断探索自然的经验性知识总结。

---

① ［日］涩泽龙彦：《奇想博物志：我的普林尼》，长沙：湖南文艺出版社，2019年，第115页。
② 陶培培编：《航海史话》，上海：上海科学技术文献出版社，2019年，第73页。
③ ［宋］李昉等：《太平御览（六）》，台北：台湾商务印书馆，四部丛刊三编子部影印版，第138页。
④ 刘亦丰、刘亦未、刘秉正：《司南指南文献新考》，《自然辩证法通讯》，2010年第5期，第54页。

汉代中国使用磁石导航测向技术已初具雏形,并已懂得磁石指极的物理属性。东汉思想家王充在《论衡·乱龙篇》中云:"顿牟掇芥,磁石引针。"①可见,人工磁化现象已经被汉代人认识与利用。刘安等在《淮南子·览冥训》中记载:"若以慈石之能连铁也,而求其引瓦,则难矣。"②又曰:"慈石能引铁,及其于铜则不行也。"这说明,汉代已经懂得磁石引铁而不吸其他物质的物理属性。英国的罗伯特·K.G.坦普尔在《中国的创造精神:中国的100个世界第一》中曾转引了中国一幅大约114年的汉画像(见图3-1),画像中刻画的是一位汉代巫师正在俯视勺形指南针。在武威,曾出土过汉代用于定位的栻盘,即堪舆家所使用的定位罗盘。王充在《论衡》中云:"司南之杓,投之于地,其柢指南。"③这里的"司南之杓",即天然磁石指极杓,"投之于地"之"地"或为栻卜用的地盘。④

图3-1 汉代巫师俯视勺形指南针的画像

---

① [东汉]王充:《论衡》,上海:上海人民出版社,1974年,第245页。
② [汉]刘安等著,陈广忠译注:《淮南子译注》,长春:吉林文史出版社,1990年,第279—280页。
③ [东汉]王充:《论衡》,上海:上海人民出版社,1974年,第270页。
④ 参见王振铎:《司南指南针与罗经盘》,《考古学报》,1948年第3期。

磁石罗盘技术的发展促进了中国古代造船技术趋向发达，也为海上丝路贸易提供了重要的技术条件。1974年，考古人员在广州中山四路发现秦汉时期的"造船遗址"[1]，其中1号船台滑板长达188米以上，中宽1.8米，由此可推断造船载重在25~30吨左右，这明显表明秦汉时期广州造船技术已经相当发达。同时，航海技术也表现在航海测绘以及海上导航知识上。到唐代，《海岛算经》一书表明中国古代已经初步掌握了海洋基本测绘方法。晚唐时堪舆家卜应天的《雪心赋》有"子午针正"的记载，可见磁石指南针的发明不晚于8世纪。

针横灯心与针盘而行

直至北宋年间，人工发明与制造的天然磁石才广泛运用于航海活动。北宋初年的燕肃（961—1040）在《海潮论》中记载，在宋代不仅有陆上"指南车"，还有海航"指南针"。《梦粱录》曰："风雨晦冥时，惟凭针盘而行，乃火长掌之，毫厘不敢差误，盖一舟人命所系也。"[2]这里的"针盘"，即磁石罗盘针。沈括（1036—1095）在《梦溪笔谈》中也提及用磁针罗盘定方位的方法，如"缕悬法""水浮法""指甲法""碗唇法"等。1044年曾公亮编撰《武经总要》记载了用以辨别方向的"指南车"或"指南鱼"。1116年寇宗奭在《本草衍义》中记载有"针横灯心"的水罗盘。北宋时期，《萍洲可谈》（1119）曰："舟师识地理，夜则观星，昼则观日，阴晦观指南针。"[3]说明中国在12世纪初已经开始懂得海洋测绘以及学会运用天体和指南针在海上导航的技术。在宋代，我国已经开始学会制造磁体进行导航测向。到了元符年间（1098—1100），中国海船已普遍安装磁体司南装置，即罗盘指南针。宋人将磁针与司南装置组成一个罗盘指南仪器，它不仅为磁石

---

[1] 广东省文物管理委员会等编：《南海丝绸之路文物图集》，广州：广东科技出版社，1991年，第20页。
[2] ［宋］吴自牧：《梦粱录》，杭州：浙江人民出版社，1980年，第112页。
[3] ［宋］朱彧：《萍洲可谈》（卷二），北京：中华书局，1985年，第18页。

指南针本身的应用发展提供了基础，更揭开了我国乃至世界远洋航海事业的新篇章。这种磁石指南仪器在古代的称谓很多，有地罗经盘、子午盘、定盘针、针盘等。宋代的磁石罗盘针用于远洋航海导航，为航海测定方位提供可靠的技术工具，也为海上丝路贸易提供重要的技术支持。宋末元初周达观的《真腊风土记》记载："自温州开洋，行丁未针，历闽、广海外诸州港口，过七洲洋，经交趾洋，到占城。又自占城顺风可半月到真蒲，乃其境也。又自真蒲行坤申针，过昆仑洋，入港。"[①]这里的"行丁未针"或"行坤申针"也是指宋元时期航海磁石罗盘，也说明宋代的罗盘与指南针走向合一。先进的航海磁石司南装置是宋代科学技术进步的标志性仪器，也是宋代航海技术发达及其远洋能力强大的象征。在宋代以后，《海道指南图》（元代）、《郑和航海图》（明代）均显示中国古代航海测绘技术先进，英国李约瑟曾在《中国科学技术史》中详细记载了明代（或日本）漆木水罗盘，这既反映了明代航海技术的发达水平，又能体现罗盘技术对地图科学、航海测绘科学等产生了深远的影响。

概言之，中国罗盘技术发展大致经历了三大关键时期：春秋战国时期、汉代时期和宋代时期。从春秋战国时期到汉代时期，是中国对内陆空间的迅速扩张期，进而使得早期的风水罗盘快速转型为方位罗盘，而宋代是中国海洋文化发展时期。由此，航海罗盘的诞生不仅适应宋代国家发展的海洋战略，还为全球海洋事业的发展提供技术支持。

罗盘技术的全球网络及传播

中国磁石罗盘技术的发明与发现意味着一个重大的教育学现象的出现。13世纪的欧洲开始接受中国罗盘技术，并学会使用磁石罗盘技术，直至15世

---

① ［元］周达观著，夏鼐校注：《真腊风土记校注》，北京：中华书局，1981年，第15页。

纪前后，欧洲大航海时代磁石罗盘技术得以广泛应用。真正发现印度航线（达·伽马）、美洲大陆（哥伦布）的是罗盘指南针，没有罗盘指南针的麦哲伦是无法环球航行的。磁石罗盘技术不仅结束了借助原始生物罗盘和星象罗盘的原始航球时代，还开启了借助物理罗盘的科学航海时代。磁石罗盘技术为海洋探险、海外殖民与丝路贸易提供了技术支持，开放的海洋空间迎来了全球军事、经济与政治的巨大革新与发展。

欧洲和伊斯兰国家的罗盘技术

在欧洲，最早记载罗盘技术相关知识的是古阿拉伯安达卢西亚的文学家、史学家、哲学家伊本·哈兹姆（994—1064）[1]。不过，需要指出的是："尽管伊本·哈兹姆在11世纪早期写的一篇论文被认为涉及了磁，但在10世纪的天文学家和地理学家中却从未有人提及过磁。而且哈兹姆的论文只是提到了磁引力，并没有涉及磁石的指向性。"[2]或者说，11世纪时期的欧洲人还不知道磁石指南的物理性能，更不知道使用磁石罗盘技术。而此时的中国沈括在《梦溪笔谈》（1088）中已经详细介绍了磁石罗盘技术，或者说中国文献记载的磁石罗盘技术要比欧洲早得多。

那么，欧洲人是何时或如何学习中国的磁石罗盘技术的呢？目前通行的说法是恩格斯在《自然辩证法》中指出的，即大约在1180年，磁针或磁石罗盘技术经阿拉伯人从中国传到欧洲。不过，恩格斯的这一说法遭到英国的罗伯特·K.G.坦普尔的怀疑。坦普尔认为："磁罗盘似乎不是经阿拉伯地区传入欧洲的。因为直到大约1232年，阿拉伯的文字中才提到罗盘，描述了水手们用经磁石磨过的鱼形铁片来辨别方向的情景。这种鱼形是非常典型的中国

---

[1] ［俄］茨维塔耶娃等：《我想和你一起生活：世界经典情诗选》，陈黎、张芬龄译，北京：北京联合出版公司，2018年，第33页。
[2] ［英］李约瑟原著，柯林·罗南改编：《中华科学文明史》（下），上海交通大学科学史系译，上海：上海人民出版社，2019年，第577页。

式样。由此看来，欧洲人和阿拉伯人大约是在相同的时间，通过在航海时与中国人的接触，将磁罗盘用于航海的；不过欧洲人也许要比阿拉伯人早几十年拥有罗盘。"①在此，坦普尔所说的"阿拉伯的文字"，即1232年"在波斯由Mnhamamad al-Anif编辑之轶事集*Fami al-Hikayat*中，曾提到水手们以磁石摩擦一块鱼状的铁寻找方向之事"②，即水手借助于一块用磁铁摩擦过的鱼形铁片来确定方向。该记载是在波斯轶事集里被发现的，该轶事集大约于1232年由阿尔爱菲·穆罕默德编纂而成，这里的"鱼形铁片"或为来自中国宋代的海航指南针。

在国外，研究中国罗盘指南针技术的学者很多，其中李约瑟对中国科技史的研究最为著名。他在《中华科学文明史》中记载："在13世纪，除此（波斯轶事集）之外，再没有别的书讨论过这一问题，甚至连地理学家阿尔夸兹维尼编纂的百科全书也对之保持沉默。在此之前，没有介绍指南针的文献。"③实际上，李约瑟可能没有注意到英国修道士尼坎（1157—1217）在1207年的《论器具》（*De Utensilibus*）中论及"船上用针指示方向"的"指南针"，④也没有注意到1190—1210年间，法国人普鲁恩提及"水手将针与一种难看石头摩擦后，用草浮于水上可指北"的论述。尽管13世纪欧洲文献中很少详细论及中国的罗盘技术，但在1205年，法国人古约根据中国罗盘技术，最先仿制出了中国式的指南针，这也许是欧洲最早的指南针了。⑤此后，贝拉克·阿尔夸巴在一篇关于磁石的论文中提及："他在1242年曾目睹了浮

---

① ［英］罗伯特·K. G. 坦普尔：《中国的创造精神：中国的100个世界第一》，陈养正等译，王存诚校，北京：人民教育出版社，2003年，第214页。
② 李晋江：《指南针、印刷术从海路向外西传初探》，《福建论坛（文史哲版）》，1992年第6期，第65页。
③ ［英］李约瑟原著，柯林·罗南改编：《中华科学文明史》（下），上海交通大学科学史系译，上海：上海人民出版社，2019年，第577页。
④ 中华文化通志编委会编：《中华文化通志》（第7典《科学技术：物理与机械志》），上海：上海人民出版社，2010年，第164页。
⑤ 童鹰：《世界近代科学技术发展史》（上），上海：上海人民出版社，1990年，第96页。

针罗盘的使用情形。他还补充说，当时的船长们在印度洋里航行时，是使用一种漂浮着的鱼形铁片来定向的。"①可见，浮针罗盘技术在13世纪已经被欧洲人应用于航海事业。直至15世纪左右，葡萄牙帝国汲取了希腊人的海洋文明和智慧，改造了中国的指南针，再设计了阿拉伯人的三角帆，筹建了专门培养航海家的航海大学，兴建了地理专业的图书馆，发明了用于海战的大炮……这一切显示出葡萄牙人走向海洋帝国的战略雄心与准备。勇敢而积极的海外探险精神，为葡萄牙殖民扩张提供内在的精神动力，而殖民扩张也为葡萄牙的丝路交往提供进一步的可能。在航海技术和贸易诱惑的支撑下，葡萄牙带领欧洲走上了殖民扩张之路，已然成为大航海时代开辟全球新航路的领头羊。

16—17世纪，随着欧洲海外殖民扩张的推进，罗盘技术被广泛应用于航海事业。同时，罗盘技术也加速了全球贸易、技术物流动和人员交往。伴随海上丝路贸易的深入，全球的资源组合、技术配置和科学发明无疑被大大提速。

亚洲船用磁铁罗盘技术

在中国古代，从《老子》到《淮南子》或《太平经》，以及汉代的《图宅术》《堪舆金匮》《宫宅地形》等，堪舆术（或风水学）的知识体系和实践体系可谓完整，进而诞生了与堪舆术相关的道家技术体系，如生态技术（环境）、经络技术（身体）、罗盘技术（测向）等。其中，罗盘技术是风水师借以施展才华最为神奇的工具，它能测定方位（司南），卜算时辰（六壬盘）。在中国唐朝时期，佛教和道家思想盛行，堪舆术的思想与实践也愈加活跃。

大约在宋代时期，中国罗盘定向技术被传播至南亚印度。朱彧在《萍洲可谈》中记载："市舶司给朱记，许用笞治其徒。……舟师识地理，夜则

---

① ［英］李约瑟原著，柯林·罗南改编：《中华科学文明史》（下），上海交通大学科学史系译，上海：上海人民出版社，2019年，第577页。

观星，昼则观日，阴晦则观指南针。"这记载了宋代广州海上丝路贸易中的罗盘指南针使用情况，显示出宋代海上航行已经开始使用罗盘指南针定向技术，并将该技术传播至南亚印度。不过，在唐或唐代之前，印度文献中未提及指南针。"如果指南针在唐或唐代之前已经被用于航海，那么在当时对去印度的佛教徒的大量叙述中，它应该被提及。但在那些文献中，却从未发现过指南针的踪影。也许在那个时代，罗盘仅仅被用于堪舆术。"[1]实际上，直至唐代以前，罗盘技术是否被广泛应用于航海活动，这是很难确定的，但罗盘堪舆术极为风靡是肯定的。这由《册府元龟》之《明地篇》中对当时的堪舆术所作的详细记载可窥见一斑。至金元时期，《地理新书》的多次刻印也反映出了堪舆风水之风盛行。明清时期，堪舆之风继续盛行。

与中国相邻的日本，对中国的罗盘技术进行改造，并将磁铁罗盘技术应用于航海活动。由于"日本过去致力于天文学的发展，又因其航海活动主要以近海为中心，所以几乎没有使用过罗盘。直到江户时代末期，日本才开始有'船用磁铁（罗盘）'的使用记录。……江户末期，测量家伊能忠敬意识到想要绘制出精确的地图就必须提高测量的精确度，于是他尝试改良以往的指南针。他经过反复试验，如利用坚硬耐磨的水晶轴承来支撑磁针等，最终制作出了镶嵌在手杖顶端的手杖罗盘"[2]。直至日本的制铁技术高速发展之后，船用的中国罗盘技术才退出航海活动。因为，船上的铁会使地磁场发生混乱。

中美洲的奥尔梅克罗盘

位于现今墨西哥中南部的奥尔梅克文明，是约公元前1400年到前400年之间的前哥伦布时期古文明，美国的天文学家卡尔森曾在奥尔梅克发现了研

---

[1] ［英］李约瑟原著，柯林·罗南改编：《中华科学文明史》（下），上海交通大学科学史系译，上海：上海人民出版社，2019年，第582页。
[2] ［日］池内了主编，日本造事务所编著：《从三十项发明阅读世界史》，张彤、张贵彬译，上海：上海文艺出版社，2018年，第106页。

磨过的天然磁石。美国学者克利福德·皮科夫认为："中美洲的奥尔梅克罗盘可能是已知最早的罗盘。"①但卡尔森在《天然磁石罗盘：是中国人还是奥尔梅克人先发现的？》文章中认为："这件中美洲古代文物的用途，就算不是所谓的一阶罗盘（first-order compass），起码是零阶罗盘（zeroth-order compass）。究竟这个指针是用来指向天体（零阶罗盘）还是地磁南北极（一阶罗盘），仍莫衷一是。"②显然，卡尔森对奥尔梅克罗盘是否是一阶罗盘的论证是存疑的，也就是说天然磁石罗盘是中国人还是奥尔梅克人先发现的问题，很难确定。不过，《鬼谷子·谋篇》云，"郑人之取玉也，必载司南之车"③，或《韩非子》云，"先王立司南，以端朝夕"④，可见中国早在公元前4—前3世纪，已有一阶罗盘了。

那么，墨西哥中南部的奥尔梅克文明发现的经过研磨的天然磁石与中国早期文明是否有关联呢？这些天然磁石是否来源于中国？从中国和拉美早期交往时间看，双方交往的时间可追溯到5世纪前后。考古学家奈云"在墨西哥越万滔地方，寻获泥制古像甚多，面貌确与华人无异。……其塑法与中国近代之木雕神像相似，盖亦千余年前中国之技术也。……在墨西哥一处农田曾发现装有许多泥塑古佛的几只石匣，古佛的面貌和服饰与中国中古时代的装束毫无差异。还发现一串刻有中国文字的古钱，串钱的麻绳并未腐烂，组织法和形状也和中国的相同。墨西哥人帕帕斯·德科尔索在一次挖掘中，发现一串刻有早期中国书写符号的佛珠。亚历山大所编《世界民族神话》第十一册卷首一图为大独石碑，碑的图案中有受中国传说影响的龙，碑顶面还绘有一个似佛之神"⑤。泥塑古佛、中国古钱、中国文字的佛珠、中国龙图案等考

---

① ［美］克利福德·皮科夫：《物理之书》，严诚廷译，桂林：漓江出版社，2015年，第22页。
② 转引［美］克利福德·皮科夫：《物理之书》，严诚廷译，桂林：漓江出版社，2015年，第22页。
③ 房立中编：《鬼谷子全书》，北京：书目文献出版社，1993年，第325页。
④ ［战国］韩非：《韩非子》，秦惠彬校点，沈阳：辽宁教育出版社，1997年，第12页。
⑤ 沙丁等：《中国和拉丁美洲关系简史》，郑州：河南人民出版社，1986年，第27页。

古出土的中国风格器物及其图像显示,中国和墨西哥的早期交往时间可上溯至5世纪,这表明在奥尔梅克发现的研磨过的天然磁石或来源于中国。

罗盘技术的全球意义

作为技术社会史范畴,罗盘技术在社会空间中的位置是流动的。流动的罗盘技术不仅实现了其本身的不断发展与革新,还发挥了罗盘技术在全球的教育意义,给全球文明带来全新的发展契机。因此,罗盘技术具有显而易见的全球意义,特别是对欧洲文明产生了深远的影响。

催生欧洲人的空间知性

一项技术的发现与发明,或将改变人类的行为及其方式,并进一步提高人们的智力水平。因此,技术发明意味着一项重大的教育学问题。[1]威尔斯指出:"可以毫不夸张地说,欧洲的智力复活得以出现,靠的就是纸。"[2]实际上,连同中国纸张在内的印刷术和指南针技术对欧洲的一个潜在价值就是使欧洲人的知性开始复活。罗盘技术使人们对全球想象的空间感知能力变得更强大了,人们发现全球空间与信息的能力愈发走上新的阶段。中国罗盘技术的出现与引进,使得欧洲人对全球地理空间及其形状展开新的思考。这正如威尔斯所言,"长久以来被遗忘'世界是圆的'这观念,渐渐在人们心中复苏"[3]。也就是说,罗盘技术大大推动了欧洲人对地球的想象观念和空间意识

---

[1] [法]贝尔纳·斯蒂格勒:《技术与时间:3.电影的时间与存在之痛的问题》,方尔平译,南京:译林出版社,2012年,第218页。

[2] [英]H. G. 威尔斯:《世界简史》,孙法理译,北京:中央编译出版社,2013年,第214页。

[3] [英]赫伯特·乔治·威尔斯:《世界之书:一部简明的人类冒险史》,赵震译,北京:台海出版社,2017年,第192页。

走向新的阶段，使他们确信去遥远的东方——中国，是可能的，加之"《马可·波罗游记》的刊行，给欧洲人的想象力带去极强烈的影响。欧洲的文字，尤其是5世纪的传奇小说，偶可见震旦（中国古称）、汗八里（北京）等名称"①。罗盘技术连同它的诞生地（中国）被欧洲人发现与向往。

从13世纪至17世纪，中国的罗盘技术从波斯人、英国人和法国人那里获得了新生——为欧洲文艺复兴和启蒙运动提供东方的智慧，那些包括中国罗盘技术在内的"物性"启蒙了欧洲人的神性和理性。尤其是17—18世纪的中国罗盘技术被广泛应用于航海事业的同时，既是欧洲启蒙运动发展的高潮，又是中国宋明理学的发展高潮。或者说，中国技术给欧洲带去了思想启蒙，使其感知到希腊古典之光，发现物性技术之美，欧洲人的文艺复兴和思想启蒙由此展开。正如威尔斯惊叹中国纸张给欧洲带来的变化那样："有关这能够整个予以征服的圆形世界的崭新现实感、奇异的土地与异常的动植物、奇妙的习惯与风俗的崭新光景、有关海外与天空和生活的样式和用具等，突然侵入欧洲的人们心中。埋没已久而被遗忘的希腊古典，迅速地被印行，被研究，柏拉图的梦想，以及充满自由与品格的共和制时代的传统，为人们的思想加上了一层五彩缤纷的色彩。罗马的霸权首次给西欧带来法律与秩序，拉丁教会随之复兴，然而不管是异教徒统治下的罗马，抑或是天主教所控制的罗马，好奇心与改革都是被那组织当作从属而遭抑压的。拉丁精神的支配，如今已到了存亡绝续的时候。但是从13世纪到16世纪间的欧洲雅利安人，终究受闪族人、蒙古人的刺激性影响，以及希腊古典的再发现之光，脱离拉丁的传统，再次成为人类的知性以及物质的指导力量。"②同样，罗盘技术给予了欧洲人发现新大陆、复苏被遗忘的希腊古典文明、展示被神性压抑的人性、启蒙科学理性之光等诸多层面的深刻影响。当中国罗盘技术打开全球更

---

① ［英］赫伯特·乔治·威尔斯：《世界之书：一部简明的人类冒险史》，赵震译，北京：台海出版社，2017年，第192页。
② ［英］赫伯特·乔治·威尔斯：《世界之书：一部简明的人类冒险史》，赵震译，北京：台海出版社，2017年，第193页。

大的宇宙空间之时，欧洲人愈发感知到了在全球视野中自我地位的次要性，感知到了遥远东方中国的强大。实际上，"欧洲扩张的根基主要并不在于'新人'的出现，而在于欧洲在一个更大的、全球性的视野中所处的特定的、次要的地位。我们还需要到欧洲大陆之外去寻找知识（火药、罗盘、制图）的源头。某种意义上，我们可以将欧洲崛起的启动视作这个大陆对它当时在世界中所处的边缘位置的反应"①。换言之，罗盘技术与新地理空间的发现，促进了欧洲人对地理空间的感知反应。变动的全球关系、民族国家的社会关系以及全球交往网络在欧洲人感知世界的想象力里悄悄发生革新，进而在其感知想象中逐渐突破地理空间与思想的边界。于是，欧洲人一手拿着十字架（基督教思想），另一只手拿着钱袋子（商业资本主义），勇敢地航行在大洋上，全球资本与资源由此发生新的流动。

引发全球空间资源的划分与重组

对于全球来说，罗盘定向技术的发明与发现近乎是一项给全球发展带来革命性突破的技术文明。罗盘用指针上的向量时间消灭了全球的距离空间，为欧洲人探索地理空间以及全球空间想象建立了可能，加速了全球扩张与交往的速度，也加快了欧洲人对全球空间资源划分的速度，尤其是为葡萄牙人、荷兰人、英国人和法国人的海外探险、殖民扩张与全球资源的划分与重组提供了航海技术支持。

中国的印刷术、火药和罗盘等是欧洲思想革命、社会革命和航海革命的催化剂。美国人海斯等人在《全球通史》中这样指出："印刷机促使了思想革命的成功——没有它，书籍仍会是富人的奢侈品，报纸无人知道，普及教育几乎不可能。火器引起了战争状态和社会情况的革命——它们以枪炮装备的步兵代替了披甲的骑兵；它们压倒了封建领主而抬高了平民。同时，由于

---

① ［比］埃里克·范豪特：《世界史导论》，沈贤元译，北京：新华出版社，2015年，第149页。

增加了专制国王们的权力，它们几乎引起了政治革命。"①紧接着，《全球通史》的作者指出："第三个发明，航海罗盘，引起了在航海、发现、探险、殖民和商业方面的巨大活动——几乎是一次革命。"②这就是说，因为有了罗盘，欧洲的航海事业、新世界的发现、海外探险、殖民扩张、丝路贸易等方面发生了革命性突破。欧洲人使用罗盘找到了非洲的黄金、亚洲的瓷器、东南亚的香料、南美洲的蔗糖……发现了欧洲之外的全球资源，并重组这些资源。因此，马克思指出："火药、指南针、印刷术——这是预告资产阶级社会到来的三大发明。火药把骑士阶层炸得粉碎，指南针打开了世界市场并建立了殖民地，而印刷术则变成新教的工具，总的来说变成科学复兴的手段，变成对精神发展创造必要前提的最强大的杠杆。"③可见，中国技术成了欧洲科学复兴和精神创造的强大动力，重组了欧洲文明资源，接通了西方文明与中国文明的对话与交往。

在欧洲，葡萄牙人率先利用中国的罗盘技术，推动与发展他们的海洋战略。葡萄牙的航海家巴尔托洛梅乌·迪亚士探险至非洲好望角，瓦斯科·达·伽马开辟了通往印度的新航线，佩德罗·卡布拉尔发现了马达加斯加和巴西，阿尔布克尔克征服了果阿和马六甲，斐迪南·麦哲伦成功地环航了地球……这些享誉世界的航海家及其航海业绩显示出葡萄牙帝国推动"海洋战略"的成果，显示出海洋霸权帝国或正在走向成功。毋庸置疑，葡萄牙的航海家们在探险与征服中改写了14世纪之前葡萄牙被希腊、罗马、北非和阿拉伯人征服的历史。1514年以后，葡萄牙航海家在海外探险中，发现了远东富饶的中国。1517年，费尔南·佩雷兹·德·安德拉德来到广州，与大明朝朝廷直接接触，标志着近代中国与欧洲的丝路交往正式开始。1557年，葡

---

① ［美］海斯、穆恩、韦兰：《全球通史》（上），吴文藻译，天津：天津人民出版社，2018年，第281页。
② ［美］海斯、穆恩、韦兰：《全球通史》（上），吴文藻译，天津：天津人民出版社，2018年，第281页。
③ 中央编译局编译：《马克思恩格斯文集》（第8卷），北京：人民出版社，2009年，第338页。

萄牙人利用租借澳门的机会，与中国发展海上丝路贸易。直至1887年12月1日，葡萄牙与清朝政府签订了通商条约，正式续租澳门，澳门也因此成为欧洲国家在东亚的首块通商领地。不仅如此，葡萄牙航海家们还开辟了早期的大西洋航海体系、印度洋航海体系以及去往巴西的太平洋航海体系，航海家们的海外探险不仅发现了地理世界，还发现了物质世界或全球资源，尤其是发现了中国的漆器、瓷器、丝绸以及东南亚的香料，更发现了印第安人的矿产资源。由此，葡萄牙帝国成为欧洲国家向外探险和扩张的先驱，一跃成为大航海时代的海上霸权帝国。在海上贸易的经济诱惑下，漆器、瓷器、丝绸等中国货物不仅刺激了葡萄牙人丝路贸易的欲望，还大大刺激了葡萄牙人向东方殖民扩张的野心。随后西班牙人、荷兰人也抵达中国，中国与世界的资源物的交往也开始频繁，全球空间资源划分与重组由此全面激活。

促进西方近代新兴科学的连锁发展

中国罗盘技术为欧洲近代科学发展提供契机，尤其是与罗盘技术相关的新兴科学发展更为迅猛，诸如地图学、磁学、绘图学、航海学等科学知识的出现，均与罗盘技术密切相关。

罗盘技术为航海活动提供支撑，而航海知识的重要内容应该是地图知识。12世纪初，中国出现印刷地图，但正如约翰·O.E.克拉克所言："在中国，制图术作为一种'图像记录'从未与视觉艺术和文学分家，并没有成为真正的'科学'——直到19世纪晚期。"①但是，13世纪的欧洲地图科学开始发展起来，尤其是得益于中国罗盘技术的意大利、西班牙和葡萄牙等欧洲国家。目前发现"现存最古老的海图是罗盘海图，那是在用罗盘指引方向的航海过程中绘制出来的。这种海图在意大利、西班牙和葡萄牙等国都有绘制。13世纪，罗盘在地中海沿岸十分普及，因此这种海图得到广泛使用。现

---

① ［英］约翰·O.E.克拉克：《地图中的历史：改变世界的58幅地图》，王兢译，北京：北京联合出版公司，2018年，第26页。

在一般为人所知的罗盘海图是波特兰海图。'波特兰'在意大利语中是'与港口相关'的意思"①。这里的"波特兰海图"（意大利名，有的地方翻译成"波尔托兰海图"）意思是"航海指南地图"或"实用航海地图"。波特兰海图的出现与罗盘定向技术是分不开的。诺曼·思罗尔指出："伊斯兰教和基督教的旅行者们贡献了丰富的数据，他们穿行于从地中海到中国的陆路和海路，这一活动促进了地图和海图的制作。在其中某些点上，作为基督教徒、穆斯林和犹太教徒的学者们通力合作，引导了一种有价值的思想交流。这三种文明交织下所创造的杰出贡献是波尔托兰海图（或者叫寻港海图）。这或许要归功于磁罗盘的发明，它使这一成就成为可能。磁罗盘被证明在地中海和黑海的海图制作中有特殊的价值。"②13—14世纪，在欧洲除了教堂中能看到地图之外，下层民众几乎没有机会接触到地图学知识。道森在《中国文化之垂统》中云："十五世纪欧洲船长手中的罗盘已经支配了从十三世纪开始的全部时期的航海学，不但环绕非洲的航行成功，而且使美洲终于被发现。"③直至1550年，葡萄牙历史学家安东尼·格尔瓦提及有人（唐·佩特罗）在罗马和威尼斯城曾买到一幅世界地图，④这说明16世纪的欧洲地图已经开始普遍存在。

　　磁学是近代科学重要的组成部分。中国是世界上发现磁现象最早的国家之一，中国罗盘技术对欧洲磁学知识研究产生了深远影响。1544年，德国人哈特曼发现地磁斜角。1600年，英国人吉尔伯特（1544—1603）记载人工磁化的磁石，吉尔伯特所著的《磁石论》（1600年出版）直接源于传入欧洲的中国罗盘技术以及磁学知识，具体地说，"吉尔伯特的磁学研究直接源于伦敦的一个退休海员、罗盘制造者罗伯特·诺尔曼，而诺尔曼的罗盘技术和磁

---

① ［日］池内了主编，日本造事务所编著：《从三十项发明阅读世界史》，张彤、张贵彬译，上海：上海文艺出版社，2018年，第148页。
② ［美］诺曼·思罗尔：《地图的文明史》，陈丹阳等译，北京：商务印书馆，2016年，第73—74页。
③ 道森：《中国文化之垂统》，张润书译，北京：复兴书局，1972年，第245页。
④ 沈福伟：《中国与欧洲文明》，太原：山西教育出版社，2018年，第210页。

学知识又直接源于在中世纪后期传入欧洲的中国罗盘技术及其磁学知识"①。英国科技史学家李约瑟也指出："中国人为中世纪最伟大的罗盘学者马里库特的彼得及随后的吉尔伯特和刻卜勒对磁力的宇宙作用的概念的建立作了全部准备。"②近代欧洲磁学的发展为物理学，尤其是电学等提供了基础。

来自中国的罗盘技术不仅为欧洲的地图学和磁学带来革命性发展机遇，还为航海学、地理勘测科学、造船技术的研究与发展提供知识支撑，更为欧洲的哲学研究奠定实践性知识基础。

形成全新的地理观或全球观

罗盘技术使得"世界史的边疆"或"欧洲中心论"成为不可能，当欧洲的风帆配上中国具有定向功能的罗盘之后，世界文明由此掀开了崭新的一页。中国的技术为欧洲的地理观或全球观的形成提供了可靠的条件，正如约翰·霍布森指出，"欧洲知道了火药、罗盘、造纸和印刷术是由中国发明的（尽管后来这些成就从各类欧洲中心论的世界历史中被摒弃或抹去了）"③，不仅如此，"13世纪，罗盘在西方国家一经出现，大航海时代便拉开了帷幕。虽然随着铁制船只的出现，磁罗盘逐渐退出了历史舞台，但是指南针和罗盘为人类认知地球做出了巨大贡献"④，进而改变了全球交往的方向、距离、速度以及征服海洋的心理，打破了以自我为中心的地理空间观与文明观的梦想，尤其使得中华文明走向全球的距离更远了，速度更快了，影响的范围更广泛了。当然，受惠最多的是欧洲国家，他们使用了罗盘定向技术改变

---

① 童鹰：《世界近代科学技术发展史》（上），上海：上海人民出版社，1990年，第94页。
② ［英］李约瑟著，潘吉星主编：《李约瑟文集：李约瑟博士有关中国科学技术史的论文和演讲集 1944—1984》，陈养正等译，沈阳：辽宁科学技术出版社，1986年，第233—234页。
③ ［英］约翰·霍布森：《西方文明的东方起源》，孙建党译，济南：山东画报出版社，2009年，第178页。
④ ［日］池内了主编，日本造事务所编著：《从三十项发明阅读世界史》，张彤、张贵彬译，上海：上海文艺出版社，2018年，第99页。

了自己的地理空间思维与海外扩张动力，但也使得欧洲国家的"道德罗盘"发生偏向。或者说，欧洲国家在技术罗盘的使用以及对亚洲资源的攫取过程中，采用了欺骗、遏制、战争等手段改造自我或他者文明的同时，也在全球伦理、全球道德、全球精神等方面发生有悖于全球文明发展的道德罗盘偏向。换言之，技术罗盘与道德罗盘或伦理罗盘在一定程度上具有矛盾性，这也是哲学的技术批评的重要内容。

罗盘技术使得全球资源发生重组的可能空间扩大，全球技术物开始快速流动、交往与传播，全球技术文明的互动与互鉴加速了人类文明的快速进步。约翰·霍布森在《西方文明的东方起源》中认为："更为先进的'资源组合'（如东方的思想、制度和技术），通过我称之为东方全球化的途径传播到西方，然后被其吸收。"换言之，西方帝国主义攫取东方资源（尤其是中国资源）主要表现在思想、制度和技术等资源层面。罗盘技术不亚于今天的信息技术，使得全球思想、制度、技术等资源的互动、交往成为可能，也使得全球资源配置、重组和交换成为常态。欧洲人在罗盘的指引下走向了世界各地，他们的殖民地扩张野心改变了其认知世界的技术路径，也改变了"十字架"的方向。或者说，罗盘技术使得欧洲势力加速膨胀，进而越来越使得欧洲人想象只有欧洲才是文明的中心，错误地意识到欧洲文明在全球文明中的绝对性与静止性，也就遮蔽或令他们忽视了他者文明的全球身份。

延伸

综上所述，中国罗盘技术的全球传播给全球带来巨大而深刻的社会变革，催生了欧洲人的空间知性，引发了全球资源划分与重组，加速了欧洲许多自然科学的发展，形成了欧洲人全新的地理观或全球观，展示了中华技术文明在全球文明发展中的身份与功能。在阐释中，至少能得出以下临时性的深刻启示：第一，欧洲文明的崛起与兴盛跟中国的罗盘技术有密切联系。一项伟大的来自外部的技术革命或引发欧洲国家的经济革命（工业革命）、政治革命（法国大革命）、思想革命（启蒙运动），这些革命单靠欧洲内部力量是无法完成的。第二，罗盘技术改变了全球人们的思想、观点和行为，罗盘技术改变了全球人们对空间、文明与科学的认知，并大大重塑和改造了空间资源、文化与文明。同时，罗盘技术也为欧洲对全球的资源掠夺、空间划分以及血腥战争提供间接条件，或者说罗盘技术也相应地改变了全球伦理格局，形塑了社会文明与资本制度。第三，当中国罗盘技术走向世界的时候，全球史学家大概要放弃荒谬的自我中心主义阐释模式，当然除了顽固的种族中心主义者以外。因为，单数的文明已经变得没有意义，欧洲中心论者的偏见是显而易见的。西方的富强与崛起启示，全球文明的互联、互动、互鉴、互融是全球国家崛起的强大动力。总之，罗盘定向技术在全球空间的传播进程中所发挥的文明意义与教育意义是显著的。

在启示之余，这里值得引出一个重要的学术命题："技术–哲学论题"。在中国古代，对技术的主体工匠而言，他们的手作技术物给全球文明发展带来深远影响。但对哲学的主体学者而言，中国哲学家对技术的思考似乎严重匮乏，没有彰显出中国技术的哲学意义。实际上，中国技术的哲学意义要大于西方科学的哲学意义，因为前者的实践性和改造性要大于后者的理论性与抽象性。当然，中国古代哲学体系对技术思考的持久性和深入性不如欧洲。欧洲技术和哲学始终走在一起的原因是多方面的，因为西方从希腊时期的自然哲学和伦理哲学，到欧洲中世纪的基督教神学以及后来出现的经院哲学和经验主义哲学，技术始终是西方哲学的一个重要思考范畴。与之不同的是，中国古典哲学主要聚焦心性哲学、经学、玄学和理学的思考，这样就导致了古典技术在中国哲学体系中的地位明显不高。通过中西技术在哲学中的走向（走向经学的哲学/走向科学的哲学）的对比，或能引发对"李约瑟难题"或"齐尔塞尔论题"的深入思考。更进一步地说，"技术–哲学论题"或能超越"李约瑟难题"或"齐尔塞尔论题"的思考，因为后两者还不是一个哲学命题。"技术–哲学论题"或将成为中国的"李约瑟难题"或"齐尔塞尔

论题"，它对于建立中国原创性的话语体系、理论体系和学科体系具有重要意义。

罗盘的现象与哲学

罗盘是等待你走向诗和远方的符号，是中国献给全球那些试图延展空间与冒险的人们的珍贵礼物，是人类走向黑暗、大海、沙漠、森林的路标与灯塔。没有罗盘的航线是诗意的，但远方的危险是深不可测的。对于在大海中航行的人们来说，罗盘就是定心丸，就是战胜危险的信心，就是走向远方的动力。

罗盘最大的哲学是时空哲学。罗盘让空间的黑暗、畏惧、不可知以及景观变得有意义，是创造空间中时间意义的大师。它总能指向正确的发现，发现未来的意义。每个人心中都要有一个确定方向的罗盘，这样人生才能远航，才有诗意，才有行动的动力。征服自然的罗盘不是打败自然，而是与自然亲在。确定心中的罗盘不是战胜自己，而是让自己有诗与远方。

罗盘，时空里的圣人。

人生与哲学，需要精神与思想的罗盘。

第四章
鼓风炉：远嫁他乡的风娘子

在技术全球史视野下，鼓风技术的全球网络呈现迭代递升、空间分异与意义互联的结构形态。商周皮囊技术、汉代水排技术和宋代风箱技术是全球传统鼓风技术经典系统模块，为近代欧洲鼓风技术革新提供了实践性、工具性和示范性的技术粒子。宋元之后的鼓风技术逐渐从亚洲传播至河流、森林和煤炭资源丰富的欧洲温带地区，为欧洲农业、工业、军事、建筑、城市等领域提供技术系统革新动力，对欧洲文明发展产生了深远的教育意义和文明意义。明鉴分异于全球的鼓风技术及其意义，以期阐证全球鼓风技术迭代机制及其影响，回应文明中心论和自我优越论的技术史观偏见，明晰中华技术文明的全球地位、功能与价值。

第四章　鼓风炉：远嫁他乡的风娘子

在全球范围内，人类对风力的利用方式多样。鼓风、蒲扇、帆船、风车、扬谷、发电等均是利用风力资源为人类生活与生产服务的，这些利用风力的技术粒子来源于自然性发现或经验性习得，其中鼓风技术是早期人类发现与发明的重要技术。从定名看，橐、橐籥、皮囊、木橐、鼓风器、鼓风炉、扬扇、扇车、风箱、鼓风机、吹风机等都是鼓风技术设备的不同称谓；从结构看，有皮囊式、活塞式、水压式、封装式等技术形态；从应用领域看，鼓风技术被广泛应用于锻冶、建筑、武器、车船、炊事、通风、农业、机械制造、钢铁索桥等领域；从发展机制看，鼓风技术呈现网格化迭代式向前递进，并在诸多场域中发挥了潜在的教育功能与文明意义。尽管还不能说中国是全球最早掌握鼓风技术的国家，但商周时期、秦汉时期和宋元时期的中国鼓风技术在全球鼓风技术史上的地位是最为显赫的，至少在宋元时期之前的中国鼓风技术是领先于全球其他国家的。

就目前国内学者研究而言，杨宽、王振铎、华觉明、冯立昇、戴念祖、刘云彩、童书业、黄兴、徐庄等学者在鼓风技术研究上做出了建树；英国人尤班克、李约瑟、辛格和荷兰人福布斯，以及日本的杉木勋、下川义雄和叶贺七三男等在鼓风技术研究领域也有所开拓。纵而观之，国内外学者对鼓风技术研究或偏向于区域史（如伊斯兰鼓风技术史、西亚鼓风技术史等）、国别史（如中国鼓风技术史、英国鼓风技术史）和专门史（如冶金史、冶铁史等）研究，或聚焦于考古发现、技术构造、实验复原以及功能意义等微观层面的研究。本文在前人研究方法和现有资料的基础之上，试图从技术全球史的视角突破鼓风技术的微观静态研究，对鼓风技术的全球网络展开系统梳理与动态分析，旨在将鼓风技术史纳入"网格化思维"（技术绝不是单向或平行发展的）、"场域化思维"（没有哪一种技术能孤立在整体之外）和"全球化思维"（技术创新与发展离不开全球的力量）的中观理论体系研究之中，努力敞开技术史研究的历史时间、文本空间与地理视界，进而可能避免技术史研究的辉格式单向思维、内史化局部思维和自我中心主义思维的局限，以期回应文明中心论或文明优越论的技术史观偏见，客观见证中华技术文明在全球文明史中的地位、功能与价值。

鼓风技术迭代发展：从橐龠到风箱

商周时期、秦汉时期和宋元时期是中国鼓风技术史上三次迭代发展高峰时期，也是世界鼓风技术史上最为辉煌的时期，为欧洲近代鼓风技术发展提供了基础性技术粒子。或者说，商周皮囊技术、汉代水排技术和宋代风箱技术是全球传统鼓风技术的经典模块，为近代欧洲鼓风技术革新提供了历史的技术基础与技术范本。

橐龠技术

商周时期是鼓风技术的原始迭代时期，其技术形态主要表现为皮囊鼓风器。《论衡·量知篇》云："工师凿掘，炉橐铸烁乃成器。"① 这种炉橐鼓风设备甚似橐形的皮囊，形状类似驼峰，炼炉的装置又似龠。在洛阳西周北窑遗址，考古学家曾发现有三个风口的熔炉炉壁，大概可容三橐鼓风。可见，从西周到战国时期的鼓风设备已经采用了多橐鼓风技术，显示出相当高的技术水准。

那么，这种炉橐铸烁技术设备的基本构成或形制是什么呢？首先皮囊鼓风设备的基本构成材料为动物皮囊。从现有文献资料看，皮囊鼓风设备多为

---

① ［东汉］王充著，陈蒲清点校：《论衡》，长沙：岳麓书社，1991年，第196页。

马皮、牛皮、山羊皮等。《太平御览》援引《淮南子》云："马之死（尸）也，剥之若橐。"①牛马之皮是制作皮囊的主要材料，制皮囊技术也就成为古代冶金工匠的必修课。《礼记·学记》云："良冶之子，必学为裘。"②这里的"裘"，或为皮囊。"良冶之子必学为裘"，也印证了《考工记》中"攻皮之工五"之一的"裘工"技术工种。其次，皮囊鼓风器形状如驼峰状，两端紧括，受籥吹埵。《儆季杂著·史说略》说："卧其橐如驼峰，故谓之橐驼。"因此，鼓风炉又被称为"橐籥"。何谓"橐籥"呢？《道德经》云："天地之间，其犹橐籥乎？虚而不屈，动而愈出。"黄以周《释囊橐》阐释："橐之制与冶家所鼓炉橐相似，两端紧括，洞其旁以为口，受籥吹埵，以消铜铁，故《老子》谓之橐籥，亦谓之排橐。"③再次，皮囊鼓风设备的结构装置主要是"埵"。《庄子·大宗师》云："皆在炉埵之间耳。"《淮南子·齐俗训》云："炉橐埵坊设，非巧冶不能以冶金。"④《淮南子》又云："鼓橐吹埵，以销铜铁。靡流坚锻，无猒足目（日）。"⑤橐，即风箱。埵，冶炉风箱的铁管子。最后，皮囊鼓风设备的使用方法有"摇""鼓"等。《管子》云："吾非挺埴，摇炉橐而立黄金也。"⑥这里的"摇"炉橐，或为"手摇式"鼓风机。《墨子·备穴篇》云："具炉橐，橐以牛皮，炉有两缶，以桥鼓之百十。"⑦这里的"桥鼓之"，或为"桥鼓式"鼓风机，"桥"可能是击鼓的机械或工具。《墨子·备穴篇》又云："灶用四橐，穴且遇，以颉皋冲之，疾鼓橐熏之，必令明习橐事者勿令离灶口。"⑧显然，多橐型鼓

---

① 李昉编纂，孙雍长、熊毓兰校点：《太平御览》（第8卷），石家庄：河北教育出版社，1994年，第242页。
② ［西汉］戴圣：《礼记》，北京：商务印书馆，1947年，第80页。
③ 参见杨宽：《战国史》，上海：上海人民出版社，2019年，第46页。
④ ［汉］刘安等著，陈广忠译注：《淮南子译注》，长春：吉林文史出版社，1990年，第363页。
⑤ ［汉］刘安等著，陈广忠译注：《淮南子译注》，长春：吉林文史出版社，1990年，第363页。
⑥ ［春秋］管仲：《管子》，北京：北京燕山出版社，1995年，第512页。
⑦ ［战国］墨翟：《墨子》，长春：吉林大学出版社，2011年，第295页。
⑧ ［战国］墨翟：《墨子》，长春：吉林大学出版社，2011年，第295页。

风技术在战国时期已经普遍。

皮囊鼓风除了冶炼使用鼓橐技术之外,它还被使用于地道鼓风。《墨子·备穴篇》云:"凿亓窦,通亓烟,烟通,疾鼓橐以熏之。"①即战争中用橐将烟鼓入地道,以阻止来犯之敌。这说明,春秋战国时期的皮囊鼓风技术不仅适用于冶金行业,还适用于战争。实际上,春秋战国的皮囊鼓风技术的生成与发展的动力,一方面来自冶金技术的实践需要,另一方面来自诸侯战争对军事工具和农业生产工具制造的刺激。换言之,皮囊鼓风技术的广泛采用是春秋战国社会发展的内在需要。杨宽先生在《战国史》中指出:"春秋战国之交农业生产有着飞跃的发展,这是由于农业生产工具和生产技术有着突出的进步。农业生产工具所以能够突出进步,是由于冶铁技术的两个重大发明,就是铸铁(即生铁)冶炼技术的发明和铸铁柔化技术的发明。正是由于这两个重大发明,使得铁农具很快很广泛使用于农业生产,促使农业生产技术突飞猛进,生产量有很大的提高。"②技术革命引发人的生产方式变革,鼓风技术是中国古代农业发展的关键技术。1965年,在湖北江陵望山1号墓出土一把至少历经2500多年的宝剑(湖北省博物馆藏)。该剑宽4.6厘米,长55.7厘米;剑身中脊有棱,饰黑色菱形纹;剑身正面有"越王鸠浅自作用剑"的鸟篆铭文;剑格正面镶嵌有蓝色的琉璃,背面则镶嵌有绿松石。该宝剑代表了春秋战国时期的铸剑技术或鼓风技术的最高水准。

水排技术

东汉时期,南阳郡太守杜诗根据皮橐鼓风机原理创制新式鼓风机——水力鼓风炉或"水排"。《后汉书》之"杜诗传"记载,建武七年(31)南阳太守"造作水排,铸为农器,用力少,见功多,百姓便之"③。很显然,这

---

① [战国]墨翟:《墨子》,长春:吉林大学出版社,2011年,第295页。
② 杨宽:《战国史》,上海:上海人民出版社,2019年,第45页。
③ [南朝宋]范晔:《后汉书》,北京:中华书局,1965年,第220页。

是鼓风机史的一次重大技术革新——"用力少，见功多"，充分利用水力资源来鼓风，克服早期皮囊人力鼓风的缺陷，大大提高了生产功效。这种水力鼓风炉在山东滕县（今滕州）汉画像石上依然清晰可现，王祯在《农书》中也说明了"水排"的结构与原理。东汉水力鼓风炉技术与低温炼钢法技术出现，是人类科技史上的一件大事，尤其是炼钢技术被马克思称为"震撼大地的技术革新"。因为，低温炼钢技术的出现大大促进了制造农业工具技术的发展，进而改变了农业耕种、播种和收割的方式，也就改变了农业生产的时间（缩短时间）与空间（扩大空间），进而潜在地影响其他各行各业的生产与生活。

在欧洲，由于水力、森林和煤炭资源的丰富，鼓风技术很快得以广泛传播与应用，尤其是水力鼓风炉技术给欧洲农业生产和工业革命带来决定性发展与进步。布罗代尔指出："在十一和十二世纪后，水轮给欧洲带来了相当缓慢、但具有决定性意义的进步，各大产铁地区都安装了水轮。炼铁炉从森林迁到了河边。水力推动庞大的鼓风机以及粉碎矿石的捣槌和'趁热打铁'的铁锤。随着这些进步的实现，高炉于十四世纪末终于诞生。高炉在德国（也许在尼德兰）出现后，很快传到马恩河上游河谷等法国东部地区。"[①]实际上，德国在13世纪已经开始使用冲天炉熔炼青铜钟。华道安在《中国古代钢铁技术史》中也记载了"冲天炉"，对鼓风炉技术做了详细描写，指出"大约在1200年，德国僧侣西奥菲勒斯清楚地记述了使用这种熔炉进行青铜钟的熔炼与铸造。另有一份不知名的德语手稿（1454），是欧洲最早的铁器铸造的文献记录，其中提到块炼铁在冲天炉中的熔炼'就像青铜钟的铸造那样'"[②]。不过，罗伯特·K.G.坦普尔指出："至于说到水力在欧洲冶金工业中的应用，直到12世纪才开始用水力驱动锻锤。但是直到13世纪才开始使用

---

① [法]费尔南·布罗代尔：《十五至十八世纪的物质文明、经济和资本主义》（第一卷《日常生活的结构：可能和不可能》），顾良、施康强译，北京：生活·读书·新知三联书店，1992年，第447页。

② [丹]华道安：《中国古代钢铁技术史》，[加]李玉牛译，成都：四川人民出版社，2018年，第236—237页。

水力鼓风——比中国晚1200年。中国人在大规模地驾驭水力用于工业过程方面的创新，是现代社会以前能源供应中最重大的突破之一。同时也是朝向工业革命迈出的重大步伐之一。"①较之布罗代尔、华道安对欧洲水力鼓风技术的分析，坦普尔对中国水力鼓风在欧洲的传播时间和价值分析是可信的。毋庸置疑的是，全球技术文明绝非静止不动，中国的鼓风技术在欧洲冶金行业的广泛应用见证了欧洲文明中心论的偏见与狭隘。

木扇技术与风箱技术

宋元时期，普通家庭和城市作坊都有木风箱，即"木扇"。北宋《武经总要》载木扇鼓风（"行炉"），敦煌榆林窟西夏壁画《千手观音变》局部有"木扇打铁"图样。②元代陈椿《熬波图咏》绘有"铸造铁盘"。耶律楚材在《西域河中十咏》中云："冲风磨旧麦，悬碓杵新粳。"可见，宋元时期的木扇鼓风技术使用十分普遍，这与宋代农业生产发展和手工业经济有密切关联。尤其是宋代城市手工业经济的兴起与繁荣大大推动了冶金行业的发展，这对鼓风技术的改进与发展起到关键性的推动作用。

明代在木风箱中装有"活塞"（即"鞴"），将之称为有活塞的"风箱"，仇英的《清明上河图》和宋应星的《天工开物》中均见这种"风箱图"。李约瑟在《中华科学文明史》中对中国的"风箱技术"及其迭代发展描述得很清晰，他说："中国的风箱很受赞美，它基本上与亚历山大里亚人用于液体的双筒压力泵相同，并且巧妙地把两个筒合并为一个。如果把进气口与管子连接，它就成为德拉·伊尔式的泵（1716），而它显然在形式上与瓦特晚期蒸汽机的原理（蒸汽更迭地进入活塞的每一侧，同时在其他一侧造

---

① ［英］罗伯特·K. G. 坦普尔：《中国的创造精神：中国的100个世界第一》，陈养正等译，王存诚校，北京：人民教育出版社，2003年，第47页。
② 徐庄：《西夏双木扇式风箱在古代鼓风器发展中的地位》，《宁夏社会科学》，2008年第1期，第96—98页。

成真空）是非常类似，它也可以起波义耳和虎克（1659）空气泵的作用。"①
李约瑟将中国的风箱与西方的液体双筒压力泵、伊尔式泵、瓦特晚期的蒸汽机、波义耳和虎克的空气泵相比，显示出中国风箱技术粒子在欧洲鼓风技术史上的迭代发展的基础性作用，但也表现出近代欧洲鼓风技术已然朝向科学性方向迭代发展。

从上述中国鼓风技术迭代演变来看，皮囊、水排、木扇和风箱以及西方鼓风机技术演进有明显的三大机制，即问题导向、过程跳跃和知识递进。所谓"问题导向"，即以解决"冶金问题"为目的，不断适应与改造鼓风技术，提高冶金生产效率。于是，不断调整鼓风动力材料、结构和原理，以提高鼓风炉的温度，进而解决冶金技术障碍。就技术迭代过程而言，鼓风技术的逐渐发展并非完全依赖初始的动力技术粒子，而是充分利用皮囊鼓击力、马力、水力、风力和蒸汽等不断革新鼓风技术，于是形成皮囊技术模块、水排技术模块和风箱技术模块以及西方的鼓风技术模块（含液体技术模块、蒸汽技术模块和空间技术模块等），各大技术模块之间的技术系统具有很大的跳跃性。不过，鼓风技术的迭代演进知识体系是递进的，技术功能与效力、生产效率在不断提升。

概而论之，古代中国是一个农业大国，工匠和农业及其社会制度的结合产生了领先于世界的鼓风技术。中国的鼓风技术首先是在特定社会制度下的手工业和农业耦合的产物，也是社会发展综合性要素的产物。商周时期、汉代时期和宋代时期的三次鼓风技术的迭代发展的共同动力是农业生产和手工业的高速发展，进而直接推动冶金行业或手工业的快速发展，以至于中国古代的鼓风技术在结构、材料、性能等方面日臻成熟。因此，中国古代高度发达的工匠文化与发达的工匠技术是分不开的。但在传统研究视野上，人们习惯性把该现象归根于中国封建工匠制度或帝王对工匠文化的奢侈需求。实际上，这不仅仅是中国的社会制度问题，还是一个工匠技术问题。或者说，

---

① ［英］李约瑟原著，柯林·罗南改编：《中华科学文明史》（下），上海交通大学科学史系译，上海：上海人民出版社，2019年，第862页。

社会制度不完全是工匠技术发展的必要因素，工匠技术的生成与发展还跟军事、农业、经济、哲学等有千丝万缕的逻辑关系。

鼓风技术的全球网络

在全球技术史视野下，尽管全球国家的制度、资源和思想存在很大国别性和地区性文化差异，但就鼓风技术在全球的空间分异看，其明显表现出清晰的网络化结构体系，尤其是在鼓风技术粒子和技术模块上存在互联、互鉴和互融的技术体系特征。

鼓风技术在亚洲

在亚洲，西亚的波斯（今伊朗）人很早就学会了青铜冶铸技术。在605年左右，波斯人开始使用风车抽水灌溉土地，[①]还掌握了利用风力加工面粉的技术。考古学家曾在伊朗发掘出公元前4000年以前的铜制工具，譬如铜锥、铜针、铜刀等，这无疑表明早期的波斯人已经掌握冶铜技术，而中国早期的铜刀工具则出土于公元前3000年左右的甘肃马家窑遗址。实际上，"商周青铜冶铸技术的大发展，是在冶铜术落后于西亚一千多年的情况下发生的"[②]。这就是说，人类早期的冶铜技术可能发源于西亚周边地区，西亚地区的人们也有可能较早就掌握了鼓风技术。公元前13世纪，土耳其境内的民族掌握了冶铁技术，其中"腓尼基商人从那里的赫梯民族中，把铁器贩卖给地中海沿岸的其他民族使用。根据地中海沿岸一些地区发掘出的公元前十世纪前后的遗

---

① [美]查理·塞缪尔斯：《中世纪科学（500—1500）》，杨宁巍、郑周译，武汉：湖北科学技术出版社，2016年，第14页。
② 冶金报社科技部编：《冶金科学导游1》，北京：冶金工业出版社，1985年，第3页。

址，可以看出铁器已经取代了青铜器，从而进入铁器时代"①。另外技术始终是流动的，并不是绝对静止的。由于"希腊和罗马的繁荣，又把地中海东岸的冶铁术，经过多瑙河流域传到欧洲。但是它一直停留在小规模的块炼铁生产阶段，直到公元十四世纪初，欧洲才掌握生铁铸造技术"②。这无疑得益于来自西亚或中亚的鼓风技术。这里值得注意的是，在俄罗斯伏尔加格勒北部卡利诺夫卡地区，考古学家发现一座至少早于商代的提姆伯墓葬③文化（约前2000—前1800）遗址，该墓（铸铜工匠墓）中发现一种似为陶管的鼓风嘴，该鼓风嘴的发现意味鼓风技术已经被当地人掌握，并被用于铸造铜制工具，但不知这一技术是否为中国早期流入俄罗斯境内或由西亚波斯人带来的，尚不能确定它的流动路线图。

较之西亚和中亚，东亚的日本掌握鼓风技术是较晚的。根据日本下原重仲在1784年写成的《铁山必要记事》（日本《科学古典全书》第10卷），④日本在中世纪才开始掌握多管输风的鼓风机技术。17世纪初，日本人开始使用封装式扇车，用于井下通风之用。17—18世纪，日本人掌握了踏鞴或天平鞴鼓风技术，但主要是用来铸钱。20世纪70年代以来，"由于焦炭价格暴涨，脱湿设备日臻完善，各大钢铁公司又开始相继开发应用脱湿鼓风。日本四面临海，大气湿度高，脱湿鼓风作用明显，因而得到广泛应用"⑤。所谓"脱湿鼓风技术"，也就是一种"恒温度鼓风技术"——采用冷水系统和冷却水系统来增加风量的技术。另外，在南亚，早期的印度人曾掌握"浑脱式"的皮囊鼓风技术，⑥这种技术比较原始，风量有限。

---

① 冶金报社科技部编：《冶金科学导游1》，北京：冶金工业出版社，1985年，第5页。
② 冶金报社科技部编：《冶金科学导游1》，北京：冶金工业出版社，1985年，第5页。
③ R. F. Tylecote, *A History of Metallurgy*, London: The Metals Society, 1976, p18.
④ 杨宽：《中国古代冶铁技术发展史》，上海：上海人民出版社，2004年，第100页。
⑤ 张琦、王建军：《冶金工业节能减排技术》，北京：冶金工业出版社，2013年，第148页。
⑥ Thomas Ewbank, *A Descriptive and Historical Account of Hydraulic and Other Machines for Raising Water: Ancient and Modern, with Observations on Various*. New York: Derby（Z）Jackson, 1858.

从空间分异网络节点看，西亚、中亚等地处于中国和欧洲的交接地带，同时西亚又处于欧洲和非洲的中间地段，东亚和南亚又毗邻中国。因此，在空间文化交往与流动上，亚洲的西亚、东亚和南亚之间以及与中国、欧洲之间存在天然的技术互鉴空间。尽管早期的西亚鼓风技术和中国的鼓风技术分异在不同的空间发展，但某种地理空间上的流动与互鉴是有可能的。

鼓风技术在非洲

与西亚临近的北非人在较早时期就掌握了冶金技术，以及利用风力进行生产实践。考古学家在埃及曾发掘了公元前4000年以前的铜刀工具，[1]公元前360年古埃及人就已开始使用风车扬水或灌溉。[2]在古埃及勒克米尔陵墓壁画上，工匠们所绘制的缶状鼓风器[3]显示这种鼓风技术与中国春秋战国时期的鼓风技术设备很相似。[4]尽管不能确定古埃及和古代中国是否存在鼓风技术的交流，但可以确定的是，古埃及人在公元前6—前3世纪之间，已经掌握了冶铁技术和鼓风技术。拉尔夫等在《世界文明史》中指出："铁器时代在非洲出现得很早，在加纳北部、尼日利亚、坦桑尼亚西北部和埃塞俄比亚，有些孤立遗址的年代约为公元前6世纪。尼罗河上游沿岸和东非大湖附近的一些遗址时代可到公元前3、4世纪。东非人的遗址中未见南阿拉伯人的影响。但在西非，冶铁技术可能是从定居于北非海岸的腓尼基人那里穿过撒哈拉传入的。"[5]拉尔夫对古埃及人的冶铁技术的论断是建立在考古学基础上的，有几分可信度，但关于古埃及或非洲的冶铁技术是否从外地传入是很难确定的。

---

[1] 冶金报社科技部编：《冶金科学导游1》，北京：冶金工业出版社，1985年，第3页。

[2] 牛山泉、三野正洋：《小型风车设计及制造》，赖耿阳译，台南：复汉出版社，1982年，第16页。

[3] 中国社会科学院考古研究所安阳工作队：《2000—2001年安阳市孝民屯东南地殷代铸铜遗址发掘报告》，《考古学报》，2006年第3期。

[4] 陈振中：《先秦手工业史》，福州：福建人民出版社，2009年，第668页。

[5] ［美］菲利普·李·拉尔夫等：《世界文明史》（上），赵丰等译，北京：商务印书馆，1998年，第457页。

拉尔夫进一步认为："至少在1500年以前，生活在东非维多利亚湖西岸的非洲人已在鼓风炉中生产出中碳钢。他们的高超技艺在许多世纪内是欧洲人无法比拟的。但不可思议的是，非洲人的这一发明仿佛没有在现代坦桑尼亚的哈亚人的祖先以外出现。"①拉尔夫研究表明，非洲的鼓风技术具有地域性限制，具有相对的封闭性或离散性，这与鼓风技术利用与传承的地方性资源可能有关。直至18世纪，非洲马达加斯加人掌握了一种制造双缸活塞鼓风筒用以炼铁的技术，②这种鼓风器技术或来源于亚洲，因为它与爪哇、苏门答腊等地的鼓风技术类型十分相似。③

概而观之，非洲人、西亚人等使用的鼓风技术与中国的鼓风技术具有同源性，以及非洲人与爪哇、苏门答腊等地的鼓风技术类型十分相似，这无疑表明全球鼓风技术的地理空间分异并不是分散的，而是共同表征为网络式交叉分异倾向，这些网格化技术交叉共同构成全球鼓风技术场域，展现出全球技术文明流动与互鉴的共性特征。

鼓风技术在欧洲

丝绸之路、工业革命和自然资源是鼓风技术的全球网络分异的三大场域。丝路的开通为全球资源、技术和思想的重组提供可能。钢铁是工业革命的重要物质基础，冶金技术成为工业革命的关键技术。鼓风炉技术对于欧洲工业革命来说，它具有十分显赫的地位。在自然资源上，欧洲温带地区的河流、丰富的森林资源和煤炭资源为发展鼓风炉技术提供基本保障。

---

① ［美］菲利普·李·拉尔夫等：《世界文明史》（上），赵丰等译，北京：商务印书馆，1998年，第457页。
② Thomas Ewbank, *A Descriptive and Historical Account of Hydraulic and Other Machines for Raising Water: Ancient and Modern, with Observations on Various.* New York: Derby（Z）Jackson, 1858.
③ 参见黄兴、潜伟：《世界古代鼓风器比较研究》，《自然科学史研究》，2013年第1期，第84—111页。

在欧洲，希腊和德国等是较早掌握鼓风技术的国家。卢卡·弗雷奥利指出："虽然中东地区在中国之前就研制了鼓风炉，但中国人建造了鼓风炉并用于炼铁要比欧洲人早1500年，他们知道怎样生产瓷器和炼制加工青铜。"[1] 根据考古发现，在公元前500年左右的希腊陶瓶上，再现了工匠铸铁鼓风炼铁的生产场景，[2]这表明西欧巴尔干半岛在公元前500年左右已经掌握了古老的鼓风技术。马克思指出："最古老的鼓风吹火方法，就是用一块皮子、树叶或绿叶满枝的树枝，后来则使用芦苇秆用口吹火。希腊人很早就知道使用皮囊。用人手的简单压力，把大量的空气经过与贮箱相连接的管子不断地排出去。在熔炼炉上也使用了用手拉的这样的大鼓风皮囊。这样，一直沿用到十四世纪初。大约就在这个时期，出现了以水轮为动力的第一批鼓风皮囊，代替了手推鼓风皮囊，人们开始使用了木制风箱，它的耐久性十倍于鼓风皮囊等等。它是早在十六世纪中叶以前在德意志纽伦堡发明的。"[3]从希腊早期的皮囊鼓风到德国的水排鼓风，显示出与中国鼓风技术迭代机制的相似性。16世纪，西班牙卢斯塔尼亚使用双筒鼓风皮囊，德国开始设计制造木风箱。鼓风技术的发展大大降低了欧洲冶铁的成本，廉价的铁器普遍被应用于农业生产，也带来了工业生产方式的变革。J. M. 罗伯茨也指出："14世纪的莱茵兰人学会了铸铁；到1600年，鼓风炉的逐步普及开始移除此前的高成本给铁制品使用带来的限制，18世纪的一些发明使得部分加工流程可以采用煤炭取代木材作为燃料。即便以后世的标准来看创新并不算多，但廉价的铁器还是引发了研究新用途的实验热潮，并带来进一步的变化。新的需求意味着铁矿石丰产区将具有重要的地位。通过新的冶炼技术，矿物燃料取代了植物燃料，以煤矿和铁矿出产地为中心，未来的欧洲和北美工业布局开始成型。北半球拥有一条蕴藏世上大量已知煤矿储备的大环带，从顿河流域开始，途经

---

① ［意］卢卡·弗雷奥利：《人类与科学技术》，张会欣、李德煜译，济南：明天出版社，2009年，第38—39页。
② R. F. Tylecote, *A History of Metallurgy*, London: The Metals Society, 1976, p 45, fig 34.
③ ［德］马克思：《机器：自然力和科学的应用》，北京：人民出版社，1978年，126页。

西里西亚、洛林、英格兰北部和威尔士,直到宾夕法尼亚和西弗吉尼亚。"①欧洲丰富的煤炭资源为鼓风技术的进步提供不可多得的能源供应,进而改变了欧洲的工业布局与生产结构。欧洲鼓风技术的引入或使用跟他们对铁的需求有关,中世纪欧洲修道院一位住持认为,"对人类来说铁要比金子更重要"②。中世纪欧洲修道院为什么能发明鼓风炉技术?肯德尔·亥文指出:"中世纪,在欧洲,修道院既是经济实体,又是财富和学术中心。……修道士们雇用农民从事体力劳动,自己则多数忙于诵经习文。也有一些修道士将毕生的精力花在铁器制造上。他们自己生产犁铧、四轮马车用的金属车轴及车轮用的辋圈,与他人签订铸剑造盾之约。尽管其铸铁技艺在英国已盛名远播,但西多会的修道士仍千方百计地研究提高铁的质量和产量。"③修道院对冶铁的高度重视为欧洲的鼓风技术发展提供了不竭动力。

除了希腊和德国之外,英国在14—18世纪也掌握和使用鼓风技术。14世纪的英国发明水轮驱动风箱,鼓风炉技术使得英国成为当时欧洲的产铁大国。1350年,英格兰北约克里沃勒修道院的修道士发明鼓风冶炼炉。④在1600年,欧洲北部的原始铸造开始使用风箱。"在这一时期,熔铁的方法得到改进,更确切地说应称作熔炼。燃烧过的木头即木炭开始代替木头烧炉子,可以使火的温度更高。添置了风箱扇火,用风箱让空气进入熔炉,气流就会比空气自主流动更强劲,更重要的是,气流可以加以控制。"⑤1709年,英国工程师詹姆斯·达比发明焦炭鼓风炉,1856年,亨利·伯塞麦爵士发明转炉

---

① [英]J. M. 罗伯茨:《我们世界的历史3:大加速时代》,陈恒等译,上海:东方出版中心,2018年,第195页。
② [美]肯德尔·亥文:《改变世界的发明》,徐莉娜译,青岛:青岛出版社,2014年,第42页。
③ [美]肯德尔·亥文:《历史上100个最伟大的发明》,徐莉娜译,青岛:青岛出版社,2008年,第52页。
④ [美]肯德尔·亥文:《改变世界的发明》,徐莉娜译,青岛:青岛出版社,2014年,第41页。
⑤ [美]弗兰克·班彻曼:《不可不知的发明家的故事》,苏世军译,北京:航空工业出版社,2009年,第201页。

炼钢（伯塞麦炼钢法）。①1796年，欧洲第一座金属冶炼鼓风炉"出现在格莱维兹（Gleiwitz，在波兰语中是Gliwice），从此在今天被称为波兰的西里西亚地区，开创了生产煤与钢铁的长期历史时期。"②18世纪的英国采用焦炭代替原来的木炭作为燃烧的材料，钢铁产量直线上升。1828年，苏格兰人詹姆斯·尼尔逊发明热风鼓风炉③，大大降低了燃料消耗量。1855年，英国工程师亨利·伯塞麦发明了强力鼓风炉④。从此，钢材从奢侈品变成一种廉价的商品。另外，罗马尼亚人的鼓风炉技术十分先进，为商品生产提供了技术支撑。可见，鼓风技术不仅提升了欧洲人的冶金技术，还改变了欧洲能源结构、生产方式和商品价值。

尽管"我国与欧洲在鼓风器的起点是相同的，都是用皮囊，但手拉的大皮囊鼓风器早在公元前后就已采用牲口或水流的回旋运动改变成往复运动机构的动力，而欧洲要迟至十四世纪，较之我国约晚了1400年。我国至迟在十世纪已采用箱式'木扇'，十二世纪又发明并推广使用'活塞式木风箱'，而欧洲在十六世纪才开始在德意志使用。这种风压风量增大鼓风设备的领先发明，可能是中世纪以前我国冶铁技术领先的主要原因"⑤。大约在哥伦布时代，欧洲冶铁工匠开始使用中国大功率的鼓风炉，但欧洲使用风箱的历史到蒸汽机时代才发生了彻底改变，原来的畜力或水力驱动的小风箱被以蒸汽为动力的大吹风机取代。欧洲近代冶金技术的快速发展是离不开中国鼓风技术的支撑的。更确切地说，欧洲冶金技术发展离不开中国古代的鼓风技术，而欧洲的蒸汽鼓风机技术也为全球鼓风机技术发展提供了新样态。

---

① ［美］肯德尔·亥文：《改变世界的发明》，徐莉娜译，青岛：青岛出版社，2014年，第43页。
② ［美］J. R. 麦克尼尔：《阳光下的新事物：20世纪世界环境史》，韩莉等译，北京：商务印书馆，2013年，第90页。
③ ［美］霍华德·斯波德克：《全球通史：从公元前500万年至今天》，陈德民译，上海：上海社会科学院出版社，2018年，第592页。
④ ［美］韦斯曼：《没有我们的世界：如果人类消失，世界将会怎样？》，刘泗翰译，重庆：重庆出版社，2018年，第240页。
⑤ 凌业勤：《中国古代传统铸造技术》，北京：科学技术文献出版社，1987年，第93页。

鼓风技术在美洲

在北美，钢铁是近代工业革命的重要材料，美国工业生产主要使用蒸汽鼓风技术。20世纪50年代初期，美国出现一种"氧气顶吹转炉"炼钢法。1958年，美国钢铁公司开始采用计算机控制高炉，日产量最高达3000吨。现在，美国在高炉上已比较普遍地采用计算机控制，所有的鼓风温度、湿度和燃料喷吹均由计算机控制。[1]1959年，美国琼斯·劳夫林钢铁公司率先试用模拟计算机控制高炉生产，精确计算和控制高炉的供氧量以及冷却剂加入量，大大提高钢铁生产效率。另外，"在南美洲有一种原始的土炉，这是一种抽风式竖炉，颇似非洲的炼铁炉。与大多数抽风炉不一样的地方是带吊耳的炉身顶部有洞眼通过，进入的空气可得到加热。"[2]在南美洲，黄金被视为天赐的高贵礼物，冶金必然要采用鼓风技术。

简言之，从早期的皮囊鼓风到今天的计算机数字高炉，鼓风技术的全球网络化分异主要集中在亚欧非的煤炭、水力和森林资源丰富的温带地区，明显表现出清晰的互联、互鉴和互融的网络化结构体系特征，也显示出中国鼓风技术在全球鼓风技术网络分异中的价值与身份，并显示出全球技术文明是在交往与互鉴中实现共同发展的轨迹。

鼓风技术的全球意义及其批判

鼓风技术的全球网络化分异势必产生全球性意义，除了鼓风技术给全球国家带来生产技术意义之外，它还在全球传播中产生互联式的教育意义和文

---

[1] 中国金属学会编：《美国冶金工业概况（钢铁工业部分）》，北京：冶金工业出版社，1978年，第44页。
[2] ［英］泰利柯特：《世界冶金发展史》，华觉明译，北京：科学技术文献出版社，1985年，第250页。

明意义。在本质上，鼓风技术在全球引发的教育意义和文明意义是由它本身的物质性、过程性和示范性特质决定的。

第一，鼓风技术为西方工业革命提供大量物质材料，促进了工农业生产、军工制造业以及建筑业等方面的全面革新，改变了社会生产方式，为西方文明发展提供技术保障。

对西方工业革命而言，鼓风技术依然发挥了显而易见的诸多价值，尤其是在材料、价格、生产、战争、城市等领域产生的意义是最为明显的。肯德尔·亥文指出："鼓风炉把铁变成了地球上最重要的建筑材料。此后铁即成为造桥、建塔、盖楼最受欢迎的材料。铁也是工业革命的基础。它韧性强且耐压，质地坚硬而又易加工；它价格便宜，可批量进货，促进了军工制造业和建筑业的革新，改变了战争的性质和城市风貌。"[1]这就是说，鼓风炉为西方工业革命提供了最基本的物质材料，包括建筑材料和军事材料，进而影响基于建筑材料的城市风貌以及依赖军事材料的战争性质。对城市风貌而言，鼓风技术改变了建筑材料及其美学样态，进而提高了城市文明水平；对战争而言，鼓风技术为战争提供先进的战争工具，如刀剑、钢炮以及其他铁制工具，进而大大缩短了战争时间，改变了战略战术，加速了社会兼并过程。譬如1624年，瑞典引进了鼓风炉技术用于铸造铁炮，[2]进而为改进火炮以及炮兵战术提供了可能。从根本上说，鼓风技术为欧洲社会文明发展提供了保障。

西方人在享受鼓风技术带来的文明意义的同时，也发现鼓风技术所带来的附带性问题，即引起了人们对鼓风炉燃料及其污染的恐慌或担心。因为当先进的鼓风炉技术发明之后，尽管欧洲丰富的森林为冶铁提供了大量的燃料，但"熔铁需要大量的木头，对此像英国这样的国家感到恐慌。他们担心的是所有的好木材会被烧光。试用烟煤，但结果无法令人满意。燃烧木头制

---

[1] ［美］肯德尔·亥文：《历史上100个最伟大的发明》，徐莉娜译，青岛：青岛出版社，2008年，第51页。

[2] 军事科学院世界军事研究部编：《世界军事革命史（上卷）：公元前35世纪至公元19世纪初》，北京：军事科学出版社，2012年，第212页。

木炭的习惯可能启发人们想到烧烟煤和利用焦炭或者烧煤。科克很好地解决了熔铁的问题，这种方法在1750年欧洲西部得到普遍应用。但在美国木炭一直用到1865年以后，这导致许多地区的大树被砍伐，这一情况在成立较早的州里更为普遍，维吉尼亚州的荒地就属于这种情况"[1]。同样，在17世纪中叶的英国，"由于木炭需求增加，里沃勒修道院周围的林木被砍伐一空，修道院的金属加工厂因此而倒闭"[2]。为了减少对木炭的依赖或减少燃料，鼓风技术的改进或改良成为必需。"到了1828年，冷空气被用于助燃。一个天才的英国人做出一项重大发现。他发现要是空气在进入熔炉前被加热，铁的熔化就会减少一半的燃料。强迫吹风、热吹风和使用焦炭是新式鼓风炉的重要特征。"[3]可见，新式鼓风炉技术的诞生来源于对鼓风材料的思考与恐慌，来源于人们对鼓风技术本身的教育性的启迪意义。

第二，鼓风炉技术消除了之前冶铁高成本的障碍，有效地解决了生产效率低下的难题，进而为欧洲的财富积累和殖民扩张提供基础支撑。

一项新的技术革新总是开启于过去的原始的生产经验及其技术粒子，以期适应新的生产方式和社会发展需要。从皮囊鼓风技术到数字计算机鼓风技术，鼓风技术始终在为了更有效地提高生产效率，扩展人的身体在劳动中的技术局限。正如J. M. 罗伯茨指出的那样："如同农业变革一样，不完全的工业化可以追溯到近代早期。原始资本通过农业和商业改革，在几个世纪中缓慢地积累。……技术革新的开启深植于过去的历史中。改革者只是站在那些近代以前数不清的手工业者和技术工人的肩膀上而已，那些先人为以后的变革缓慢积累着技术和经验。14世纪莱茵地区的人成为首先学会铸铁的欧洲人；17世纪初鼓风炉的逐渐普及开始消除之前冶铁高成本的障碍，而到了18

---

[1] [美]弗兰克·班彻曼：《不可不知的发明家的故事》，苏世军译，北京：航空工业出版社，2009年，第203页。

[2] [美]肯德尔·亥文：《历史上100个最伟大的发明》，徐莉娜译，青岛：青岛出版社，2008年，第53页。

[3] [美]弗兰克·班彻曼：《不可不知的发明家的故事》，苏世军译，北京：航空工业出版社，2009年，第205页。

世纪，新的发明用煤代替了古老的依靠木材做燃料的流程。"①很显然，欧洲工匠向技术工人转型中的技术革新是工业革命发展的关键，尤其是鼓风技术不仅大大消除了传统冶铁高成本的障碍，还有效地解决了生产效率低下的难题，进而为欧洲财富积累提供可能，更为欧洲的全球殖民扩张提供技术支持。

但是，从对木材燃料减少的恐慌到煤炭资源的利用，人们对鼓风燃料的批判一直没有停止，煤炭燃烧的排放造成环境污染引发人们的担心。麦克尼尔指出："高大的烟囱被竖起来，将硫排放物向下风口扩散。这是所有工业区普遍应用的策略，将污染物向更为广阔的周边地区分散，使之不那么集中。"②这种做法尽管在政治上使鼓风炉污染事态表面上有所缓解，但也无法降低排放物在空间上的实际蓄积量，最终导致大面积空气污染。具有讽刺意味的是，欧洲的大萧条（1931—1938）时期工业污染有所缓解，③但是经济危机所带来的战争，既刺激了军事生产，又产生了新的空间污染。

第三，鼓风炉技术是全球技术革新的一种迭代发展范式，作为示范性技术案例或引发其他技术进步，并具有技术的教育意义，进而滋养了欧洲文明的稳步发展。

对鼓风炉技术而言，尽管它的技术迭代发展具有某种知识的离散性，但总的趋势是迭代递升发展的。彼得·沃森在《思想史：从火到弗洛伊德（上）》中引用了奇波拉支持迈克尔·麦考密克关于科技迭代增长的论点："6世纪的水磨、7世纪的犁、8世纪的轮作制度、9世纪的马蹄铁和套头马具。同样，磨坊也被用于其他用途：从861年的啤酒生产到1138年的制革，到1276年的造纸，再到1384年的鼓风炉。所有这些都证明，欧洲的发展是稳步

---

① ［英］J. M. 罗伯茨：《欧洲一万年2：欧洲时代》，李腾、史悦译，上海：东方出版中心，2019年，第514页。
② ［美］J. R. 麦克尼尔：《阳光下的新事物：20世纪世界环境史》，韩莉等译，北京：商务印书馆，2013年，第90页。
③ ［美］J. R. 麦克尼尔：《阳光下的新事物：20世纪世界环境史》，韩莉等译，北京：商务印书馆，2013年，第90页。

进行，而不是突如其来的。"①换言之，鼓风炉技术是一种迭代性技术发展范式，作为示范性技术案例或引发其他技术进步。诸如水磨、犁、轮作、马蹄铁、套头马具、磨坊、啤酒、制革、造纸、鼓风炉等技术进步并非偶然的，具有历史的迭代技术粒子或技术基础，每一项原始技术都具有某种技术革新的教育性启迪意义，都滋养了欧洲文明的稳步发展。

实际上，对鼓风技术的教育意义的思考与批判，是一种技术的哲学思考。西方哲学家从古希腊时期开始就将自然哲学研究视为自己的研究领域，直至英国的经验主义哲学和现代的科学主义哲学，技术的哲学批判路径是敞开的。相比之下，就哲学的技术批判史而言，尽管中国古代社会不缺少哲学家，但似乎缺少严格意义上的技术哲学家。儒家学派的哲学家并没有过多地正视技术本身，或将工匠及其技术排斥在自己的知识经学体系之外。或者说，中国古代哲学对技术的批判性思考是缺席的，儒家哲学或经学对技术的哲学意义或哲学的技术意义思考不足，以至于中国技术哲学一直被埋藏于儒学、心学、易学、理学等先验哲学体系中，严重阻碍了中国技术本应该发挥的教育意义。

概论之，鼓风技术的发现与发明具有明显的教育意义和文明意义，它已然成为全球技术革新的范例性教科书，为全球的物质生产、能源生产和资源组合提供有效的动力支持。同时，流动的中国鼓风技术为传承中华文明和发展全球文明发挥独特的贡献。

延伸

综上所释，鼓风技术在全球的分布呈现网格化交叠、空间分异与交叉互联的结构态势。宋元以前中国鼓风技术处于全球领先地位，16世纪之后鼓

---

① ［英］彼得·沃森：《思想史：从火到弗洛伊德》（上），胡翠娥译，南京：译林出版社，2018年，第461页。

风技术逐渐从亚洲传播至非洲、欧洲以及美洲地区。鼓风技术为全球农业改革和工业革命提供技术支撑，促进了农业生产、军工制造以及建筑行业等领域的革新，尤其是鼓风技术消除了之前冶铁高成本与低质量的障碍，它将诸多的生产资料和生产资源聚合到一起，有效地解决了冶金生产效率低下的难题，特别是为欧洲的财富积累以及全球殖民扩张提供基础条件。欧洲鼓风炉技术作为全球技术革新的一种范式，也引发其他技术进步与发展，并引起欧洲国家对鼓风炉技术的哲学批评。很显然，鼓风技术的发明与发现具有明显的教育意义与文明意义。

在阐释中还至少得出以下启示：第一，人类早期几乎同时学会鼓风技术，但全球先进鼓风技术是资源叠加和组合的结果，也是交流、互动与互鉴的产物。鼓风技术的本质是人的本质的外化，它除了具有明显的物质性之外，还具备实践性、示范性和工具性的特质，这些特质为鼓风技术的全球传播提供必要的保障，也是鼓风技术发挥教育意义和文明意义的基础要素。第二，从本质上说，鼓风技术是有效延伸与增加身体驱动力的经验性技术，被广泛应用在农业、工业等领域，进而提升了自然能源利用效率，扩大了能源利用领域及供应量，提高了农业生产技术和工业生产技术，加速了手工业、农业和工业社会的发展。中国鼓风技术为全球社会生产资源重组提供可能，不仅建构了全球社会生产能力与能源体系，还为全球社会文明发展提供动力支撑，具有明显的启发性教育意义，对全球社会发展具有深远的文明意义。第三，鼓风技术具有明显的复合性技术特质，它是利用人力、风力、蒸汽力和空气力等增加冶金熔炼温度，进而提高生产效能。或者说，鼓风技术是通过自然界风力能源与其他能源的组合而转换成生产能源。显而易见的是，鼓风技术具有实践性、工具性和改造性的哲学意义。

在此，顺接本文的研究启示，提出中国"技术-哲学论题"研究的必要性和重要性，即对中国技术的哲学意义或中国哲学的技术意义等展开学理性思考是十分迫切的。显而易见的是，"技术"范式在中国哲学中的地位并非显赫，中国哲学家对技术的哲学思考与关注是不够的，甚至中国古代技术和哲

学之间的关系始终是在若即若离中成长与发展的,这也可能是中国近代工业革命没有在中国完成的原因之一。相比之下,西方的哲学家对技术的关注从古希腊时期开始一直到近代几乎没有停止过,古希腊的很多哲学家本身就是工匠或技术能手,古希腊的伦理哲学本身就是探讨知识和行为的问题,欧洲的经院哲学(实在论)和经验主义哲学以及自然主义哲学等均以技术思考为能事。欧洲哲学家对技术的思考既丰富了哲学本身的研究素材,也反哺了技术的能动性发展,这就是欧洲为何在吸纳和汲取亚洲包括鼓风技术在内的所有技术粒子之后快速发展的可能原因之一。

鼓风炉的现象与哲学

鼓风炉,是等待呼风主人归来的风娘子。她在张弛有度中实现能量的转换,是能量转换的魔术师。当中国这位风娘子远嫁到欧洲的时候,她遇到了森林、煤炭和水源,风娘子的人生与生活得到前所未有的快乐与享受,她催生了农业工具、军事武器、煤炭以及其他生产动力产业,而这些儿女们又催生了农业文明、军事文明和工业文明。

鼓风炉的最大哲学是她能创造新动能的哲学,风能、水能、火能、蒸汽能、电能等在她的家族里非常活跃。鼓风炉技术给人类带来诸多文明的收获,但也给自然生态、森林资源、煤炭能源等带来致命的伤害。鼓风炉技术既能带来和风拂面,又能带来春雨绵绵。

鼓风炉,还是文明的接生婆。从她这里走出去的火焰,生成了形形色色的新技术物,进而为人类文明发展提供了各种工具、制度与文明。

第五章
耕犁：翻动文明土壤的利器

从技术全球史视角看，先进的中华耕犁技术在时空逻辑上已然建构了中华文明的活力，对全球耕犁技术发展具有基础性、实践性和示范性作用。全球耕犁技术谱系主要有亚洲的中国、印度以及其他附属支系，欧洲主要有大陆耕犁支系以及地中海周边耕犁支系，美国耕犁支系、安第斯耕犁支系和埃及耕犁支系出现时间较晚。全球耕犁技术谱系的网络分异创生了人类定居、农业发展和工业革命的文明意义，生发了耕犁工具的文化象征、宗教伦理与礼制实践的教育意义，也为全球资源组合、土壤保护与生态批评提供了哲学意义指向。阐证耕犁技术的全球谱系及其意义，有利于见证中外耕犁技术在人类文明史上的功能与地位，或能回击欧洲文明中心论和自我民族文明优越论的偏见。

对农业文明国度而言，昔日农民使用的耕犁是再熟悉不过的农业工具，但对于我们来说，它又是陌生的。熟悉的过去何以看起来有如此陌生的现在，甚至已然被许多人遗忘于全球文明知识体系。对此，早在唐末，苏州人陆龟蒙就专门撰写了《耒耜经》，旨在提醒人们不要忘记耕犁农具在社会发展中的巨大价值。令人遗憾的是，如此重要的农业工具在国内技术研究中并没有引起学者较多的关注，即便有零星研究成果，也只是在起源演变[1]、文物考古[2]、农业经济[3]等静态层面做微观考察。实际上，当土壤被耕犁松动之后，全球的自然、环境和社会由此已然发生了翻天覆地的变化。原始自然茂密的森林面积被缩小，大量的农田被开垦出来，农耕文明由此成为全球人类社会发展的核心文明样态。如此说来，任何忽视或遗忘耕犁技术本源及其全球价值的做法无疑是不妥当的。在技术全球史视野下，当人们把田野里翻动的耕犁放置在社会的、文化的和哲学的知识体系空间，这件散发泥土气息的耕犁已然产生了技术谱系的全球意义或全球的技术谱系意义。在接下来的讨论中，基于技术全球史的视角，以中国耕犁技术文明的原生意义为切入，试图阐释全球耕犁技术谱系的网络分异以及使用情况，较为深入地探索耕犁社会的、文化的和哲学的技术谱系学意义，尤其是阐证欧洲文明体系中耕犁技

---

[1] 譬如尹绍亭：《我国犁耕、牛耕的起源和演变》，《中国农史》，2018年第4期。
[2] 譬如方正己：《"耜"、"犁"考辨》，《中州学刊》，2000年第3期；刘兴林：《汉代铁犁安装和使用中的相关问题》，《考古与文物》，2010年第4期；郝二旭：《敦煌曲辕犁新考》，《敦煌研究》，2010年第2期；刘兴林：《汉代犁耕驾牛方式和用具的初步研究》，《考古与文物》，2014年第1期。
[3] 譬如曾雄生：《从江东犁到铁搭：9世纪到19世纪江南的缩影》，《中国经济史研究》，2003年第1期；张驰：《两汉西域屯田的相关问题——以新疆出土汉代铁犁铧为中心》，《贵州社会科学》，2016年第11期；张凤：《黄河中下游地区汉代铁犁与土壤耕作类型》，《中原文物》，2016年第3期。

术的渊源、功能与价值，以期见证耕犁技术在全球文明史中的地位与身份，或能回应欧洲文明中心论和自我民族文明优越论的偏见，也为中国技术的全球史书写提供范例。

耕犁技术：多彩中华文明的活力

从技术谱系学视角看，早期中国耕犁技术的出现是全球社会发展史上具有里程碑意义的事件，对全球耕犁技术发展具有明显的示范性和教育性。罗伯特·K.G.坦普尔指出："历史上曾有几百年时间，中国在许多方面比世界上其他国家领先，最大的优势也许就是它的犁。"[①]那么，坦普尔所言的"最大的优势"，到底具体体现在哪些方面呢？或者说，中国文明史上最为先进的耕犁技术具有何种原生性独特优势呢？

耕犁技术建构时间文明

在石器时代，早期人类可能用"石犁"翻动土地。另外，神农氏"斫木为耜，揉木为耒"[②]，这无疑表明早期中国耕田翻土工具或是木制耒耜。到了商周时期，伴随青铜铸造技术的兴盛，中国青铜犁开始出现在田间地头。至春秋战国时代，鼓风技术与冶铁技术的发展为铁犁技术的诞生提供了可能，铁犁由此成为古代最为先进的生产工具。毋庸置疑，从石器时代迈入金属时代，石器、木头、青铜、铁器为耕犁技术的发展提供材料，尤其是冶铁技术的诞生为铁犁的出现提供了技术空间，或者说冶铁技术为中国早期的石犁技

---

① ［美］罗伯特·K.G.坦普尔：《中国：发明与发现的国度——中国科学技术史精华》，陈养正等译，南昌：二十一世纪出版社，1995年，第29页。
② 程国政编注：《中国古代建筑文献集要（先秦-五代）》，上海：同济大学出版社，2016年，第382页。

术向铁犁技术的转型提供了技术支撑。

在全球范围内,中国早期的耕犁类型谱系大致有石犁、木犁、青铜犁、铁犁、曲辕犁等,其中石犁的历史非常久远,铁犁最具技术的代表性。考古发现:"中国出土的三角石犁铧可追溯到公元前4000年甚至公元前5000年早期。"①在目前全球考古史上还没有出现如此早的耕犁技术,这表明古代中国农业技术出现时间久远,农业工具的发明水平较高。直至商周时期,中国古代高度发达的冶金技术为农业发展提供足够的技术工具,进而创造了高度发达的农业文明。"公元前6世纪,铁包木或实心铁犁已在中国广泛应用,这是世界上最早的铁犁,在质量上比西方通用的阿得犁好得多。"②实际上,牛拉的罗马阿得犁(弓形无犁壁犁),早在新石器时代就已在中国使用了。公元前6世纪诞生的中国铁犁是全球农业科技史上的一件大事,具有里程碑意义。

在时间层面,具备实践性的耕犁技术或节约了束缚在耕田上的时间,节约或缩短了农民在单位面积上的耕作时间。被农业解放出来的时间又被用作手工业时间或其他社会时间。"在历史上,西方落后的较突出的事例是:几千年来,数百万人以一种效率极低、消耗体力极大的方式犁地,造成对人的时间与精力的最大浪费。"③那么,在中国与此情形相反的是,耕犁技术给人们带来了耕作时间之外的休闲时间、工匠时间、政治时间、商业时间、娱乐时间、艺术时间、宗教时间、舞蹈时间、音乐时间等丰富的社会时间样态,进而形成丰富的文明样态,诸如休闲文明、工匠文明、政治文明、商业文明、娱乐文明、艺术文明、宗教文明、舞蹈文明、音乐文明等相伴而生。或者说,农业时间是人类时间文明的基础,它建构了人类诸多的时间文明

---

① [美]罗伯特·K. G. 坦普尔:《中国:发明与发现的国度——中国科学技术史精华》,陈养正等译,南昌:二十一世纪出版社,1995年,第29—30页。
② [美]罗伯特·K. G. 坦普尔:《中国:发明与发现的国度——中国科学技术史精华》,陈养正等译,南昌:二十一世纪出版社,1995年,第30页。
③ [美]罗伯特·K. G. 坦普尔:《中国:发明与发现的国度——中国科学技术史精华》,陈养正等译,南昌:二十一世纪出版社,1995年,第29页。

样态。

简言之，先进的中国耕犁技术改变了农耕文明的时间分配与组合，重设了社会时间格局与形式，创构了农耕时间之外的诸多时间样态，因此也创造了除农耕文明之外的诸多文明，尤其是在工匠文明、政治文明、经济文明、艺术文明等方面建构了新的文明知识体系。换言之，耕犁技术与时间消费有着千丝万缕的关系，或者说技术与时间之间存在亲缘关系。

耕犁技术创造空间文明

在中原文明发展体系中，铁犁技术发挥了巨大的催化作用。在河南辉县出土的战国铁犁铧显然见证了中原农耕文明的先进性与优越性，或者说，铁犁是中原最具代表性的农耕生产工具，是中原先进生产力的代表，进而创造了中原文明空间。战国时期关中地区发达的农业文明和数量众多的人口与该地区使用的铁犁铧是有紧密关系的，铁铧犁也创造了丰富的关中文明空间。唐宋时期江南普遍推广的"江东犁"（长江中下游地区流动的短曲辕犁），不仅适合在江南水田耕作，还适合在北方旱区耕作。唐末苏州人陆龟蒙在其《耒耜经》中全面记录了唐末江南地区使用铁制农具的情况，详细地阐明了唐代曲辕犁（江东犁）的构造与功能。无疑，江东犁为江南的农业发展提供技术支撑，为江南空间的文明发展做出巨大贡献。

在空间层面，作为工具的铁犁技术解放或扩大了耕种空间——从山地到农田均可使用铁犁耕作，并为深耕技术提供基础支持，进而大大提高了农业作物的产量。同时，从某种意义上说，技术能在空间广度、深度和厚度上进行有效的扩张、定向和压缩。譬如铁犁技术改变了耕作的可能地理空间。不仅如此，铁犁技术对土壤空间的深度和破碎土壤的厚度也产生影响，江南地区普遍使用的江东犁技术就是典型的技术范例，其高耸的曲辕和光滑的轻薄犁壁为开垦深厚的泥土提供可能。进一步说，耕犁技术突破了空间耕作限制，使得土地上的农民在空间文明的扩张上具有更大的选择权，于是形成了

丰富多彩的森林文明、田园文明和山地文明等样态。住在森林里的居民可以依赖森林而生活，因为森林旁边或荒芜的山地能够被坚硬的铁犁开垦，为自己提供宝贵的粮食，进而形成森林文明或山地文明。那些毗邻水源的田园居民同样不必考虑迁徙的问题，他们不断开创属于自己的文明空间，即稻作文明或河谷文明由此逐渐走向繁荣。换言之，铁犁技术让地理空间中的人们对空间本身的选择变得多样化了，进而形成丰富多彩的空间文明样态。

耕犁技术奠定中国统一基础

在社会层面，具有物质性的铁犁技术固定了农业生产田地，稳定了农业社会人口的居住空间，进而为中国社会的多民族统一奠定了基础。

在春秋战国时代，较为稳定的个体经济和手工业农户的出现，跟铁犁技术的出现不无关系。在陕西临潼秦始皇陵附近曾出土的秦代铁犁铧，为秦代的农业生产和定居生活提供技术支撑，是秦代生产工具先进性的代表，是秦代富国强兵的技术武器。因此，秦代大力推广双翼铧铁犁技术，进而扩大耕地空间，提高粮食产量，它与秦代社会制度以及秦始皇统一天下均有某种潜在的联系。

简而论之，铁犁技术的时空逻辑及其社会逻辑构成了中华文明发展逻辑的重要测度，铁犁技术的物质性、实践性与工具性等文化表征为其全球传播提供必要的基础。铁犁技术在中国的推广与使用为中华文明的发展提供强有力的动力支撑，也为中华文明在一段时间内处于全球文明体系中最为先进的文明样态奠定了基础。

耕犁技术谱系：全球分异与支系

据外国农学史专家维尔特对耕犁谱系的研究，"传统耕犁在全世界有6种，即地中海勾辕犁、日耳曼方型犁、俄罗斯对犁、印度犁、马来犁和中国框形犁。其中，最先进的是中国框形犁"[①]。维尔特大致勾勒了全球耕犁谱系网，分析了部分亚洲耕犁支系和欧洲耕犁支系，但忽视了非洲耕犁支系和美洲耕犁支系。对传统石犁技术粒子而言，全球耕犁技术不过是在不同地域条件下以不同的谱系形式继续地表现出来而已。或者说，全球耕犁技术分布具有谱系学的意义特征。

亚洲耕犁支系

根据维尔特的研究，印度犁、马来犁和中国框形犁等是亚洲最具代表性的传统耕犁支系。印度犁的形制一般是长辕、无犁柱。在中国甘肃榆林窟壁画中曾出现类似印度犁形制。马来犁为印度犁的演变形态，属于印度耕犁谱系范畴内的变种支系，在我国滇中和滇西南以及西北部等地曾出现过类似形制的耕犁。中国框形犁即犁的底部、身部、辕部和柱部构成四角框架形。中国江南地区流行的"江东犁"即是四角框架形犁，长底、曲辕、短柄，犁壁与曲辕留有较大的空间距离，这主要是为适应江南土壤深厚特点而发明的耕犁。之后，江东犁也在中国西南地区被农民普遍使用。

日本学者家永泰光在其书中介绍了德国历史学家维尔特对全球耕犁谱系研究的观点，即认为犁耕的起源中心是在印度的西北部，此后被传播而形成了全球耕犁技术的三大中心：第一是中国犁耕中心，第二是地中海犁耕中心，第三是东北非洲犁耕中心。[②]维尔特的研究可能没有注意到，在中国的江南和华北等地早在新石器时代就已经出现过世界上最早的石犁这一历史现

---

① 季海：《最美的发明》，合肥：合肥工业大学出版社，2013年，第22页。
② ［日］家永泰光：《犁と农耕の文化》，东京：古今书院，1980年，第16—18页。

实,也没有发现欧洲耕犁支系中的中国耕犁技术粒子。另外,在我国云贵高原地区出现的耕犁体系也是非常复杂的,或来源于黄河流域的耕犁体系,或来源于长江流域的耕犁体系,或见于印度恒河流域的耕犁体系,这无疑说明亚洲内地的耕犁体系是流动的。在技术谱系学上,中国的石犁技术粒子在中国内地、印度以及东南亚的传播是可能的,尤其是在印度的西北部,其耕犁技术谱系源于中国内地。实际上,在东南亚很多地方,其耕犁体系直接来源于中国内地的耕犁体系,可能与海上丝路贸易有关。譬如郑和下西洋,铁犁是被携带的重要农具对象。大约公元前16世纪,青铜犁铧(即旋转犁)在濒北部湾的越南境内出土,①该地区当时与中国有密切的经济贸易往来,其技术粒子或来源于中国内地的犁铧技术。

在亚洲,除了南亚和东南亚耕犁支系与中国耕犁相关,位于东亚的日本耕犁技术也受中国耕犁技术影响。考古发现,日本的床犁与中国的土犁几乎形制相同,中国耕犁技术可能在汉唐时期就已经传入日本。因此,中国耕犁技术在东亚、东南亚、南亚的广泛传播,显示出亚洲区域内耕犁技术流动、迁徙与互鉴的特征。

欧洲耕犁支系

根据维尔特的研究,地中海勾辕犁、日耳曼方型犁、俄罗斯对犁等是欧洲主要的耕犁支系,但这种划分并不全面。因为欧洲耕犁谱系较为复杂,希腊-罗马犁、英国犁、荷兰杂牌犁、匈牙利旋转犁、意大利单轮犁等形式多样,其中英国犁是欧洲大陆犁传入之后的改良品,荷兰杂牌犁是中国犁的别称。因此,欧洲耕犁谱系主要包含有欧洲的中国耕犁支系、大陆耕犁支系和希腊-罗马耕犁支系等。

在欧洲的中国耕犁支系中,主要有荷兰、英格兰等国的耕犁形态。坦普

---

① [美]罗伯特·K. G. 坦普尔:《中国:发明与发现的国度——中国科学技术史精华》,陈养正等译,南昌:二十一世纪出版社,1995年,第30页。

尔指出："带有壁的中国犁在公元17世纪时由荷兰海员带回荷兰。这些荷兰人受雇于英国人，任务是排去当时的东英吉利沼泽和萨姆塞特高沼地的水，他们带去了中国犁，后来被称为罗瑟拉姆犁（Rotherham ploughs）。因此荷兰人与英国人最先在欧洲受益于高效的中国犁。中国犁还有一个别名，叫作'杂牌荷兰犁'。这种犁在水田里特别有效，因而欧洲人很快认识到，它在一般土地上也一定很有效。这种犁从英格兰传到苏格兰，又从荷兰传到美国和法国。到公元18世纪70年代，它是最便宜而又最好的犁。西方设计者在其后的几十年间对这种犁进行了革新：詹姆斯·斯莫尔于公元1784年制出的犁比这种犁前进了一步，而J. 艾伦·兰塞姆于公元19世纪制出的各种犁则又做了进一步的改进。"①罗瑟拉姆犁大约在1730年传入英格兰，1780年左右，罗伯特·兰塞姆对罗瑟拉姆犁加以改进，发明了犁口可自磨的新铁犁。②可以发现，荷兰、英格兰等耕犁支系的技术粒子直接来源于中国。或者说，荷兰和英格兰的耕犁技术模块的进步与发展，没有中国耕犁技术粒子是不可能发生的。

在欧洲大陆耕犁支系中，主要有德国、匈牙利、法国等欧洲中西部地区耕犁形态。就大陆犁的类型而言，耕犁主要有铧式犁、圆盘犁、旋转犁等。"欧洲的铧式犁创始于8世纪。1847年，圆盘犁在美国获得专利。1896年，匈牙利人创制了旋转犁。"③欧洲早期的铁犁需要很大牵引力，主要是因为"犁壁"粗糙。肯德尔·亥文在《改变世界的发明》中还记载："6世纪时，体积和力量更大的铁犁在斯拉夫国家出现，并传遍了整个欧洲。由于体积大，这种铁犁需要6头牛才能拉得动。……大约公元900年，颈圈和马具首先在法国问世。巨大的颈圈可以分散和缓冲锁套的拉力。这样，牲口拉犁时可以用力

---

① ［美］罗伯特·K. G. 坦普尔：《中国：发明与发现的国度——中国科学技术史精华》，陈养正等译，南昌：二十一世纪出版社，1995年，第33页。
② 钱乘旦主编：《英国通史（第4卷）：转型时期——18世纪英国》，南京：江苏人民出版社，2016年，第127页。
③ 沈瀚、秦贵：《耕整地机械》，北京：中国大地出版社，2009年，第65页。

更大，速度更快，但不会磨破皮，犁地的速度因此翻了一倍还多。"①欧洲的大陆耕犁支系尽管没有证据显示它们或来源于中国耕犁技术粒子，但处于欧洲的中国耕犁支系旁边的大陆耕犁支系，很难不受其影响。

在希腊-罗马耕犁支系中，主要有地中海、意大利、希腊、罗马等地区的耕犁形态，大致有手握式木犁、刃式木犁、单轮犁等技术类型。肯德尔·亥文在《改变世界的发明》中记载："公元前5000年，苏美尔人用的是简单的手握式木犁。这样的犁在中东国家干燥的沙质松土里用起来很方便，但在欧洲中部和北部结实而又潮湿的土壤里，这种犁就寸步难行了。……到公元50年，在土壤结实肥沃的意大利北部地区和被罗马军队征服了的北部各省，已经出现了单轮犁。"②欧洲的西部地带自古冶金技术、鼓风技术和耕犁技术等都很发达，尤其是罗马耕犁历史久远，大约在"公元前5000年到公元前3000年间，人们使用一种动物牵拉的简单耕作工具，而后慢慢进化演变到现代犁耙的前身——罗马铁犁"③。到了大约公元前200年，罗马农民开始将原来的尖头木犁改进成刀刃式木犁。希腊与罗马最为著名的是阿得犁，包括斯坦戈犁和袖犁铧两种类型。但坦普尔指出："希腊与罗马的阿得犁通常是用短绳捆在犁的底部，两种类型称为斯坦戈犁（Stangle shares）和袖犁铧（Sleeve shares）。同中国犁相比，它们既不坚实又不牢靠，即使是用铁制作的也是如此。"④欧洲的希腊-罗马耕犁支系尽管在技术上不如中国，但其技术粒子为后来的耕犁技术发展提供了技术基础模块。另外，位于伊斯兰阿拉伯世界的西亚和中亚的农业技术与古代中国西域的农业技术有某种相似性，早期的希腊-罗马耕犁支系受中国耕犁技术粒子影响也是可能的。

---

① ［美］肯德尔·亥文：《改变世界的发明》，徐莉娜等译，青岛：青岛出版社，2014年，第18页。
② ［美］肯德尔·亥文：《改变世界的发明》，徐莉娜等译，青岛：青岛出版社，2014年，第16—17页。
③ ［美］戴维·蒙哥马利：《耕作革命：让土壤焕发生机》，张甘霖等译，上海：上海科学技术出版社，2019年，第54页。
④ ［美］罗伯特·K. G. 坦普尔：《中国：发明与发现的国度——中国科学技术史精华》，陈养正等译，南昌：二十一世纪出版社，1995年，第29—30页。

美洲耕犁支系

在美洲，耕犁技术出现较晚。美国犁、南美洲犁或安第斯犁是其主要耕犁支系。目前没有发现古美洲农民会使用耕犁的技术，譬如玛雅人种植玉米是不用犁具耕作的。"欧洲人诋毁美洲文化，甚至是阿兹台特、玛雅和印加文化，因为他们不使用铁、犁、拱门与字母表。他们的统治者可能积聚着帝权和财富，但是欧洲人认为土著宗教和管理处于原始、野蛮、残暴状态。"①那么，美洲人为什么没有较早地发现或使用耕犁技术呢？汉斯·比德曼研究指出："哥伦布到来前的美洲文明没有犁也没有拉犁的动物，人们依靠的是小锹。"②这就是说，美洲在哥伦布发现新大陆之前一直没有耕犁的历史，除了没有铁犁技术之外，很有可能是没有大型家畜作为牵引力的存在。或者说，"在没有大型家畜的环境中，新大陆最终未能产生使用犁的有畜农业。耕作经常使用人力，这与旧大陆的诸文明几乎经常性地以犁耕作为生产经济的前提形成了鲜明对照"③。很显然，耕犁技术的普及离不开耕犁牵引力的存在，尤其是大型家畜牛马对耕犁技术的普及十分重要，早期中国耕犁技术的普及跟中国人很早就掌握了驯养大型家畜的能力有很大关系。

那么，没有耕犁技术的美洲会带来怎样的文明影响呢？洛伊斯·N.玛格纳在其《医学史》一书中指出："7000年前生活在西半球的人类骨遗物研究显示，土著美洲人总体健康在1492年前恶化，持续多个世纪，但是仍存在诸多不确定性。对北美洲和南美洲多处遗迹中成千上万个骨骼进行分析，可以发现感染、营养不良、退行性关节病、牙齿健康、身材、贫血症、抑制骨生长、外伤等疾病的证据。下降的健康记录似乎与南美洲和中美洲农业与城市

---

① ［美］洛伊斯·N.玛格纳：《医学史》，刘学礼译，上海：上海人民出版社，2017年，第239页。
② ［德］汉斯·比德曼：《世界文化象征辞典》，刘玉红等译，桂林：漓江出版社，2000年，第185页。
③ ［日］伊东俊太郎、梅棹忠夫、江上波夫：《比较文明研究的理论方法与个案》，周颂伦等译，上海：上海三联书店，2017年，第315页。

文化的兴起有关联。"①可见，早期美洲没有耕犁技术直接导致农业不发达，以至于土著美洲人出现营养、身体发育以及健康状况持续恶化的现象。

目前考古发现，美洲地区早期尽管没有亚洲发达的耕犁技术体系，但也出现比较简易的耕犁形态——安第斯犁（简易的木棒装置，类似小锹）。不过，早期简易的"安第斯犁"并不是用来耕作稻田用的，而是用来种植马铃薯的。利普斯研究发现："传统的安第斯犁的顶端一般由硬木或金属制成，用来破碎土块并耕出槽沟。在安第斯山脉高地，这种简单的工具在几千年来被用来种植马铃薯，并十分成功。"②实际上，锄耕与犁耕具有明显的技术差别，也具有明显的文化差异。譬如利普斯指出："在墨西哥和秘鲁的发达文化中，锄耕文化的经济向园艺和修建梯田方面发展。"③然而，"犁耕文化显著特色是有计划的施肥和复杂灌溉体系的发展"④。可见，耕犁技术样态直接关系到农业、经济和文化的发展样态，也直接决定着文明样态及其水平。

直至15世纪50年代，美洲印加人的劳动工具还是极其简单，"他们主要有犁地和给种植挖坑的脚犁，以及用于一般耕种的铜片锄"⑤。不过，在美国独立之前，英国人已经将耕犁技术传入美国。1730年，美国人约瑟夫·福林贝将欧洲犁进行改良，使其与近代犁几乎无异。1884年，美国人布朗又发明一种乘犁（Sulky plow），后来美国人克拉瓦思等人发明了圆盘犁（Disc plow）。⑥肯德尔·亥文在《改变世界的发明》中还记载："19世纪，美国

---

① ［美］洛伊斯·N. 玛格纳：《医学史》，刘学礼译，上海：上海人民出版社，2017年，第239页。
② ［英］海伦·拜纳姆、威廉姆·拜纳姆：《植物发现之旅》，戴琪译，北京：中国摄影出版社，2017年，第37页。
③ ［德］利普斯：《事物的起源》，汪宁生译，成都：四川民族出版社，1982年，第100页。
④ ［德］利普斯：《事物的起源》，汪宁生译，成都：四川民族出版社，1982年，第100页。
⑤ ［美］本杰明·吉恩、凯斯·海恩斯：《拉丁美洲史：1900年以前》，上海：东方出版中心，2013年，第45页。
⑥ 林查理、吴相淦：《农业机械学》，南京：金陵大学农业工程学会出版社，1949年，第17页。

农民制造出了多犁头铁犁，一次可以犁五六道犁沟，拉犁的马多达20匹。拖拉机发明以后，农民可以在机器上同时安装20个犁头。"[1]实际上，在中国农村，一头牛耕田是最为常见的，这是因为中国早期的犁壁技术发达，犁壁光滑，翻垄整齐。在1784年，杰斐逊设计了一种板犁。[2]1837年，美国人约翰·迪尔根据杰斐逊犁耙发明了钢犁。[3]迪尔的犁耙由两匹马或骡子拉拽作业，这种犁耙帮助美国农场主开拓了美国中西部大片荒芜土地，人称"草原开荒犁"。19世纪90年代，被白人占领的印第安土地开始部分使用机械犁耕作。[4]另外，值得一提的是，与古美洲一样的古非洲目前没有发现早期使用耕犁的传统。脆弱的非洲农业与非洲大饥荒年代的出现有很大关系。

概而观之，全球耕犁支系或谱系中，亚洲主要有中国、印度以及其他附属支系；欧洲耕犁支系较为复杂，以大陆耕犁支系为中心，有希腊-罗马、英格兰、荷兰、德国、匈牙利等耕犁支系；美洲和非洲的耕犁支系发展较晚，主要有美国耕犁支系、安第斯耕犁支系、埃及耕犁支系。在全球耕犁谱系中，中国耕犁技术最具影响力，传播至东亚、南亚、东南亚以及欧洲部分地区，成为促进全球文明发展的重要技术粒子。

耕犁技术的意义指向

全球耕犁技术的网络分异所生成的文明意义、教育意义和哲学意义是显赫的，即形成一定的资源配合、结构控制与社会规范等谱系学意义。在文

---

[1] ［美］肯德尔·亥文：《改变世界的发明》，徐莉娜等译，青岛：青岛出版社，2014年，第18页。
[2] ［美］戴维·蒙哥马利：《耕作革命：让土壤焕发生机》，张甘霖等译，上海：上海科学技术出版社，2019年，第54页。
[3] ［美］迈克尔·伍兹、玛丽·B.伍兹：《古代农业技术：从镰刀到犁具》，王思扬译，上海：上海科学技术文献出版社，2015年，第76页。
[4] ［英］马赛厄斯：《人类文明史6：19世纪》，阮岳湘等译，南京：译林出版社，2015年，第330页。

明意义层面，耕犁技术有利于人类定居、农业发展和工业革命，进而形成了农业文明和工业文明的意义指向；在教育意义层面，耕犁技术生发了文化象征、宗教伦理与礼制实践的教育意义指向；在哲学意义层面，耕犁技术为全球资源组合、土壤保护与生态批评提供哲学反思的意义指向。

文明意义

耕犁技术不仅改变了人们的耕作行为，还改变了人类社会行为，包括定居行为、农业行为和工业行为等，进而形成了耕犁技术之外的定居文明、农业文明和工业文明等意义指向。

——耕犁技术有利于人类定居

纵观人类历史发展发现，流动的牧民主要是没有先进的耕犁技术，进而没有固定供给自己粮食的农田，以至于不得不在迁徙中获得生活来源。但在河谷地带，全球文明古国都选择了在此繁衍生息，其中最为重要的一个技术性原因就是掌握了耕犁技术。在两河流域、长江黄河流域、恒河流域等地区，古代的耕犁技术为足够量的农田提供足够量的粮食，进而使得人们在此稳定地生活。斯坦利·沃尔波特在《印度史》中记载："（印度）拉贾斯坦沙漠以东的亚穆纳-恒河平原坚韧的、为季风所滋润的娑罗双树（sal）树林为人类的定居设置了更加难以克服的障碍，直到公元前1000年后，用牛牵引的铁犁发明成熟之后，人们才得以克服这样的障碍。"[①]很显然，稠密的森林阻碍新石器时代人类对定居环境的选择，铁犁的出现使得原始森林变为农田，人们由此从迁徙中逐渐固定在有良田的空间地带。

被固定在特定空间上的人们并非对耕犁技术保持不变，而是在持续的生活或环境变化中不断地提高或改进耕犁技术。印度学者埃里厄布·鲁古约如

---

① ［美］斯坦利·沃尔波特：《印度史》，李建欣、张锦冬译，上海：东方出版中心，2013年，第8页。

是说："在19世纪的头十年，农民和铁匠对犁进行了各种改进，使得它拥有一个更锋利、更强有力的刃口（犁铧）和更光滑的外表，让土壤既不粘在犁铧上，也不粘在犁板上。在19世纪50年代，约翰·迪尔的犁成为一个卓越的标准，但迪尔既不是钢犁的发明家也不是唯一制造商。迪尔对犁的贡献是，以有竞争力的价格，制造了大量高品质的犁。然而，钢犁的价格昂贵，迪尔和其他制造商出售了很多便宜的铁犁。这些铁犁通过各种工序制造，目的是使之具有强度和变得平滑。这些铁犁使得越来越多的草原农夫受益。"①很显然，耕犁技术不但有利于人类过着定居生活，还能使得不同空间中的人们选择适合自己的地理环境。譬如草原农夫、水泽农夫、山地农夫、森林农夫等选择生存空间的时候，必然首先要考虑自身对生存空间上的土地的驾驭能力，此时不同的耕犁技术就决定了人们的空间选择。

欧洲铁犁的使用促进农业的发展，进而促进人口的稳定增长。约翰·马克·法拉格指出："农耕和饲养牲畜已经在欧洲存在了数千年，但在中世纪晚期人们取得了重大的技术进步。水力磨坊、铁犁、能更好驾驭牛马的设备和轮种制度大大提高了产量。从11—14世纪，西欧的耕地数量增加了一倍还多，人口数量则几乎增长了两倍。"②西欧人口数量的成倍增长，进一步加速农业技术或耕犁技术的发展。

——耕犁技术撬动农业发展

耕犁技术对农业的撬动作用是毫无疑问的，甚至是发挥了里程碑式的革新作用。因为对全球大多数国家而言，铁制耕犁工具是过渡到农业最为重要的必要前提。耕犁技术不仅仅是完成了从非固定的迁徙生活向固定的农业生活的变革，更大的变革是系列性社会变革，譬如"吸收中国犁特点之后所形

---

① ［印度］萨维帕里·戈帕尔等主编：《人类文明史7：20世纪》，中文版编译委员会译，南京：译林出版社，2015年，第173页。
② ［美］约翰·马克·法拉格：《合众存异：美国人的历史》，王晨译，上海：上海社会科学院出版社，2018年，第27页。

成的新的犁耕体系，就成为西方农业技术革命的起点，使原来的三圃制逐步改变成四圃轮栽制。这样不仅土地利用更加合理，而且经营也逐步趋向于集约化了，成为近代农业革命的契机"①。这就是说，耕犁技术使得欧洲的农业生产方式、耕作方式、经营方式等发生了革命性变化。

伴随耕犁技术的普及性使用，与其相关的用来牵引耕犁的轭具、牛马、饲料等系列劳动资料出现了新变化。正如J. M. 罗伯茨指出的那样："10世纪开始，金属农具变得越来越普及。铁犁的出现使得土质较为坚硬的山谷也能成为良田；而因为需要牛来牵引，这项革新还引出了更高效的轭具和牵引车辆。马车横木和马颈轭也使马能够承受更大的负重。这类创新并不算多，但足以大大增加耕种者对土地的掌控能力，另外也构成了新的需求。马的使用意味着必须种植更多用作饲料的谷物，使土地轮作出现了新的变化。"②可见，耕犁技术带来了与之相关的诸多生产资料和劳动的新变革，并由此产生诸多的文明样态。同时，技术的文明意义还在于技术本身能引发其他技术的革新与发展。拉丁美洲有谚语云："农夫不扶，犁子走不直。"③实际上，正是由于耕犁技术的出现，农民的直形条播技术、耧车技术与轮作技术也因此诞生，与此适应的土壤科学与施肥技术也被发现。迈克尔·曼指出："重犁有一个划出犁沟的铁犁刀、一个能切入更深的铁犁镡以及一个把土块打碎并翻到右边的弯曲铸板。它能够把更深层的硬土翻到地表，而且形成排水用的犁沟。这样，北欧的易涝平原就能够排水和耕作了。但是，这种犁需要更强的挽力。钉蹄和挽套方法改良后，更多的牛或马组成一组，从而提供了这种挽力。轮作是比较复杂的。但是，二圃制和三圃制推广的复杂性和不平衡性本身就表明，农夫既了解硬土地生产谷物和某些蔬菜的潜力，也意识到这种

---

① 王渝生：《中国农业与世界的对话》，贵阳：贵州人民出版社，2013年，第200页。
② ［英］J. M. 罗伯茨：《我们世界的历史2：文明的分化》，陈恒等译，上海：东方出版中心，2018年，第250页。
③ 宋韵声主编：《世界谚语大典》，沈阳：沈阳出版社，1996年，第1750页。

土地所提出的特殊施肥问题。"①很显然，基于耕犁技术的农耕文明体系中的各大要素是密切地相互依赖的，农业、冶金、畜牧、土壤、麦田、工具、施肥等要素的网格化互联关系是明显的，或者说，耕犁技术带来了农耕文明体系要素的相互渗透与彼此交错。

——耕犁技术触发工业革命

耕犁技术的发展直接触发冶金手工业的发展，大量与耕犁技术配套的挽具及其附属部件生产出现。冶金行业的发展直接引发冶铁技术和铸钢技术的高速发展，进而为欧洲的工业革命提供重要的物质基础。

罗伯特·K. G. 坦普尔直言："可以毫不夸张地说，中国当时处在今天美国与西欧的地位，而欧洲当时却处在今天摩洛哥这类国家的地位。公元18世纪以前欧洲原始的毫无希望的农业无法同公元前4世纪以后中国的出色的先进的农业相比。"②然而，18世纪以后的欧洲使用了耕犁技术之后，中国的铁犁技术几乎直接撬动了欧洲农业革命的杠杆，并间接触发欧洲工业革命。罗伯特·K. G. 坦普尔如是说："只有中国人较早地摆脱了劣犁的束缚。当中国犁最终传到欧洲后，曾被仿制，同时采用中国的分行栽培法与种子条播机耧车，这直接引起了欧洲农业革命。一般认为欧洲农业革命导致了工业革命，而且导致西方国家成为世界强国。然而具有讽刺意味的是，这一切的基础却都来自中国，而决非欧洲本土所固有的。"③如此说来，中国的耕犁技术在欧洲的影响是巨大的，对于欧洲工业革命以及后来的富强具有强大的基础性作用。

简而言之，定居、农业与工业是一组前后有关联的结构性网格化社会发展要素，耕犁技术就是这个网格化交叉的关键节点。或者说，耕犁技术将

---

① ［英］迈克尔·曼：《社会权力的来源（第一卷）：从开端到1760年的权力史》（下），刘北成等译，上海：上海人民出版社，2018年，第501页。
② ［美］罗伯特·K. G. 坦普尔：《中国：发明与发现的国度——中国科学技术史精华》，陈养正等译，南昌：二十一世纪出版社，1995年，第33页。
③ ［美］罗伯特·K. G. 坦普尔：《中国：发明与发现的国度——中国科学技术史精华》，陈养正等译，南昌：二十一世纪出版社，1995年，第29页。

人类的定居、农业生产和工业生产紧密组合在一起，进而产生它们彼此之间相互关联、作用和耦合的社会效应，进而发挥农业文明和工业文明的发展意义。

教育意义

作为文化教育范畴，"技术"的文化性指向已然超越了它本身的直接功能，或指向了意义深远的教育功能。就铁犁技术而言，它或指向了诸如技术象征、技术宗教和技术礼制等层面的文化教育功能。

——象征

农业对于人类社会来说，是与生命和生活密切相关的领域。于是，对耕犁而言，其象征意义是很特别的。譬如杰斐逊的板犁出现之后，在美国农业部徽章上出现了耕犁的形象；非洲埃塞俄比亚遇到耕犁之后，他们的国徽上开始出现铁犁的形象，其国徽的"太阳中央绘有一张铁犁和一把铁锹，象征国家的农业"①。可见，耕犁对于农业的重要性是不言而喻的，耕犁的象征意味就更深远了。有谚语云："你死了，我会流泪的；但牛死了，我们会挨饿的。"牛和铁犁让土地焕发生机，进而养活了人类众多的人口。

但耕犁被引进美洲的时候，耕犁的文化象征意味发生了因劳动分工而产生的变化。彼得·N.斯特恩斯指出："欧美人带来了男女分工的不同观念，这些观念随着时间的改变而增强。女性应该关注家庭，男性应该耕种劳作。家庭现在意味着一个固定的住处，所以女性在这一领域的工作范围扩大了。印第安传统认为建房和耕种是女人的工作，男人为建屋伐树或者拿犁锄地是荒唐可笑、没有男子气概的表现。"②很显然，耕犁在被土著印第安人刚刚引

---

① 邹瑜、顾明主编：《法学大辞典》，北京：中国政法大学出版社，1991年，第1280页。
② ［美］彼得·N.斯特恩斯：《世界历史上的性别》，谷雨等译，北京：商务印书馆，2016年，第84页。

进时,并不是被普遍接受的,这正是耕犁的象征意味起了很大的作用。"在古代农业社会里,耕犁'大地母亲'被比作男性性行为。钩犁不必翻起土块就能掀开土地表面,它在象征论中的地位的确立要大大早于现代所用的不对称犁铧。"①不过,当这种技术给印第安人耕作带来极大好处的时候,这种象征意味也相应发生了动摇。由此可见,耕犁的象征意味具有正反多样的教育意义。

——宗教

弗雷泽在《金枝》中描述过有关"铁器的禁忌"现象,显示出早期欧洲土著居民对耕犁的拒绝。或者说,欧洲一些宗教国家及其土著居民对于引进先进铁犁,与土著印第安人一样,他们并不欢迎。弗雷泽如是指出:"宗教范围内一般总是强烈地不欢迎革新,这一事实本身就足以说明国王与祭司对于铁器为什么那么迷信地厌恶,并且说这是神的厌恶。这种厌恶在某些地方由于偶然原因而更加强烈了,如波兰连年灾荒引起对铁犁的怀疑就是一例。然而,神及其执事者憎恶铁器反而产生了另一方面的结果,那就是这种厌恶为人们提供了武器,在适当时机用来反对神灵。由于人们看到神灵憎恶铁器、不肯接近有铁器保护的人和物,于是人们就想到铁器显然可以用来禁制鬼怪和其他危险精灵,他们也确实经常如此使用。"②在此,我们可以看出,国王与祭司以及土著民众对铁器或铁犁的禁忌出现了两种具有教育意义的影响:一是铁犁成为国王与祭司对民众的宗教教育工具;二是铁犁成为禁制憎恶铁器以及不肯接近有铁器保护的人和物的神灵的武器。总之,铁犁成为欧洲土著居民禁忌的对象。

实际上,就耕犁工具的宗教谱系学而言,早期的耕犁或已经成为宗教工具。刘易斯·芒福德在《机器神话》(上卷)中援引霍卡特说,耕犁起初也

---

① [德]汉斯·比德曼:《世界文化象征辞典》,刘玉红等译,桂林:漓江出版社,2000年,第185页。
② [英]弗雷泽:《金枝》,李兰兰译,北京:煤炭工业出版社,2016年,第233页。

是宗教工具。因为"耕犁，由牧师扶持，在神牛牵引下，以其雄健犁尖翻耕神母大地，目的就是让大地受孕、丰产。因此，园地和农田，由于是用掘棍和手斧开辟而成，从未领受耕犁之洗礼，因而更需要礼制活动"。显而易见的是，耕犁作为宗教工具是久远的，具有谱系学意义上的初始教育功能，特别是在神牛牵引、神母大地和神犁耕作的祭祀活动中，宗教化教育意义表现十足。

另外，对欧洲传教士而言，耕犁及其实践活动也是传教士传教的宗教媒介。劳伦斯·J.弗里德曼和马克·D.麦加维在《美国历史上的慈善组织、公益事业和公民性》一书中这样描述："当一个原住民第一次犁地时，他（米克）会一起参加向原住民展示如何控制犁。他经常会去和一个原住民一起工作几小时，然后坐下来休息，通过这样的机会向原住民指导一些宗教或道德方面的问题。"米克，即在美洲的传教士约坦·米克。米克参加向原住民展示如何控制犁的示范活动并非传授耕作技术，而是向美洲原住民传授他们的教义。可见，基督教的实践与耕作文化联系在一起了，耕犁或成为传教士传播教育的工具。

——礼制

扶犁亲耕是古代皇帝重视农业的一种礼制，以表达国家对农业生产的重视以及祈求年丰的美好愿景。在这所谓的"籍田礼仪"中，耕犁成为劝农劝稼的象征工具，耕犁也显而易见地发挥了它的哲学教化意义。在本质上，技术工具耕犁的教化意义具有先天性的特征：工具性、实践性和示范性。

在古代中国，诸如石磨、耕犁、镰刀、锄头等劳动工具常常被视为具有神性的工具，因为，它们在劳动实践中发挥了巨大的养育生命的功能，以至于这些工具在礼仪活动中具有集体教育的示范性作用，或者说诸如石磨神、耕犁神、镰刀神、锄头神……这些工具神在古代社会中的哲学教化意义往往大于它们本身的工具意义。刘易斯·芒福德在《机器神话》（上卷）中援引艾萨克所言："农用耕犁，最早发端于宗教仪式中用牲畜耕地的礼制活动。"艾萨克的论断或指出了耕犁技术的出现与礼制活动有某种关系,也说明耕犁具有礼制的教育意义。

哲学意义

作为哲学范畴,技术从来就是哲学家和社会学家反思的对象。就铁犁技术的影响而言,它或指向了人们的世界观、认识论和土壤保护主义等多重哲学意义。

——世界观与认识论

耕犁是人类发明与使用的一种生产工具或劳动资料,是社会生产力发展水平的重要标志。

从石器到金属材料的发现,人类的耕犁技术也从石犁向铁犁转型,人类社会由此进入了农业社会,并触发了工业革命。于是,人们对时间、空间与物质的世界观和认识论也相应地发生了变化。具体地说,冶炼、铁金属、铁犁、农业、水利、天文、制度、哲学、思想、时间、空间、宗教……这些一连串的知识体系并非孤立的,它们几乎在社会体系内作为互动关系链式地运动、互生与相关催化,其中一个关键的要素就是耕犁技术系统。譬如古代中国农业或古代埃及农业的发达,就得益于先进的铁犁技术,进而产生与发达农业相关的天文气象理论,即便这种思想学术具有宗教性或反科学性成分,但就此形成的农耕制度、籍田祭祀、占星术、宗教哲学等文化又在耕犁技术系统之外相互发生联系,并催化出新的文明系统知识、思想、制度与技术。换言之,包括耕犁系统在内的任何一个互动关系链上的要素或概念都具有世界认识论和思想生成论的功能。譬如耕犁技术组合了冶金技术、工匠技术和耕作技术,进而组合了农耕思维、农耕观念和农耕哲学,进而改变了人们对世界的认知与理解。

铁犁与牛的组合生成了"小农经济",所谓"小农",即以"家庭"

（自耕农或自给自足的农民，或"单干户"）、"村落"（围绕农田的定居村落或农业聚落）、"族群"（以我族为中心的寨子）等"小的农耕单位体"及"小农思想"出现为标志的个体农民。老子哲学就是典型的农耕哲学，或是小农经济哲学。农耕技术对老子的哲学心灵起到很大的干预性影响。李约瑟在《文明的滴定：东西方的科学与社会》中指出："科学是对社会起作用的人类心灵的一项功能。"中国封建社会的士农工商哲学思想，将农耕哲学置于很高的位置。另外，耕犁技术也组合了社会制度、社会经济和社会文化，进而形成了全新的制度思想、经济观念和文化理论。李约瑟在《文明的滴定：东西方的科学与社会》中所提出的"李约瑟难题"："中国技术进步得非常缓慢，而受到现代科学激励的西方技术已经远远超过了中国技术。有句名言说得不错：欧洲农民用木犁耕田时，中国农民在用铁犁耕田；欧洲农民用钢犁耕田时，中国农民仍然在用铁犁耕田。……这样我们便遇到了那个根本问题：为什么现代科学没有在中国产生？问题的关键可能在于四种因素：地理因素、水文因素、社会因素和经济因素。"换言之，中国古代耕犁技术系统所带来的小农思想观念是深远的，因为耕犁技术系统几乎涉及影响中国社会发展的地理因素、水文因素、社会因素和经济因素，以致根深蒂固的小农意识阻碍了中国近代工业革命，进而使得中国在近代落后于西方社会发展。

——拓荒与土壤保护主义

毋庸置疑的是，铁犁有利于拓荒与深耕，但铁犁也造成土壤中的大量生物量的流失。于是关于"免耕"与"深耕"的土壤保护主义思想出场了。戴维·蒙哥马利认为耕犁或农耕是造成沙尘暴的根源，他在《耕作革命：让土壤焕发生机》中指出："农民们喜爱耕犁带来的丰收，但是他们忽视了或者根本没有意识到犁耕带来的副作用。犁耕会导致有机质的流失、土壤结构的破坏，以及土壤中生物量的流失，而上述这些问题会随着时间的推移造成土壤肥力的下降。"对此，戴维·蒙哥马利提出"免耕"思想。但舒斯基则提出"深耕"观点:"一些拉丁美洲的小农可以在生产中使用牛力做能源投入。正如预期的那样,人类劳动时间可以明显地由此而减少,但也产生了一些想不到的后果。"①舒斯基进一步引用了美国学者皮曼特尔的研究成果:"1小时的牛力工作相等于4小时的人力工作,这样在其它条件不变的情况下,上述2.5英亩土地劳动力的投入消耗为197 245千卡,牛力消耗为495 000千卡(人们可以注意到大部分牛的饲草是不能供人类食用转化能量的)。如果使用铁犁,由于铁犁的制造需要花费更多的能量,化石能源的投入上升到41 400千卡,而播种所需的能量依旧是36 608千卡。这样,全部的能量投入为77 253千卡,或大体上相当于全部的人力劳动。但是,作物产量明显地下降,几乎不到原来的一半,这样投入/产出的比率只有1:4.3。产量的下降部分地是由于开发不肥沃的土地,这些土地必须通过深耕才能得到养分。"②舒斯基的深耕理念主要是基于铁犁技术以及开发不肥沃的土地之上,但问题的悖论在于深耕哲学里也包含着无法回避的戴维·蒙哥马利的担忧。因为,犁耕终极会破坏了土壤的植被,或成为沙漠化的元凶。换言之,铁犁是土地的耕耘者,也是土地的破坏者。当土壤被犁破坏之后,土壤上的植被就被破坏了,沙漠因此而形成。戴维·蒙哥马利在《耕作革命:让土壤焕发生机》中指出:"20世纪20年代,土壤环保主义者休·哈蒙德·贝内特将水土流失列为'国家威胁'行列。他宣扬有关土壤管理的理念,认为人们应该持着代际信任的观念更多地关心和关注土壤。"休·哈蒙德·贝内特将水土流失列为国家威胁行列可能根源于耕犁技术的大量推广与普及。

更值得一提的是,耕犁技术或促使污染环境的化学品的生产,提高日益贫瘠土壤的产量。或者说,铁犁使土壤中生物量流失之后,提高肥力的化肥等生产资料被人类顺理成章地发明与使用,进而尽可能地改变土壤的有机结

---

① [美]舒斯基:《农业与文化:传统农业体系与现代农业体系的生态学介绍》,李维生等译,济南:山东大学出版社,1991年,第184页。
② [美]舒斯基:《农业与文化:传统农业体系与现代农业体系的生态学介绍》,李维生等译,济南:山东大学出版社,1991年,第184页。

构，但意想不到的生态破坏又开始了。"在破产的边缘挣扎的大多数农民感到满意。然而，食品工业和农业企业都很清楚是因为追逐各种利润才组织起来的。这些利润的力量推动着大而复杂的机器的使用，推动着一系列从肥料到杀虫剂等不同的化学品的投入使用。假设这些企业和石油工业之间有密切的联系，毫不奇怪它们能形成巨大的政治和经济力量。"[1]新型能源在农耕体系内恶性循环，土壤的肥力越下降，生产化肥的机器投入使用的频次越高，各种生产化肥的技术进一步提升，使得土壤的肥力也进一步下降，这种粗放型农耕模式最终会走向终极。

概而言之，文明（促进）意义、教育（示范）意义和哲学（批评）意义都是耕犁技术谱系的连续结构意义表征，即在不同领域所表现出来的不同差异的连续性结构意义形态。

延伸

中国古代的耕犁技术是中华文明发展的显著活力要素，它不仅改变了中国人的时间线条和空间样态，还为中国社会文明样态的扩展提供动力。在技术全球史中，中国耕犁技术在亚洲和欧洲很多地方具有谱系学关联，并展示出独特的文明意义、教育意义和哲学意义，显示出欧洲文明和中华文明的交往和互鉴的历史事实和价值。

在研究中，还能得出以下启示：第一，耕犁技术文明与早期国家文明发展是同步的，全球文明的发展离不开中国耕犁技术。在古代社会，耕犁工具是先进生产力的代表，全球文明发展与耕犁技术息息相关。中华文明为何历史悠久且在全球产生深远影响，跟铁犁技术有千丝万缕的关系。如果没有中国的铁犁技术在欧洲的传播，欧洲的农业文明和工业文明至少要推迟很

---

[1] [美]舒斯基：《农业与文化：传统农业体系与现代农业体系的生态学介绍》，李维生等译，济南：山东大学出版社，1991年，第190页。

多年,迟到的美洲文明以及脆弱的非洲经济跟没有先进的耕犁技术是不无关系的。第二,耕犁技术是早期社会文明发展的重要因素,它参与了早期社会发展全过程。耕犁技术已然在社会的、文化的、哲学的、教育的、文明的知识空间产生广泛而深远的意义,直接影响了土地上人们的农业生产、耕作方式、民族定居、身体结构、工业革命、宗教生活等,并由此也产生附带性影响及其土壤保护主义和生态主义的哲学批评。第三,全球耕犁技术是流动的,在交往与互鉴中实现耕犁技术的不断创新与发展。至少从目前考古发现,早期中国的石犁和木犁是全球耕犁技术的最早技术粒子,为后来的全球铁犁与钢犁的发展提供了技术模块,尤其是早期中国铁犁技术的全球传播,为全球文明发展提供强有力的技术粒子,特别是为欧洲的农业生产和工业革命带去了核心技术动力。

鉴于对全球耕犁技术的谱系网格化梳理与研究之启示,这里或引发一个新的技术全球史书写观,即"技术–哲学论题"的范式。一般而言,书写技术史或能联系到技术文化学、技术社会学、技术伦理学、技术生态学等书写方法论。但就研究的广义性理论而言,技术哲学应该是具有普遍性和理论性的方法论。问题的难度在于技术哲学对于技术现象研究具有某种思维向度的含混性与复杂性。人们对技术哲学的理解可能存在技术与哲学的多重维度理解的困境——是技术的哲学思考(技术含义),还是对哲学的技术思考(哲学含义)?在此,提出"技术–哲学论题"的范式以解决技术哲学的理解困境,或能为研究耕犁技术提供一种有效的方法论,也为中国技术研究提供范例。这个论题大致包括:一是技术的哲学批评,即对技术在文化学、社会学、伦理学、生态学等领域的理论思考,这种思考或为"冷思考"(形而上的思考);二是审视哲学的技术意义,即对技术在哲学发展中的功能与价值的阐释,这类思考或为"热思考"(形而下的思考);三是技术和哲学的互哺论,即对哲学与技术的相互规训、哺化和介导的思考,这类思考或为"间性思考"(互鉴性思考),可包括技术的哲学间性论和哲学的技术间性论。

"技术–哲学论题"的范式或能超越对哲学的技术批评(技术意义论)和对技

术的哲学反思（技术恐惧论）的二元论困境，并在技术意义论和技术恐惧论之间发现一个互鉴性理论的中间地带。为此，可避免偏执于技术文明中心论或技术恐惧论的技术书写观，也或能回应欧洲文明中心论或自我民族文明优越论的偏见，见证文明互鉴论视野下全球各国技术文明的价值与功能。

耕犁的现象与哲学

耕犁，是土壤舞蹈与运动的乐器。中国的耕犁为全球奏响了农业文明进行曲，并为欧洲的工业革命带来了一篇美丽动人的乐章。耕犁之声使得散居的游牧民定居在田园旁，聆听耕牛、流水与收割的合奏曲。耕犁之乐谱写了农业文明的凯歌，也谱写了工业文明的弦外之歌。不过，耕犁之乐器也奏响了水土流失、环境污染的丧歌。

耕犁的最大哲学是时间和空间的哲学。先进的耕犁技术解放了土地上的农民，使他们大大压缩了劳动时间，增加了休闲时间，进而使得人们有充足的时间去思考艺术和哲学。先进的耕犁技术使得全球的土地使用面积扩大，定居在特定的空间中劳动与休闲成为可能；同时，也将全球空间划分为森林空间、农田空间、草原空间等，使得空间的界限变得泾渭分明。时间和空间的哲学变化是耕犁带来的最大哲学意义。

耕犁，时空文明的创造者和革新者，它翻动了文明之土壤，收获了谷物、财富与文明。全球需要时空精神，社会需要耕犁精神，人们需要拓荒精神。

第六章
轮子：人类想象力的胜利

在技术全球史视野下研究发现，早期人类普遍都有轮子意识以及创造轮子的技术实践。古代中国人率先在陶轮技术基础上，展开对车轮、水轮和纺轮等技术的体系化发展。在农业和手工业推动下，西亚苏美尔人也进入陶轮、车轮的实践活动。中国和苏美尔轮子技术向外传播直接促进了欧洲轮子技术模块化结构性发展，深远影响了欧洲封建社会和资本主义社会发展。相对于欧亚而言，非洲和美洲古人类的轮子技术相对落后，但在形制上具有一定的相似性。从轮子技术全球分异看，轮子技术只是在近距离做区域化交流与互鉴，至于丝绸之路长距离跨域交往与全球互鉴或是一种学术想象。对轮子技术的全球分异及其意义追问，旨在阐证轮子技术的全球价值以及维护全球技术文明共同体的意义，对澄清部分偏狭的技术文明史书写观具有一定的启迪意义。

第六章 轮子：人类想象力的胜利

圆形是最具哲学意味的图形，被广泛应用于生活与技术领域。轮子就是人类利用圆形的经典范例，它既是最具圆的哲学思想，又是最具圆的美学意味。从自然界的诸多圆形事物到在媒介上绘制圆圈，再到发明用于生活生产的制圆技术，早期人类几乎对圆形、圆圈和制圆都有一种诗意的想象（先验）、朴素的感知（经验）和积极的创造（实践）能力。在全球很多地方，原始社会岩画上的日轮或圆形图像，新石器时代中晚期的砂轮、纺轮、陶轮、车轮（痕迹），以及古代社会的水轮、磨轮、齿轮等已然成为人类最具哲学想象力的事物、实用性的工具和美学的对象。因此，对轮子技术的研究常常表现为在宗教的[1]、技术的[2]和美学的[3]层面展开，并注重轮子技术的文物考古[4]、艺术表现[5]、技术复原等微观的静态描述。实际上，轮子技术自身的工具性、实践性和运动性决定了它在作为被研究对象的时候，必然要将其放置在技术全球史的视界做动态的、互联的交叉思维，对其技术的谱系学生发逻辑及其意义形态展开社会化哲学的系统考察。在接下来的讨论中，拟以技术全球史的视角，对全球轮子技术展开动态的社会哲学思考，以期呈现出全球轮子技术的家族图谱及其动态互联关系，较为全面地分析全球轮子技术

---

[1] 譬如赵李娜：《新石器时代纺轮纹饰与太阳崇拜》，《民族艺术》，2014年第3期，第146—150页。
[2] 譬如柳冠中、李永春：《轮子与设计》，《新美术》，2006年第2期。
[3] 譬如王迪：《是不是纺轮——人类学视角下纺轮状器物的多种用途》，《民俗研究》，2014年第1期。
[4] 譬如张志华、梁长海、张体鸽、王鸿飞：《河南平粮台龙山文化城址发现刻符陶纺轮》，《文物》，2007年第3期；饶崛、程隆棣：《湖北地区新石器时代纺轮新考》，《丝绸》，2018年第8期；方万鹏、郑君雷：《峡江地区汉晋南朝花纹砖上的车轮纹饰》，《江汉考古》，2006年第3期。
[5] 譬如张舜民：《〈水磨赋〉与王祯"水轮三事"设计之关系再探》，《文物》，2015年第8期。

的空间分异及其文明功能，进而阐证全球轮子技术共同体内的区域化互鉴特征，能回击欧洲文明中心论或自我文明优越论的文明观陋见，体现维护全球技术共同体的价值与意义，也或回应技术恐惧论和技术控制论的偏狭，对于纠正部分技术全球史书写观也有一定启迪意义。

苏美尔的陶轮与车轮技术

在全球技术史中，人们在论及轮子的时候，几乎都会想起西亚的苏美尔人。毋庸置疑的是，认知、掌握和使用圆形是苏美尔人的聪明智慧，他们用圆形去表达数字，用圆形书写楔形文字，用圆形木盘去制作陶器，还制作用于车辆的轴轮。苏美尔人这种对圆形的认知和感悟或直接来源于对自然界的感悟，自然界的色轮、光轮、日轮、叶轮等形状或为苏美尔人提供了想象智慧的技术粒子，于是他们对轮廓、圆轮、心轮、天轮、地轮等知识体系格外地关注，进而才有陶轮、车轮、轴轮等智慧性、革命性的技术产出。

陶轮技术

位于西亚的苏美尔人居住在两河（底格里斯河与幼发拉底河）流域，他们的制陶工艺非常发达，技艺十分精湛，特别是在陶瓷造型、色彩装饰和结构纹饰上不拘一格。苏美尔人陶器造型离不开他们发明的陶轮技术，陶轮技术或为他们的陶器艺术创造提供条件。

尽管目前全球对于轮子最早的发明尚未确定准确的时间和地点，但人们通过现有出土的陶轮文物及其图像推断，公元前3500年左右，美索不达米亚的苏美尔人已经开始创造属于他们自己的陶轮技术。当然，这种革命性技术智慧的产生有一个重要的动力刺激，可能就是来自生活的实际需要——他们需要陶器来存储粮食或其他谷物。因此，苏美尔人的轮制体系与方法革命性

地出现了。换言之，苏美尔人陶轮技术的发明或得益于他们的日常需要以及农业生产需要。"汤普森上尉在埃里杜发现的遗迹显示了早期新石器时代的农业阶段，这是文字和青铜器出现之前的一个阶段，最早的苏美尔人的基地下面埋藏着前苏美尔人的收割庄稼用的陶制镰刀"①。苏美尔人生活在两河流域的下游地区，毗邻波斯湾海域，水利灌溉技术发达，水上交通便利，这些条件有利于苏美尔人的农业发展。独特的西亚地理位置和发达的灌溉技术体系促进了苏美尔人农业技术的发展，进而促进了他们的陶器手工业及其陶轮技术的发展。

车轮技术

据说，来自叙利亚卡基米什附近的哈马姆有篷货车模型（见图6-1），可能是公元前2400—前2300年的遗物。公元前3200年左右，用于运载货物的轴轮被苏美尔人发明了，用来装载货物的车辆出现了。从陶轮到车轮的转型，是苏美尔人惊人的技术发现和发明，对人类空间距离和时间使用产生了深远的影响。与此同时期的其他地方，除了中国人，还未能见到法国人（见图6-2，史前约1700年岩画中的车轮）、玛雅人、印度人、印第安人、埃及人等会使用车轮的历史。

在美索不达米亚平原

图6-1 叙利亚史前有篷货车模型

---

① [英]赫伯特·乔治·威尔斯：《全球简史》，云中轩译，北京：台海出版社，2017年，第110页。

图6-2 法国拉斯科洞穴壁画（局部）

上发现的车轮可能是考古史上见到的最早的车轮实物。"人们把厚木板钉在一起，制成一个坚固的圆盘。这种车轮非常结实但也特别沉重，它们被用在手推车或战车上。"①也就是说，美索不达米亚的苏美尔人创造了被使用在战车上的木轮。在公元前2000年左右，苏美尔人在实心车轮的基础上又发明了有辐车轮。②在美索不达米亚，"最初的轮式车辆是由牛来拉动的，但是到了大约公元前3000年，被驯化的马和野驴提供了速度更快的畜力。而不久之后，原本农用的车辆逐渐被应用在了战争之中"③。苏美尔人车轮的发明与使用跟陶轮技术粒子有一定关系，还跟他们驯养动物有密切关系——没有动物畜力的牵引很难发挥车轮的作用。具体地说，苏美尔人发明和使用车轮跟他们能驯养合适的大型动物有关，相反地，全球早期还没有车轮的国家或地区很有可能是没有驯养大型动物的实践或能力。伊恩·克夫顿和杰里米·布莱克认为："在哥伦布发现美洲之前，这片大陆上从来没有车轮碾过的痕迹，这或许是因为没有合适的牲口吧。美洲驼的力量无法拉动轮车，而北美野牛则根本无法驯化（早在12000年前，美洲野马就已经灭绝了）。"④那么，苏美尔人是何时开始驯养家畜的呢？根据考古

---

① ［英］罗宾·克洛德等：《全世界孩子最爱提的1000个问题》，邱鹏译，哈尔滨：黑龙江科学技术出版社，2007年，第263页。
② ［美］乔利昂·戈达德：《科学与发明简史：一幅清晰的事件年表》，迟文成等译，上海：上海科学技术文献出版社，2011年，第25页。
③ ［英］伊恩·克夫顿、杰里米·布莱克：《简明大历史》，于菲译，长沙：湖南文艺出版社，2018年，第100页。
④ ［英］伊恩·克夫顿、杰里米·布莱克：《简明大历史》，于菲译，长沙：湖南文艺出版社，2018年，第101页。

研究，美索不达米亚地区的古人类早在公元前8000—前7000年左右就已经开始驯化野猪、山羊和绵羊。有证据显示，中东地区在公元前4000年的时候已经利用畜力耕田或载物了。①同时研究发现，"牛、驴、绵羊、山羊都是他们蓄养的目标。不过，苏美尔人没有马。"②因此，早期的苏美尔人车辆的牵引多靠牛、羊等。尽管牛羊之类的牵引力不如马力，但要比美洲驼的力量大多了。这里，顺便说一下，有关轮子的牵引力，意大利史前鸟型手推车（见图6-3）最具想象力。

在农业和手工业发展的推动下，苏美尔人的陶轮、车轮等轮子技术体系便被发明与发现。特别是车轮的发明与发现，为苏美尔人的货物运载以及交通运输提供了技术支撑，进而进一步扩大了苏美尔人的活动空间，也延展了他们除了农业生产、手工业生产之外的社会活动，譬如远海商业活动或远距离陆地贸易活动。考古发现，在今天的印度西北部曾有苏美尔人的足迹，③尽管还不能确定其是否是商业活动足迹，但长距离远行的苏美尔人没有交通工具是很难想象的。

图6-3 意大利史前鸟型手推车

---

① ［美］乔利昂·戈达德：《科学与发明简史：一幅清晰的事件年表》，迟文成等译，上海：上海科学技术文献出版社，2011年，第26页。
② ［英］赫伯特·乔治·威尔斯：《世界史纲》，孙丽娟译，北京：北京理工大学出版社，2016年，第78页。
③ ［英］赫伯特·乔治·威尔斯：《全球简史》，云中轩译，北京：台海出版社，2017年，第111页。

轮制技术影响

从苏美尔人发明和发现轮子的历史看,陶轮与车轮明显具有非常密切的关系。或者说,苏美尔人的车轮技术或以陶轮技术粒子为启蒙或起点。"苏美尔人是因为他们有强大的制陶传统而发明了轮子。在制作一只碗时,陶工必须把碗转动很多次,在转动过程中还要用手将碗的表面轻轻地拍平,使之光滑。终于有一个聪明的苏美尔人想到,把黏土放在一个自身旋转的轮子上,这样一来,陶工的手就不必随着黏土转动360度,只需逆着黏土旋转的方向慢慢移动,就可以逐渐把黏土塑造成形并使之光滑。"[1]可见,苏美尔人车轮技术的功绩要归功于他们制陶器的工匠,如果没有苏美尔陶工的技术智慧,可能车轮技术的历史还要往后推延很长时间。或者说,工匠技术粒子为科技发明发现提供重要基础,工匠文明对全球技术文明的发展是至关重要的。

在影响层面上,苏美尔人的轮制技术至少有三点价值:一是轮制有效解决了陶器造型设计的自然障碍,对器形(变形)、纹饰(旋纹)与形体(薄胎)都产生了重要影响,为苏美尔人制陶的艺术想象提供技术支撑,进而为苏美尔人艺术展示与发展提供技术美学空间。二是轮制有效解决了大型陶器制作的难度问题,拉坯制作大器是轮制技术的强项,进而有效解决存贮数量较多粮食的难题。同时,稳定的粮食来源为苏美尔人的定居生活(约公元前4300年)或城邦生活(约公元前3500年)提供可能,以至于大型家畜的驯养得以开始,这又为后来苏美尔人车轮技术的发展提供条件。三是轮制大大减少了制陶工匠的体力付出,节约了制陶劳动使用的大量时间,进而也增加了农业劳动时间和海外经商的时间,或日益丰富了社会文明时间。换言之,苏美尔人的轮制技术对苏美尔人的艺术、美学、农业、畜牧业、车辆技术以及时间逻辑等都产生了深远的文明意义,尤其是对苏美尔人从游牧生活走向定

---

[1] [美]康纳利:《最棒的50个科学实验》,李欢欢、刘佳译,上海:上海科学技术文献出版社,2014年,第31页。

居生活甚至城邦生活发挥巨大作用。历史显示，公元前3000年前后的几百年是苏美尔人轮制技术的高峰时期，也是社会文明发展的鼎盛时期。这无疑说明先进的工匠技术为苏美尔人社会发展提供强有力的支持，尤其是轮制技术为两河流域的社会发展提供必要条件。

中国的轮子技术体系

发达的苏美尔轮子文明发源何处，一直是人类学研究之谜，至今还不能确认它们是来自东方的说法。但就早期的工匠文明而言，苏美尔人在冶铁、鼓风、制陶、车辆等方面的成就与早期东方中国文明有很多相似之处。实际上，中国轮子技术的发现和发明时间还要比苏美尔人早得多，并呈现出陶轮、车轮、水轮和纺轮等技术体系化发展特征。

陶轮技术

所谓"陶轮"，又为"陶均"，即制陶坯的轮盘。一开始陶工们使用简单的慢轮，后来逐渐使用速度较快的快轮——陶车。浙江跨湖桥遗址出土的8000多年前的陶器，显示出中国先民制陶历史比苏美尔人要早，更令人惊奇的是出土了一件木砣形慢陶轮，这件陶轮可能是目前世界上轮制陶器的最早证据。

中国浙江跨湖桥陶轮的出土意义非凡，它不仅见证中国轮制技术工匠的卓绝智慧，还改写了世界轮子技术史。美国人克莱纳指出："即使在公元前4000年陶轮尚未发明时，中国的工匠就制作出了高质量的、种类繁多的陶瓷制品。"[①]这句话只说对了一半。实际上，除了跨湖桥遗址出土的陶轮之外，

---

① ［美］克莱纳：《加德纳世界艺术史》，诸迪等译，北京：中国青年出版社，2007年，第188页。

考古发现，中国很多地方都出现了陶轮技术。位于中原地区新石器时代的仰韶文化时期的陶工已经掌握了陶轮技术，位于山东的龙山文化时期的陶工或普遍使用陶轮制陶了。通过出土的陶器均匀厚薄的胎体、规整端正的器形判断当时陶制技术十分先进，尤其是薄如蛋壳的黑陶非陶轮技术是不能制作的。同样在大汶口文化时期，也出现了先进的陶轮技术。如果说早期的跨湖桥遗址出土的慢轮还只是为了制陶时的局部修补技术而出现，那么龙山文化时期和大汶口文化时期的薄胎陶瓷技术的出现则反映中国先民已经掌握了快轮制陶技术，标志着新石器时代中晚期的制陶技术步入较为稳定时期。不过，在同时期出土的玉器相对显得粗糙，说明新石器时期的砂轮技术还落后于陶轮技术，显示出中国古代制陶技术或轮制技术的发达。

在中国，跨湖桥、仰韶、龙山、大汶口等文化遗址的轮制技术至少表征三点关联信息：一是新石器时代中晚期的中国工匠已经掌握加工生产工具的技术，对于制陶而言，利用轮盘拉坯、修补与构造形体已经成为陶工生产过程中的必要步骤，显示出制陶工具及劳动过程的复杂性。换言之，复杂技术粒子思维在陶工劳动中有所体现。二是新石器时代中晚期的中国陶工已经掌握了对圆形的体认与使用，即感知到圆形陶轮的周而复始的运动特征，或者说陶工对自然界圆现象的日常感知已然上升到对圆技术的实践认知，进而直接启示了陶工对陶轮的创造与使用。后来《周易》则从理论上高度概括了圆轮之"周"的哲学内涵，即所谓"周环不息"或"曲成万物"之意。三是新石器时代中晚期的中国轮制技术显示出陶工对于加工陶器的朴素美学思想，利用陶轮修补或制作陶器的美的形态，以供给日常生活使用或"欣赏"，反映出新石器时代中晚期陶工朴素的"美学修养"。当然，精美的陶器取决于陶工的智慧，并不完全取决于陶轮技术，陶轮只是作为陶工的一种工具存在而已，工具对于艺术而言只是辅助性的。这正如法国人马塞尔·莫斯所言："用陶轮制作的陶器不一定比不用陶轮制作的陶器高级，这完全取决于制作

者，并且陶轮的完善也不一定直接对应着陶艺的成熟。"①实际上，加工和使用完善的陶轮就是陶工技术完善的侧面表征，成熟的陶艺也就是陶工技术美学思想成熟的直接反映。

就陶轮技术粒子的教育意义而言，陶轮的"圆形思维""圆形实践"或受自然界圆形现象的启迪；或源于农业生产的需要，即需要生产大型陶器以盛谷物；或源于日常生活或祭祀活动的需要，即需要生产满足日常饮食的陶器、满足日常祭祀的冥器、满足日常丧葬的陶缸。但陶轮出现之后，它对砂轮技术、车轮技术、水轮技术、纺轮技术的出现具有显而易见的示范性和实践性作用，即陶轮技术对轮子技术的延伸与扩展具有教育意义。

车轮技术

相传5000年前，轩辕黄帝发明车轮。公元前2000年左右，传说奚仲开始造车。《左传》记载："薛之皇祖奚仲，居薛，以为夏车正。"②奚仲是东夷古薛国人，相传他是黄帝的后裔。古薛国的地理范围相当于今天的山东滕州，后迁于下邳，大致为今天的江苏邳州东北。"居薛"，即封居于薛国，指大禹封赏奚仲于薛国。"夏车正"，即夏朝时负责车船之官职。在夏禹之时，因奚仲造车有功，被封为车正，封地在薛国。所谓"车正"，即夏朝管理车辆制造及其交通的车服大夫，贵族身份，士之上，诸侯之下。《新语》记载："奚仲乃桡曲为轮，因直为辕，驾马服牛。"③《新语》尽管是根据前人之转述，但这句话却道出了奚仲所造之车的关键技术，即木轮、直辕和牛马牵引。尽管至今未见这位夏朝人奚仲的造车实物，但在《山海经》《左

---

① ［法］马塞尔·莫斯等：《论技术、技艺与文明》，蒙养山人译，北京：世界图书出版公司，2010年，第117页。
② ［战国］左丘明撰，［西晋］杜预集解：《左传》（下），上海：上海古籍出版社，2015年，第924页。
③ ［汉］陆贾撰，庄大钧校点；［汉］贾谊撰，刘晓东校点；［汉］扬雄撰，黄寿成校点：《新语·新书·扬子法言》，沈阳：辽宁教育出版社，1998年，第2页。

传》《史记》《汉书》中多有史料记载这位造车工匠。

《考工记》云："察车自轮始。"①有"夏路以左"的文献和"夏代车辙"的考古证据可以证明夏朝有工匠造车的事实。在《史记》中有记载，春秋战国时期，楚有"夏路以左"②的说法。名曰"夏路"，或"夏车"。《周礼·考工记》记载："攻木之工：轮、舆、弓、庐、匠、车、梓。"③这七类工种涉及车辆有三，即轮（轮人为轮）、舆（舆人为厢）、车（车人为车）。可见，木工造车成为当时重要的造物活动。1994年，在河南洛阳偃师二里头遗址发现夏代中晚期车辙痕迹，距今至少3700年。2019年，在河南淮阳平粮台遗址发现龙山文化时期的车辙痕迹，或为双轮车痕迹，距今至少4200年，这是中国迄今发现的年代最早的车辙痕迹，可能是世界最早的车辙痕迹。这可能要比苏美尔人发明车轮的时间早1000年左右。

奚仲造马车的意义是非凡的，至少体现在以下三个方面：一是解放体力劳动。奚仲发明的车大大解放了体力劳动，使得一部分人摆脱了繁重的体力劳动，进而加速了脑力劳动和体力劳动的分工，特别是一部分具有一定的技能者成为从事专门创造的工匠群体，从而大大促进了生产力的发展。二是开始养马。传说奚仲为了解决车的牵引力问题，让自己的儿子吉光驯马，并号召乡人蓄养牲畜，但一直没有成功。不过，据史载，夏朝灭亡之后，奚仲的第十二代子孙仲虺完成了祖先的蓄马遗愿。仲虺是商汤的丞相，是助汤灭夏的功臣。他重视工匠，倡导养马，使得马车得以普及。三是马车开始用于战争。奚仲发明的马车很快被应用到诸多领域，最为重要的莫过于马车用于战争。"车（車）"的读音，除了"che"之外，还读"ju"。在甲骨文中，"車"字两边各有一个轮子，中间有一个"甲"字形的车厢，即"舆"——可以用作掩体，做"装甲"保护之用。在车厢内，手持戈戟兵器的"车厢战士"居高临下，既有攻击力，又有防御效果。由此可以看出，奚仲的马车很

---

① 戴吾三：《考工记图说》，济南：山东画报出版社，2003年，第25页。
② ［西汉］司马迁：《史记》（上），长春：吉林大学出版社，2015年，第326页。
③ 戴吾三：《考工记图说》，济南：山东画报出版社，2003年，第23页。

快被用于战争。到了商周以及春秋时期，大型战车已经普遍被使用，大大改变了战争格局，加速了战争取胜的进程，从而也改变了当时社会的政治格局，还诞生了跟战车有关的军事理论，譬如"辙乱旗靡"理论，即根据战车走过的痕迹，就能判断对方在战场上的状态。

奚仲造车不亚于"四大发明"，甚至远超"四大发明"。尽管民间传说"奚仲造车"的故事还很难断定是否存在，但中国夏朝有许许多多像奚仲一样的工匠是确定无疑的。由于古代工匠多是集体创作，而且先秦没有实施"物勒工名"的工匠制度，因此留下来的巧工或工匠之名是少之又少，大半部分是氏族首领、工师、工官和圣人。因此，工匠是发明家，奚仲本人就是车的发明者、革新者，他在生产劳动中发明车、改进车。奚仲或为中国造车工匠集体的代表，正因为他拥有为人民着想的敬业精神与创新精神，才被人们世代传说与敬仰。

水轮技术

水轮利用水作为动力源，推动轮子的圆周运动。譬如中国古代的水磨坊就是利用水轮转动带动碾石来舂米、磨面等。不过，利用水来灌溉的水轮也称为"水车"，或"筒车"，或"水转通车"，即用于提水的一种机械装置。

西汉时期，中国农民已经开始用牛马"役水而舂"，充分利用水轮的运转作为动力源，即将水能资源转换为动力资源。东汉时期，立式水轮作为水碓的动力驱动装置已十分普遍，还有复杂的"连机碓"来加工谷物。傅畅在《晋诸公赞》中曾记载了杜预、元凯做连机碓的情况。连机碓的工作原理是，用大型立式水轮带动装置在轮轴上的整排拨板，受水力冲击的拨板拨动碓杆，使多个碓头不间断地相继舂米。徐光启在《农政全书》中对"水轮"有详细描述："凡在流水岸傍，俱可设置，须度水势高下为之。如水下岸浅，当用陂栅，或平流，当用板木障水。俱使傍流急注，贴岸置轮，高可丈余。自下冲转，名曰撩车碓。若水高岸深，则为轮减小而阔，以板为级。上用木槽，引水直下。射转轮板，名曰斗碓，又曰鼓碓。此随地所制，各趋其巧便也。"①斗碓，即为上射立式水轮。到了唐代，下射立式水轮和石磨被安装在船上，即船模或"浮硙"或"硙船"。

魏明帝时，马钧发明"水转百戏"以"舂磨"。王祯在《农书》中记载崔亮教民造卧轮或立轮水碾，"比于陆辗（碾），功利过倍"②。东汉南阳郡太守杜诗根据皮橐鼓风机原理创制水力鼓风炉或"水排"。《后汉书·杜诗传》记载，建武七年（31），南阳太守"造作水排，铸为农器，用力少而见功多，百姓便之"③。《农书》中也说明了"水排"的结构与原理。

就目前考古而言，希腊、罗马的水轮技术发明与使用要早于中国，公元前95—前85年，希腊人已经利用水力推动碾石。公元前25年，罗马工程师、发明家维特鲁乌斯在其著作《建筑学》里详细记录了他发明水轮的情况，这可能是世界上最早的有关水轮的记载。"在1500多年的时间里，通过水轮转化成机械动力的水能，是磨坊、锯木厂、皮革厂、纺织厂乃至鼓风炉的主要动力来源。到18世纪末蒸汽机发明时为止，水轮一直是民用动力和工业动力的主要来源。"④欧洲先进的水轮技术可能跟欧洲丰富的水力资源有关，但它与中国的水轮技术之间是否存在技术粒子渊源关系是很难确定的。

纺轮技术

位于浙江的河姆渡遗址中，曾出现新石器时代晚期的纺轮。大约在500—1000年，真正意义上的纺轮被中国人创造出来了。

宋末元初的黄道婆在中国纺轮技术革新方面做出巨大贡献。概括说，黄

---

① ［明］徐光启：《农政全书》，北京：中华书局，1956年，第367页。
② ［元］王祯：《农书译注》（下），济南：齐鲁社社，2009年，第674页。
③ ［南朝宋］范晔：《后汉书》，北京：中华书局，1965年，第220页。
④ ［美］肯德尔·亥文：《改变世界的发明》，徐莉娜等译，青岛：青岛出版社，2014年，第10页。

道婆有"四大发明",即去籽、弹花、纺纱、织布。《南村辍耕录》记载:"初无踏车椎弓之制,率用手剖去子(籽)。"①《南村辍耕录》又载:"初无踏车椎弓之制……线弦竹弧置按间,振掉成剂,厥功甚艰。乃教以做造捍(擀)弹纺织之具。"②在棉布的生产过程中,轧棉花是第一道工序,弹棉花是第二道工序,纺纱就是第三道工序。黄道婆发明了一种三锭脚踏纺车,从而减轻了劳动强度,提高了工效。马克思在《资本论》中提到,在18世纪珍妮纺纱机发明之前,"要想找出一个能够同时纺出两根纱的纺织工人,并不比找一个双头人容易"③。显然,黄道婆发明的三锭脚踏纺车同时能纺出三根纱,比西方早出400多年,其工作效率是单锭机的三倍。三锭脚踏纺车成为当时世界上最为先进的纺织机械,它的发明标志着我国古代机械制造至少在元代就已经由简单机械向复杂机械迈进。黄道婆在纺织技术上的革新改变了中国早期江南棉纺文化的生态格局。

概而言之,古代中国轮子技术体系完备,在制陶、纺纱、车辆以及日常加工等诸多领域被广泛使用,显示出中国先民对圆形轮子技术的发现和发明的聪明才智,中国轮子的技术粒子也给全球轮子技术的发展提供了范例。

欧洲、非洲与美洲的轮子技术体系

如果说中国的马镫技术延伸了欧洲的封建社会阶层及其发展,那么,来自亚洲的轮子技术(尤其是中国的纱轮技术)则直接促进了欧洲资本主义社会的发展。轮子在欧洲的技术意义是非凡的。相对于亚洲和欧洲而言,非洲和美洲的轮子技术相对落后。但有考古证据显示,早期的非洲(北非)和美洲(南美)地区的古人类在使用轮子方面具有惊人的相似性,他们所采用的

---

① [元]陶宗仪:《南村辍耕录》,上海:上海古籍出版社,2012年,第270页。
② [元]陶宗仪:《南村辍耕录》,上海:上海古籍出版社,2012年,第270页。
③ [德]马克思:《资本论:卷1》,上海:读书生活出版社,1938年,第450页。

陶轮技术粒子的相似性暗示区域内的技术交往与互鉴是可能的。

欧洲轮子技术

约公元前500年，欧洲的陶轮技术首先出现在法国和德国南部等地区。[①]从公元前5世纪起，"（法国）高卢大部分地区的居民过着以农耕或农牧混合经济为生的定居生活。……公元前2世纪，高卢地区的陶器制造趋于完善，制陶作坊中不仅使用陶轮，还拥有结构较良好的陶窑"[②]。高卢地区先进的制陶工艺一方面来自他们的智慧与对艺术的理解，另一方面跟制陶技术是有关联的。尽管陶轮技术不是制陶工艺发展的根本要素，但它为法国高卢人制陶提供了辅助。

除了两河流域的美索不达米亚与中国之外，欧洲的德国、匈牙利、斯洛文尼亚、波兰等地也出现了较早（约前3650—前3400）的车轮，譬如"德国的夫林班克一座墓冢中发现有三道车轮的印辙。同时期匈牙利出土了两个四轮车形状的陶器，在斯洛文尼亚发现的卢布尔雅那沼泽轮是现存世界上最早的木制车轮，在波兰则发现了一只陶制的把手和带车形图案的罐子"[③]。欧洲早期轮子技术为欧洲的手工业文明和农业文明发展提供了技术支撑，也为后期的工业革命提供了技术粒子。1803年，有动力驱动的轿车在英国诞生。1885年，使用汽油与轮子技术结合的汽油汽车在德国诞生。

轮子的作用不单单是运输，车轮、陶轮、水轮、飞轮、砂轮、纱轮、涡轮等轮子被广泛应用于生活、生产，近乎涉及社会的经济、文化、制度和思想等诸多文明领域。正如日本池内了指出的那样："若说起中世纪影响世界的三大发明，应该是印刷术（活字印刷术）、火药和方位磁铁（指南针），

---

① ［德］利普斯：《事物的起源》，汪宁生译，成都：四川民族出版社，1982年，第127页。
② 王贵水：《一本书读懂法国历史》，北京：北京工业大学出版社，2014年，第8页。
③ 翁启宇：《全球史下看中国（第1卷）：上古时代》，南京：译林出版社，2016年，第83页。

而人类文化黎明时期的三大发明则是火、语言和车轮。这些发明使人类区别于其他动物,成为人类文明的发端。"①换言之,轮子技术改变和加速了欧洲文明,尤其是对欧洲的工业革命产生了深远影响。另外,乔利昂·戈达德在《科学与发明简史:一幅清晰的事件年表》中也指出:"飞轮在工业革命时期也起到了一个关键作用。当把飞轮同蒸汽机的活塞连接起来时,原始的摆动力就变成了可以驱动机器和机车的平稳运动。后来根据轮子又产生一些发明,包括涡轮、陀螺仪和转向轮——据古代某项技术发展而来的所有成就今天在强力推进。"很显然,从早期的手转轮子到后期的机械轮子,作为动力的轮子技术为文明进步提供了强有力的推进作用。

轮子在欧洲工业革命中也扮演着重要的角色,还在欧洲科技发展进程中扮演重要角色。1769年,飞轮和蒸汽机驱动相结合的蒸汽汽车在法国诞生,欧洲进入一个"速度的时代"。因为,"当飞轮和由蒸汽机驱动的活塞相连时,它可以把不连续的原动力转化为平稳的运动,用来驱动磨坊和工厂中的机器。当然它也可以为机车提供动力。后来,以轮子为基础的发明不断涌现,包括汽轮机、环动轮和家具上的脚轮"②。很显然,轮子技术粒子在诸多领域触发欧洲新的科技进步与发展。

非洲轮子技术

公元前3000年,埃及人开始知道陶轮。"克里特的工匠使用陶轮,是在青铜时代最早阶段。"③直到公元前1000年中期,"陶器在非洲的赤道以北地区实际上已广泛使用,但仍未被更南地区的居民所使用。陶器用手工制作,

---

① [日]池内了主编,日本造事务所编著:《从三十项发明阅读世界史》,张彤、张贵彬译,上海:上海文艺出版社,2018年,第18页。
② 万永勇:《世界重大发明与发现》,北京:光明日报出版社,2011年,第5页。
③ [德]利普斯:《事物的起源》,汪宁生译,成都:四川民族出版社,1982年,第127页。

除尼罗河流域外,其他地区的陶工还不知道使用陶轮"①。这说明,早期的非洲陶轮使用仅局限在北非埃及一带,如果说这一带的陶轮技术体系不是独立技术板块,那么,它很有可能跟苏美尔人陶轮体系有某种关联。从地缘上看,北非埃及毗邻地中海和红海,它与西亚毗邻波斯湾的苏美尔人距离很近,它们之间存在区域性的技术交流与互鉴是有可能的。

乔利昂·戈达德在《科学与发明简史:一幅清晰的事件年表》中记载:"大约公元前3500年的证据显示,陶工借助于转台来制造外形流畅、均匀的陶罐。这些早期陶工使用的轮子被埃及人进一步发展制成了飞轮,使那些诸如踏板产生的摆动力转变成顺畅持续的运动。对人类产生的作用飞轮与车轮一样重大。埃及人还创造出其他变异形式的轮子。在公元前第四和第三世纪的时候就出现了凸轮、齿轮和滑轮。"可见,在非洲的埃及人发挥了陶轮技术粒子的延伸性,制造出了持续运动的飞轮,还有凸轮、齿轮和滑轮等。另外,在非洲的陶轮作坊研究中发现,"凡用手工制陶器的地方通常都是妇女为陶器匠,只有用陶轮的地方是男人"②。这说明,早期非洲的陶工制作分工较细,特别是男女分工劳动是存在的。男性陶工使用陶轮可能跟陶轮生产需要重力或宗教有关,这种性别技术在西亚苏美尔人陶工作坊也能见到,或暗示西欧、非洲等地的陶轮技术或得益于苏美尔人的陶轮技术的区域板块化传播。

美洲轮子技术

考古发现,"南美皮马人的双耳瓦罐目前所知最精美的陶器产自摩洛哥的图拉卡,其制作使用了一种陶轮,这种陶轮与在突尼斯的杰尔巴岛地区发

---

① [巴基]A.H.达尼主编:《人类文明史2:公元前3千纪至公元前7世纪》,中文版编译委员会译,南京:译林出版社,2014年,第294页。
② 林惠祥:《文化人类学》,北京:商务印书馆,2017年,第242页。

现的一模一样，是目前所知人类最古老的器具之一"①。由此看来，南美（皮马人）、摩洛哥（非洲西北部）与突尼斯（非洲大陆最北端）三者之间可能存在某种互动与互鉴关系。就摩洛哥和突尼斯而言，它们之间的交往与流动是正常的。或者说，摩洛哥的图拉卡人使用的陶轮与突尼斯的杰尔巴岛人使用的陶轮存在区域板块流动是可能的，但是北非人和南美人使用的陶轮在形制上尽管惊人地一致，但他们之间是否存在直接交往或文明互鉴是很难确定的。

那么，美洲人是不是没有制作轮子的智慧呢？如果有制作轮子的智慧，那么为什么没有出现美洲轮子呢？有考古显示，"在北美洲，土著艺术家们继续用传统的材料制作工艺品……最初人们生产的陶器多为日用品。西南部的陶工不使用陶轮，而是用盘形模具造型，然后打磨和烧制"②。这说明北美陶工使用的"盘形模具"或"手动陶轮"（由阿登纳人使用）③尽管不是真正的陶轮，但也是圆形技术粒子。另外，生活在美洲的土著居民（如玛雅人）也是会制作玩具轮子的。"他们制作了有轮的玩具，但是没有将这种观念转化为供成人使用的有轮交通工具。当然，如果没有大型的驯化动物牵引的话，有轮的大车也不会得到广泛使用。如果有流动的河流，轮子就可以用作陶轮或水轮来转动磨石。没有证据表明玛雅人将轮子用在玩具之外的事务上。"④美洲人没有将轮子推广到玩具之外的事务，或许跟没有可提供大牵引力的驯化动物有关，但可能跟有无对水力资源的利用无关。因为，"约公元400至600年，秘鲁北部出现了莫奇卡（Moc-hica）文化，其居民住在邻近的河谷绿洲中肥沃的河谷地确保了作物的丰收，玉米一年收获两季。……当时居民还开凿98米宽的人工河和水渠。不过当时还没有使用陶轮，莫奇卡的陶

---

① ［巴基］A.H.达尼主编：《人类文明史2：公元前3千纪至公元前7世纪》，中文版编译委员会译，南京：译林出版社，2014年，第114页。
② ［美］克莱纳：《加德纳世界艺术史》，诸迪等译，北京：中国青年出版社，2007年，第953页。
③ 美国时代生活编辑部：《全球通史4》，杨军等译，长春：吉林文史出版社，2010年，第335页。
④ ［美］大卫·克里斯蒂安等：《大历史：虚无与万物之间》，刘耀辉译，北京联合出版公司，2016年，第283页。

器绘有大量的印第安人生活和工作的场景"①。生活在河谷边的莫奇卡人也没有使用陶轮,这说明陶轮的发明与使用河谷水力关系不大。

这里需要指出的是,没有轮子技术的美洲人并不代表就没有辉煌的文明。玛雅人创造的彩陶艺术可以与古希腊人或苏美尔人的陶器艺术相媲美。这就是说,陶器艺术美与陶轮技术没有直接关系,玛雅人使用的盘筑法或盘绕法同样具有艺术的魅力。

轮子技术的文明意义

从全球技术分异情况看,目前还很难断定全球轮子技术完全是围绕某一特定区域的技术粒子而相互传播与互鉴的,但各自国家轮子技术所在区域板块中流动与互鉴是可能的。或者说,近距离的板块式的技术交流与互鉴是可信的。至于丝绸之路式的长距离直接交往与互鉴,或只能是一种学术想象。不过,我们可以确定的事实是——全球轮子技术的哲学意义是相通的,至少表现为在工匠传统、媒介集中制、时空延伸和交往道德等层面具有人类共识性与普遍性的技术共同体意义或文明意义。

工匠传统的技术意义

轮子技术的一般表征框架在于提高劳动效率、缩短劳动时间和改变劳动工艺。从意义的本质来源来说,轮子技术是人类对"圆曲成物而增效"的一种经验性、工具性和实践性的认知。苏美尔人、中国人及欧洲人等对圆轮的认知与使用较之其他文明国家,具有显而易见的先验性和经验性,在劳动实践中发挥了对圆形的最大使用空间和审美价值。

---

① [俄] V. 维克多·瑞布里克:《世界古代文明史》,师学良等译,上海:上海人民出版社,2010年,第21页。

就技术主体而言，轮子技术的发现与发明大部分要先归功于"轮人"——设计和加工轮子的工匠。在《考工记》中，工匠的创造与发展被提升为"圣创"。在法国，诗人苏利·普吕多姆（1839—1907）盛赞车轮工匠，他在《孤独与沉思》中赞曰："半人半神的圣者，是你发明了车轮，你率先将刚柔并济的槭树折弯，将一颗星辰放入这美妙的圆环，你创造了这古老的杰作，沿用至今！"[①]可见，中外知识文明体系中工匠的地位曾经是很高尚的。如中国古代"桡曲为轮"的奚仲、发明水轮的罗马人维特鲁乌斯都是杰出的圣者。工匠在轮子技术的意义场域中发挥了主体性建构作用，他们从生活实际出发，从生活需要出发，为了解决粮食存储而必须要烧造陶器，进而在劳动实践中逐渐发明轮子，以至于陶轮技术粒子在诸多领域形成车轮技术模块、纱轮技术模块、水轮技术模块、纺轮技术模块等，而技术模块之间又相互发生技术迁移与资源组合，最后形成力量庞大的轮子技术谱系。换言之，工匠及其劳动是轮子技术的原创者和主体行为。

毋庸置疑的是，轮子技术共同体意义的基本指向是工匠的劳动生活的实践意义、工匠与自然的能动意义和社会存在发展的力量意义。或者说，没有工匠的劳动是无法产生轮子技术的，没有工匠对自然圆形的能动认知也是无法将自然圆形现象迁移到圆形轮子设计之中的。轮子技术共同体意义最为根本的就在于轮子技术是社会存在发展的必要条件，它为谷物加工、货物运载、水能利用、纺纱织布、机械运动等提供技术支撑。实际上，工匠传统的技术共同体对于社会而言，它具有显而易见的原创性与主体性的哲学或社会特征。

轮子作为集中的媒介

在媒介层面，轮子首先造就了四通八达的公路，如此一来便于社会的集中，包括资源的集中、人口的集中、财富的集中以及制度的集中。或者

[①] ［法］普吕多姆：《孤独与沉思》，徐春英译，北京：北京理工大学出版社，2015年，第53页。

说，轮子已然成为社会集中的媒介。马歇尔·麦克卢汉在《理解媒介：论人的延伸》中这样论述："轮子造就了道路，并且使农产品从田地里运往居民区的速度加快。加速发展造成了越来越大的中心，越来越细的专业分化，越来越强烈的刺激、聚合和进攻性。所以装有轮子的运输工具一问世就立即被用作战车（见图6-4），正如轮子造成的都市中心一兴起就被用作带有进攻性的堡垒一样。人们用轮子的加速运动来组合并巩固专业技术。除此之外，无须借助更进一步的动机，就可以解释人日益增长的创造性和破坏性了。"可见，轮子技术加速了社会集中，这不仅仅表现在人们从农田到城市的速度加快，还表现在轮子技术所带来的如战争之类的攻击性危险的聚合，即技术媒介硬币的双面性。在中国，夏朝车轮技术的普遍推广与使用，不仅加速了商周都市聚集的进程，还带来了战国七雄的战争高潮，也就加速了中国统一的步伐。进一步地说，奚仲发明的轮子使得"夏路"诞生，夏路在农业、商业、交往、战争、对话上所发挥的创造性意义或破坏性意义也都是明显的。农民运输谷物的通道被打通了，中原农业经济很快得到发展，并进一步加速中原手工业和商业的发展，但随之而来的对话与战争也在轮子和公路上变得频繁而激烈。然而，大禹正是借助奚仲的轮子加速兼并各方，统一了分裂的

图6-4　史前战车模型

华夏。这就是马歇尔·麦克卢汉所说的轮子是形成集中制的媒介。在马歇尔·麦克卢汉看来："集中制，加上轮子和书面词语的力量，延伸到帝国边缘，直接产生显而易见的力量，包括外在的和内在的力量。"[1]或者说，轮子技术所发挥的集中制力量并非完全是由自身实现的，它需要外在的社会诸多因素的推动，社会财富聚集的多少也不在于轮子技术被使用的时间先后性。

轮子促使时空延伸

在时空层面，轮子大大解放了人的体力劳动，不仅节约了劳动时间，还为跨越距离提供了技术粒子。换言之，轮子技术意义在于"轮子上的东西"（物质、技术的组合）及其连带的时间力量（速度）以及对空间的征服（距离）。

时空的延伸是轮子技术的最大意义。陶轮技术创造了生活陶器，纱轮技术可以用来纺纱和生产衣服，水轮能产生动力或电力，火车轮促进了人员流动、经济流动和技术流动等。有了轮子之后，人们在延伸身体的长度和增加身体的力量上明显得到充分改善，对时间长度和速度的控制变得可控与有效。因此，人类发明轮子既是发明了新的时间长度和速度，又是发明了新的空间距离与过程。实际上，一切科学皆是人的科学，所有技术都是人类肌体的延伸。正如马歇尔·麦克卢汉认为的那样："一切工具和机器的主要特点是节省人体动姿，这是身体所受压力的直接表现。身体压力迫使人将肢体外化或延伸，无论言语或轮子都是人的外化或延伸。"[2]换言之，在本质上，人的双脚和双手同车轮与水轮具有相同的功能意义，车轮只不过加速了双脚的行走速度，水轮不过是增加了双手的推动力。也就是说，轮子技术是人类身体的功能延伸或意义外化。

---

[1] ［加］马歇尔·麦克卢汉：《理解媒介：论人的延伸》，何道宽译，南京：译林出版社，2011年，第214页。

[2] ［加］马歇尔·麦克卢汉：《理解媒介：论人的延伸》，何道宽译，南京：译林出版社，2011年，第210页。

但是，毋庸置疑的是，"每一种技术在造就它的人的身上，都造成新的紧张和新的需要；新的需要及其新的技术回应，是由于我们拥抱现存的技术而诞生的——这是一个生生不息的过程"①。更进一步说，技术本身表现出来的"新的紧张和新的需要"是具有时空延伸性的，并非受到地域空间的限制。苏美尔陶工与中国纺纱工以及美国的莱特兄弟，在轮子技术性上是有亲缘关系的，尽管他们生活在不同的国度和时代。因为陶工转轮与纱轮技术和飞机技术一样，都是运动过程加速的工具，只不过在不同工具上表现出来的速度有快有慢而已。或者说，工匠技术与科学是没有国界的，尽管工匠与科学家有国界。

对人类而言，时空延伸的意义不仅在于时空本身的意义，更在于时空的技术互动及其延伸的文明意义。马歇尔·麦克卢汉在《理解媒介：论人的延伸》中指出："轮子串联在一起，先后产生了老式的脚蹬自行车和新式的脚踏车。轮子和线性运动的视觉原理相结合所产生的加速作用使轮子达到了新的强度。自行车将轮子提升到空气动力学平衡的高度，这对于飞机的产生并不是间接相关的。发明飞机的赖特兄弟是自行车修理工。早期的飞机有点像自行车，这一点并非偶然，技术转换具有有机体进化的性质，这是因为一切技术都是人体的延伸。"很显然，在某种程度上，苏美尔陶轮、埃及飞轮与中国纱轮是具有承接性关联关系的。正如马歇尔·麦克卢汉所言，它们之间并不是间接相关的。当苏美尔人的陶轮、古罗马的水轮和中国人的车轮在日常生活中被使用时，陶轮、水轮和车轮之外的诸多文明随之诞生。诸如农业文明、经济文明、工业文明、军事文明、工匠文明等在被轮子创造或节省的时间中形成了。人类学会与使用陶轮技术，这是发达文明特有的文化表征。"陶轮的发明和所有轮子的发明一样，具有革命性，所利用的机械原理在自然界中是没有先例的，它的发现是人类想象力的胜利，而不是模仿从自然界

---

① ［加］马歇尔·麦克卢汉：《理解媒介：论人的延伸》，何道宽译，南京：译林出版社，2011年，第211页。

中观察到的现象。"①这种想象力为时空的哲学意义生成提供了动力,为文明社会发展提供了革命性技术支撑。

轮子加速交往与道德形成

当因使用轮子而节省下来的时间发挥作用时,"交往"可能是轮子在延伸身体之外的最大价值功能。对古人而言,交往需要两个必要的条件:时间和距离。很显然,人际交往对于整天忙于劳动的苏美尔人和中国的夏朝人来说是奢谈的,只有足够的空余时间才能发生人际交往的可能。同时,没有车辆或马匹为行走带来便捷,很难让苏美尔人同印度人、西亚人和中亚人以及中国人,中国人和日本人之间发生直接交往。换言之,全球轮子技术为全球人际交往、经济交往、政治交往和文明交往提供必要条件。

除了轮子技术能提供交往的哲学意义之外,它还能生成一种道德寓意。爱默生说:"圆是一种最高形式的象征。把圆形作为对上帝本质的表达,它有着无所不在的圆心,可是其圆周却无处寻觅。我们用一生的时间来钻研这个最原始的图形有什么丰富内涵。在讨论人类每一个行为的循环和性质时,我们从中探寻出了一种道德寓意。我们要研究的另一个类比是:没有什么行为不可被超越。"②实际上,这种有关圆的周而复始以及超越的道德寓意在中国哲学中表现得更为明显。中国先秦哲学家老子对"圆的哲学"就情有独钟,他也认为"曲成全",还认为"有物混成……周行不殆"③。老子之"道"或为"周圆之道"。如果老子的周圆之道是哲学之思,那么,墨子在《墨子·法仪》中所云"百工为方以矩,为圆以规"④,则显示出他对"圆方

---

① [德]利普斯:《事物的起源》,汪宁生译,成都:四川民族出版社,1982年,第127页。
② [美]爱默生:《爱默生随笔》,蔡红昌等编译,北京:煤炭工业出版社,2017年,第1页。
③ 徐兴东、周长秋:《道德经释义》,济南:齐鲁书社,1991年,第58页。
④ 苏凤捷、程梅花注说:《墨子》,开封:河南大学出版社,2008年,第97页。

之道"的理解已是一种实用主义技术哲学思想或伦理技术哲学思想。于是，对中国道德哲学而言，"生命之轮"（命论）、"心性之轮"（心轮）、"生死之轮"（轮回）等富有教育意义的"轮学"诞生了。

简而言之，对全球轮子技术共同体意义的追问旨在从理论上解释轮子技术文明的深层次价值，尤其是对轮子技术的道德寓意、伦理哲学和时空逻辑的阐证，这对于全球技术文明的发展具有教育和启迪意义。

延伸

全球轮子技术的空间分异及其意义的展现揭示出以下几点规律性认识：

第一，丝路技术远距离直接交流、交往与互鉴或是一种学术想象。在人类早期，不同文明可能各自都发明了属于自己民族的轮子，但任何文明的轮子发展的起初意义是一样的，并不存在某一文明技术是全球文明国家的技术示范。因此，追问不同文明所创造的轮子的先后顺序，或纠缠于凸显自己文明的轮子技术，是毫无意义的学术探讨。苏美尔人的陶轮有苏美尔人的价值，欧洲人或非洲人可能从中汲取有价值的技术粒子，进而发明新的轮子，但这不是绝对的。同样，非洲人的飞轮和中国人的车轮或纱轮在全球的流动中的互鉴绝对存在可能性。但不可否认的是，丝路为全球技术流动、交往和互鉴确实提供了平台与契机，但这种流动、交往和互鉴可能是在区域或板块间进行的。譬如中国技术与中亚技术、中亚技术与西亚技术、西亚技术和欧洲技术等各自板块化交流、交往和互鉴或许是丝路常见的技术流通方式，至于中国技术直接与欧洲技术的交流、交往与互鉴或是间接地展开。

第二，技术是人的本质外化及人类社会或生活关系存在与发展的根本力量。轮子作为媒介，其技术就是人的身体的延伸，进而弥补身体的缺陷和发挥人对自然的能动性；作为时空的符号，轮子技术就是对时间长度的改变，对空间量度的延展，进而创造更多的时间文明；关于道德寓意，轮子技术具

有显而易见的伦理意义和教育意义，对伦理哲学和技术哲学以及道德思想产生深远的影响；作为生活关系的力量，轮子技术增进了人际交往、经济交往和政治交往，改变了人类社会在日常生活、农业生产、工业生产、军事斗争以及城市聚集等诸多方面的存在形式与结构。

第三，技术文明绝不是孤立的，它是在运动中不断发展、改变和转化的。作为技术粒子的存在，苏美尔人的陶轮最终引发他们对车轮的发明，进而在西亚区域范围内做板块式的交流与改进，逐渐向四周扩张与延伸，继而引发欧洲轮子技术的发展与革新。同样，中国轮子在板块上的运动也影响了东亚其他国家、东南亚、南亚以及欧洲的技术革新。换言之，全球技术文明是流动的、互鉴的与发展的，绝非孤立的存在，它在运动中不断走向新的空间、新的领域和新的使用。因此，任何试图用文明中心论或自我文明优越论来分析技术文明的想法是偏狭的、错误的，也是没有前途的技术文明史书写。

总而言之，古代轮子技术粒子的流动既是区域的流动，也是全球的流动。或者说，轮子技术传播与互动是区域的，也是全球的。本章研究结果启示我们要澄清三个学术立场：一是轮子的技术粒子或技术观念是属于全人类的，早期人类都有轮子思想与观念。传统观点认为苏美尔人是最先发明陶轮与车轮的，但随着中国跨湖桥遗址的陶轮以及河南淮阳发现的车痕出土，这确定无疑是一种偏见。实际上，也不能否定美洲玛雅人会使用轮子技术，玛雅人早期使用的玩具轮同样可以证明其具有轮子技术思维。中国跨湖桥遗址出土的陶轮技术粒子在世界上的领先性或许是暂时的，随着全球考古新的发现，也许会有更多轮子遗迹的出现及技术粒子的使用。二是全球技术交往是区域化展开的，呈现断点式向四周传播。传统研究认为的丝路技术的长距离传播、交往与互鉴，可能性是很小的，即丝路技术传播是断点式不持续展开的。譬如西亚的轮子技术或只能在与西亚毗邻的欧洲和非洲部分地区展开，至于西亚的轮子技术或非洲的轮子技术同美洲的轮子技术直接交往可能性不大。三是技术文明中心论是一种偏见，没有绝对的文明中心。技术文明总是在运动中展开，在流动与交往中发展。欧洲文明中心论的偏见是明显的，那些民族文明优越论的观点同样是荒谬的。因此，那些基于骄傲、赞扬和中心的技术全球史书写是要不得的。

轮子的现象与哲学

轮子，是人类创造出来的用以"嘲笑自己"的圆形符号，至少嘲笑了人类的手对物的造型能力，以及人脚的空间跨域能力是微不足道的。轮子是人类对时间形状和空间距离的想象与征服，它想象出时间的运动，它想象出空间的轮回。轮子嘲笑了宇宙，全球交往在轮子技术的推动下变得愈发便捷与真实。

轮子是最具有哲学意味的。它无始无终，永远向前。轮子也是最具伦理和道德意味的。它规矩天下，圆满人生。"生命之轮"（命论）、"心性之轮"（心轮）、"生死之轮"（轮回）等富有审美与教育意义的"圆轮之学"是人类最为重要的学问。轮子的哲学意味还表现在时空维度上，轮子让时间飞奔，让空间渺小。轮子是人类想象力最具哲学化的表征。轮子让时空文明加速，让生命在重复中变得有意义。

轮子，是圆的哲学家与艺术家。生活的智慧全在于轮子的智慧，轮子技术在生活哲学中发挥的威力可能要大于在技术领域的威力。

第七章
马镫：改变战争的胜算

在技术全球史视野下，古印度骑士阶层与种姓制度为马镫技术萌芽提供社会土壤。伴随印度佛教文化的中国传播以及战争的需要，中国草原部落逐渐接受、使用与创新印度马镫技术，使其在魏晋时期走向定型。随后柔然人、鲜卑人、匈奴人以及阿拉伯人在与欧洲的交往中将中国马镫技术传播至欧洲，促使欧洲的战车被骑兵取代，改变了欧洲战争兵种及其战争格局，催生了欧洲骑士阶层的出现以及封建主义制度的诞生，也深刻影响了欧洲的军事制度和农业制度及其他文明制度。阐证马镫技术的全球传播及其意义有利于客观重现中华技术文明在全球文明体系中的身份与价值，回击技术决定论以及欧洲文明中心论的偏见。

第七章 马镫：改变战争的胜算

对中国技术发明而言，没有什么比小小的马镫技术更能引起欧洲人的普遍关注了。因为，中国马镫技术不仅催生了封建制度及骑士文明，还改变了欧洲的军事格局及其战争生态。如此微不足道的马镫技术却引发了如此重大的社会变革，以至于引发诸多学者对中国马镫技术产生了浓厚的研究兴趣。就目前国内外研究现状而言，有关马镫的起源时间及其演变[①]、战争价值[②]等描述性研究较多，但较少学者关注马镫技术的全球文明意义及其批判。同时，马镫技术或已成为中国文明至上者的学术证据，也成为"技术决定论"者（林恩·怀特）或"文明滴定论"者（李约瑟）的佐证材料（"马镫技术观点"）。那么，如何看待中国马镫技术的全球传播及其文明意义？这不仅是一个中华工匠技术史的学术问题（学术史问题），还是一个全球技术史的书写难题（方法论问题）。接下来的讨论，拟以技术全球史的视角，以全球动态的马镫技术为研究对象，较为详细地考察马镫技术的萌芽、定型与西传的全球传播历史，进而勾勒出马镫技术在全球传播体系中所发挥的文明价值，并对此展开技术意义的哲学批判。明鉴马镫技术的全球传播及其文明意义，有益于回击技术决定论及文明中心论偏见，有利于建构科学的全球技术史观，增益于重现中华技术文明在全球文明体系中的卓越建树与独特价值。

---

① 譬如骆晓平：《再谈我国马镫的产生时代》，《云南师范大学学报（哲学社会科学版）》，2015年第4期；张海滨：《关于中国马镫的思考》，《宁夏大学学报（哲学社会科学版）》，1999年第2期；陈巍：《马镫起源与传播新探》，《自然科学史研究》，2017年第3期。

② 譬如倪世光：《马镫与西欧中世纪的军事变革》，《军事历史》，1998年第4期；李硕、林鹄：《马镫、中古骑兵战术转型与游牧族的中原化》，《学术月刊》，2014年第7期。

马镫技术的萌芽、定型与西传

约翰·基根在《战争史》中表达了谨慎的观点:"马镫可能起源于印度,但在5世纪里被中国人而后被大草原各族采纳,其用途由此迅速传至欧洲。"①对马镫技术史研究而言,约翰·基根的观点是比较接近事实的,即马镫技术萌芽于印度、定型于中国以及随后传播至欧洲。那么,马镫技术的全球传播路线与发展逻辑或技术全球史的发展进程及其原因又是什么呢?

萌芽于印度

根据目前考古,世界上最早的马镫技术雏形证据发现于印度。R. 艾瓦特·沃克绍特在《武器考古学》中就列举了公元前4世纪有关马镫的东方文献和图片资料,印度佛塔雕刻也有公元前2世纪的马镫,②这些印度的文献、图片与实物证明印度人在公元前4世纪—前2世纪就发明与使用了马镫技术。

迈克尔·伍兹和玛丽·B. 伍兹根据印度浮雕中的马镫图像也认为:"有证据表明古印度骑士在公元前300年到公元前200年间发明了公认最早形式的马镫。"③这里有一个很重要的关于马镫的文化信息:古印度骑士。在印度文明中,古印度骑士是宇宙秩序的守护神(毗湿奴),有守护本族群的责任与义务。这就是说,古印度骑士们最初发明马镫的用意可能是骑马战争,即骑兵们使用的登马工具。具体地说,马镫为骑士们提供了上马的支点(确保能上高马)、骑马的平衡点(不至于摔下来)和骑射的稳固点(保障有效射击)。因此,对古印度骑士而言,"马镫将马匹变成了比过去更加有效的战争机器。马鞍增加了骑士身体前后的平衡,而马镫则增加了身体左右两侧的

---

① [英]约翰·基根:《战争史》,林华译,北京:商务印书馆,2010年,第376页。
② [美]威廉·韦尔:《你不可不知道的50种改变战争的武器》,李伟涛译,北京:中国旅游出版社,2007年,第38页。
③ [美]迈克尔·伍兹、玛丽·B. 伍兹:《古代运输技术:从船桨到大象》,蔡林翰译,上海:上海科学技术文献出版社,2015年,第42页。

平衡。有了马镫和马鞍，马和骑手成了一个稳定的单位组合。骑士借助施加在马镫上的重量可以手持长枪或者长矛，紧紧抵在身上，向敌人冲锋。他也可以将重剑或者战斧举起于头顶之上，随后重重劈下却不会失去平衡"①。很显然，马镫给古印度骑士在战争中带来很大优势，增加了骑士在战争中的稳定性以及骑射的有效性。可见，战争加速了马镫技术革新，马镫是骑士战争的产物。进一步地说，战争或能推进技术进步，技术在战争中发挥作用。

在技术层面，马镫技术几乎是忽略不计的，并没有什么技术含量。就古印度马镫制作材料而言，早期的马镫工艺也十分简易，它就是一种简易的"套在赤裸大脚趾上的绳套"②或皮套。因此，"马镫发明之前的公元前2世纪左右，欧亚草原西部和印度等地出现过一种套在骑者脚趾上的'马脚扣'，但其实用价值却受到争议，不能算是真正的马镫"③。但是，大约到了13世纪，"印度骑士之装饰日增华丽，马缰常用金索，马鞍镶嵌宝石及金银块，左有罗马式之短剑鞘，右有箭囊或袋"④。后期的印度骑士马镫走向装饰之路，这可能与印度骑士在印度社会中的阶层地位相关，是种姓制度的直接产物。换言之，印度的马镫工艺能反映骑士阶层的身份，以至于马镫技术在印度的实用价值进一步降低。

定型于中国

从全球技术史发展来看，技术从来都是流动的，绝非孤立的。古印度的马镫技术很快就传播至中国以及世界其他地方。美国历史学家林恩·汤

---

① [美]迈克尔·伍兹、玛丽·B.伍兹：《古代运输技术：从船桨到大象》，蔡林翰译，上海：上海科学技术文献出版社，2015年，第43页。

② Lynn White, *The Act of Invention: Causes, Contexts, Continuities and Consequences*, Technology and Culture, Vol.3, No.4（Autumn, 1962），p.489.

③ 中国科学院自然科学史研究所：《中国古代重要科技发明创造》，北京：中国科学技术出版社，2016年，第136页。

④ 周纬：《亚洲古兵器图说》，北京：中国画报出版社，2018年，第180页。

森·怀特认为:"由于气候原因,它(马镫)不可能向北传播,但那些与印度接触的赤脚的贵族们都接受了这种绳套马镫,东到菲律宾和帝汶岛,西至埃塞俄比亚。在印度佛教文化波及东亚之际,这种马镫的核心观念也随之传入中国。"① 可见,从载体与路径看,印度马镫技术传入中国可能是通过佛教文化在中国的传播而展开的,或是通过丝绸之路商业贸易的路径实现的。换言之,丝路贸易加速了中印技术交流、交往与互鉴,为全球技术传播发挥了巨大作用。

较之于其他技术发明,中国马镫技术的出现是较晚的。马背上的中国游牧民或许从一开始就认为,马镫是只有怯懦的骑士才会使用的工具,这或许是造成中国马镫较晚出现的重要原因之一。否则,如此简单的马镫,马鞍匠也许不费什么心思就能制造出来。当然,马鞍匠要有足够的制作马镫的皮质和金属材料,尤其是牛皮和铁。可能生活在草原上的游牧民铁质材料及鼓风技术严重匮乏,以至于制作马镫时有材料和技术上的困难。实际上,"真正的游牧民不得不等候马镫的出现,这是战争发展中的一项与复合弓一样意义深远的发明。也许由于专家般的牧人没有马镫也可应付自如,或许由于战车的出现对于弓的使用所遇到的问题提供了部分的解决方案,马镫的发展令人惊异地晚,而它的传播速度也异常地缓慢。对马镫的最早记载在公元前2世纪的印度,只是被当作大脚趾的支撑物。这一观念传到中国后,约公元5世纪一种合适的铁质脚马镫出现了"② 。从公元前2世纪古印度的大脚趾绳套到中国5世纪的铁质马镫,铁为马镫技术定型提供可能的物质条件。春秋战国时期之后,4—5世纪的中国,冶金技术步入了较为稳定的发展时期,魏晋时期,大量铁矿的开采、先进的鼓风技术以及铸造技术粒子,均为当时的马镫制作提供了材料与技术的保障。同时,南北朝对峙及国家战争的需要也进一步促进了马镫技术的引入与改进。可见,一项技术的发现与发明,与主观意愿、社

---

① Lynn White, *The Act of Invention: Causes, Contexts, Continuities and Consequences*, Technology and Culture, Vol.3, No.4(Autumn, 1962), p.489.
② [英]约翰·曼:《成吉思汗》,陈一鸣译,北京:中国青年出版社,2007年,第46页。

会需要以及相关技术链的出现是紧密相联的。

根据考古，青海互助土族自治县东汉墓曾出土一青铜饰牌，其上图案中可见马腹下方有两个方马镫，这无疑说明我国北方游牧民族在1—2世纪左右就学会了使用马镫技术。①在长沙一座年代为302年的古墓中也发现了一尊带马镫的陶骑俑。②在晋朝（约4—5世纪）陵墓石刻上有马镫图像，宁夏固原北魏墓曾出土2件铁制马镫。③另外，朝鲜在5世纪的古墓中也发现了马镫的图像，这可能是由中国传入朝鲜半岛的。从马镫出土资料看，马镫技术的定型期大约在魏晋时期。魏晋时期的重装骑兵受到中原各大王朝的高度重视，这在客观上推动了马镫技术向重骑兵领域的广泛使用，并进一步加快了中国马镫技术向欧洲的传播速度。从史料看，柔然人、鲜卑人和匈奴人对马镫技术定型发挥重大作用。亚洲3世纪左右就已经普及马镫，欧洲人直到6世纪至7世纪才得以推广。"在欧洲发现的最早的马镫实物，出现在匈牙利阿瓦尔人的墓葬中。"④由于阿瓦尔人是来自蒙古高原的柔然人的后代，因此人们推断可能是蒙古的柔然人将马镫传播至欧洲的。在欧洲，人们称马镫为"中国靴子"。实际上，在赵武灵王推行"胡服骑射"之时，还未有马镫出现。最早的马镫实物发现于3世纪中叶到4世纪初的鲜卑人活动区域，北燕墓葬曾出土了一副马镫，是世界上现存年代最早的马镫实物。马镫发明以后，草原骑士的双手被解放出来，双脚被固定起来利于骑马时的稳定。因此，在草原上的匈奴人也开始使用马镫技术，这要比斯克塔伊⑤在俄罗斯南部草原使用过的三角形皮套好得多。

---

① 许新国等：《青海省互助土族自治县东汉墓葬出土文物》，《文物》，1981年第2期，第96页。
② 云南省博物馆、中国古代铜鼓研究会编印：《民族考古译文集》，1985年第1期，第130页。
③ 宁夏固原博物馆编：《固原北魏墓漆棺画》，银川：宁夏人民出版社，1988年版。
④ 杜君立：《历史的细节1：技术、文明与战争》，上海：上海三联书店，2016年，第152页。
⑤ ［韩］金道均：《胜算：改变世界历史的战争》，郑炳男译，北京：现代出版社，2012年，第72页。

尽管马镫的技术含量不高，但是马镫的装饰工艺在不断进化，反映出人们对马镫装饰艺术的追求。就技术性而言，从单镫到双镫，即从单一技术文明向复合技术文明转型。譬如长沙西晋永宁二年（302）墓出土单镫马俑，[①]南京象山王廙（卒于322年）墓出土一双镫陶马俑，[②]西安何家村窖出土有马镫的唐代舞马衔银杯俑（见图7-1）。就工艺性而言，马镫的材料与装饰也是在不断更新和进化的。马镫在中国的进化大致经历了以下几个阶段：

图7-1　西安何家村窖唐代舞马衔银杯俑
中国国家博物馆藏

第一阶段，汉代脚扣式的布或革马镫。在西汉时期，流行脚扣式布马镫。就全球马镫技术使用情况看，在铁质马镫出现以前，布制或革制脚扣曾被斯基泰人（伊朗种人）、来帕提亚（安息）人、法国人、印度人等使用。按理说，汉代大力推崇养马，水排鼓风技术发达，冶金技术也很先进，这些要素应该能为汉代的马镫技术发展提供重要材料与技术，但汉代的马镫技术没有得到很好的发展，这可能跟中原文明制度有关。

[①] 高至喜：《长沙两晋南朝隋墓发掘报告》，《考古学报》，1959年第3期，第85页。
[②] 中国科学院自然科学史研究所：《中国古代重要科技发明创造》，北京：中国科学技术出版社，2016年，第136页。

第二阶段，魏晋至隋唐时期的金属皮包裹木芯和金属马镫。4世纪后，在中国草原部落开始出现金属皮包裹木芯或金属制作的马镫，还有铁质马镫。譬如在辽西的三燕时期（336—436）墓地出土的马镫多为木芯镫，改变了原先用木芯外包铜皮或漆皮的制作方法与材料。到了隋唐时期，"马镫已普遍改用铁铸，可以大量生产，并且经久耐用了"[①]。新疆阿勒泰地区曾出土7—8世纪突厥人的青铜制马镫。[②]魏晋时期的马镫技术与工艺基本定型，这与混乱的魏晋南北战争形势需要有密切关系。

第三阶段，宋元时期髹饰或镶嵌马镫。宋元时期，中国马镫的工艺大于技术，进入装饰艺术时期。譬如此时的"哈萨克族金银匠常常将金、银、铜和宝石、玛瑙装嵌在马鞍、马衔、马镫带上"[③]；陶宗仪（1329—约1412）也引《因话录》曰："髹器称西皮者，世人误以为犀角之犀，非也。乃西方马鞯，自黑而丹，自丹而黄，时复改易，五色相叠，马镫磨擦有凹处，粲然成文，遂以髹器仿为之。"[④]可见，犀皮之髹器是模仿马鞯或马镫五色相叠之所为。斯坦因所发现的漆髹的犀皮鱼鳞甲片，或为犀皮漆工艺。

简言之，中国草原部落对印度传来的马镫技术逐渐从接受到改进，并在工艺上逐渐突破与创新，进而形成了具有中国工艺特色的马镫工具。马镫技术在中国的传播与接受经历了漫长的时期，最终在魏晋战争的迫切需要下走向技术与工艺的定型。

西传至欧洲

同印度马镫传入中国一样，马镫技术传入欧洲也经历了漫长的时间以及

---

① 沈福伟：《中国与欧洲文明》，太原：山西教育出版社，2018年，第117页。
② 范学新：《丝路哈萨克族民间文学研究》，广州：广东高等教育出版社，2014年，第130页。
③ 蓝琪：《中亚史（第5卷）》，北京：商务印书馆，2018年，第103页。
④ ［元］陶宗仪：《南村辍耕录》，武克忠、尹贵友校点，济南：齐鲁书社，2007年，第149页。

复杂的过程。迈克尔·伍兹和玛丽·B.伍兹认为："从丝绸之路通商的商人将马镫这一技术从印度带到了中国，最终又从印度传播到了欧洲。"①实际上，马镫技术传入欧洲可能至少有以下两种路径：第一种是从印度传入菲律宾和帝汶岛，再向西亚与欧洲传播，西至非洲的埃塞俄比亚。第二种是由中国经中亚、土耳其，传至古罗马帝国，再传至欧洲。匈牙利是欧洲比较早接受中国马镫的国家。J. M. 罗伯茨在《我们世界的历史2：文明的分化》中记载："在蒙古，逐渐继承了匈奴地位的是一个名叫柔然（Juan Juan）的部落。6世纪，往西远至匈牙利一带都有其幸存者，被当地人叫作阿瓦尔人。值得一提的是，他们引入了马镫这种曾给匈奴带来重大优势的器械令欧洲的骑兵战发生了革命。但阿瓦尔人的足迹仅限于欧洲，因为在公元550年左右，他们被一支原本是他们奴隶的铁匠氏族赶出了蒙古，这就是突厥。"②可见，匈奴的柔然部落较早将中国式的马镫技术传向欧洲，给欧洲的骑兵战争带去了革命性的工具。弗朗斯也认为："4世纪，马镫在大草原上得到发展，突厥人的一支后裔阿瓦尔人6世纪中期时定居在今天的匈牙利之后，马镫也被带入欧洲，到8世纪时得到广泛使用。"③可见匈奴的柔然人的后裔阿瓦尔人可能是将中国马镫技术传播到西方欧洲的掮客。

实际上，远距离的跨域技术传播是非常困难的——柔然人和突厥人可能是一个特例；大多数情况下，技术传播是通过区域断点式传播实现的，即一般情况下是在较近国家或地区的技术板块（或文明圈层）相互影响，然后影响到较远国家或地区的技术板块。譬如印度马镫技术板块影响了中国马镫技术板块，而中国马镫技术板块影响了阿拉伯马镫技术板块，进而阿拉伯马镫技术板块才影响了欧洲马镫技术板块。譬如"在公元前835年，中亚的亚述武

---

① ［美］迈克尔·伍兹、玛丽·B.伍兹：《古代运输技术：从船桨到大象》，蔡林翰译，上海：上海科学技术文献出版社，2015年，第43页。
② ［英］J. M. 罗伯茨：《我们世界的历史2：文明的分化》，陈恒等译，上海：东方出版中心，2018年，第13页。
③ ［美］弗朗斯：《危机四伏的荣耀：全面透析历史上罗马、唐朝、蒙古、美国等大国军事崛起的历程》，李崇华等译，北京：新世界出版社，2015年，第97页。

士就已经有了马镫,然而西欧出现马镫却是1000多年以后的事情。欧洲一些历史学家认为,古代亚述人之所以成功入侵欧洲,就是因为马镫"①。在古代亚述人入侵欧洲的时候,他们就带去了可能来自中国的马镫技术。再譬如842年,"欧洲人从西班牙阿拉伯人那里学会使用马镫:重装骑兵(骑士)兴起"②。很显然,欧洲马镫技术主要来源于中亚和西亚,直接来源于中国的马镫技术是很少见的。从某种程度上说,长距离的丝绸之路或是一种理想的学术想象,有"丝"无"路"的事实无法让古代跨越空间变得像如今的交通这般便利。因此,传播至欧洲的马镫技术主要是通过中亚和西亚的中转站而实现的。

西传至欧洲的马镫也如同从印度传入中国的马镫一样,经历了工艺进化的历史进程。亚历山大帝国时期(前336—前323)的马鞍、马镫都是黄金制成的。阿卜杜勒·侯赛因·扎林库伯研究表明:"献媚的人们向亚历山大描述赫拉克勒斯征印度的神话,促使亚历山大不要落后于这位神的世界中的兄弟。其实,还是神话中描述的印度的黄金珠宝才刺激这位众神之子和他的将军与谄媚者向印度进军。他的军队这一时期掠夺了巨额财富,连他们的马鞍马镫都是黄金制成的。"③这段描述见证亚历山大时期的马镫技术或直接来源于与印度的战争,也让人看到了亚历山大军队马镫的奢华装饰。另外,在第一次世界大战中,英军骑兵"缰绳由皮革制成(配有黄铜配件和带扣),马镫则由镍或钢制作"④。可见,黄金马镫、银质马镫、镍质马镫、钢质马镫在欧洲出现了。

简言之,马镫的进化多是在形式上的进化,其技术进化几乎是没有的。

---

① 杜君立:《历史的细节1:技术、文明与战争》,上海:上海三联书店,2016年,第152页。
② [约旦]阿勒-巴希特等:《人类文明史4:7世纪至16世纪》,阮岳湘等译,南京:译林出版社,2015年,第600页。
③ [伊朗]阿卜杜勒·侯赛因·扎林库伯:《波斯帝国史》,张鸿年译,北京:昆仑出版社,2014年,第230页。
④ [英]乔纳森·诺思:《第一次世界大战军服、徽标、武器图解百科》,刘萌译,长春:吉林文史出版社,2019年,第59页。

这正如卡尔·米切姆的研究成果："在技术物体中，还有一种称为物质的特征，这与目前提到的形式的特征是相对立的。以马镫（骑马工具的一部分）这一历史研究中有名的物体研究为例，马镫在保持基本的形式（或技术、功能）特征时，可以有各种风格上的变化。例如，比较一下以下的异同：14世纪阿拉伯的那种大块的、钟形的木制马镫；西班牙牧民用的装饰繁琐的金属马镫；更为繁琐装饰的西班牙马镫——荷兰鞋和尖头靴子设计；英式的只具有功能的薄金属马镫。"①毋庸置疑的是，尽管马镫技术几乎没有什么进化，而工艺却在不断地进化与发展。

马镫技术与全球文明

马镫技术被引入的直接后果就是战车被骑兵取代，进而改变了战争的用兵兵种及其战争状态，尤其是使战争的灵活性、规模化、杀伤力大大增加，还缩短了战争的时间以及改变了战争的格局，进而影响到了战争的胜败，并直接影响了全球文明发展走向。

马镫技术与中国文明

马镫技术的引进与使用是中国游牧部落文明的产物。早期勇敢的游牧民视汉代引进的马镫为男人怯懦的表现，粗犷的草原部落人无法接受它们。但直至魏晋时期，由于战争的需要，中国游牧民才改变不使用马镫的习惯。另外，还有一个重要的原因是中国官僚制度的稳定性限制了马镫技术对其他社会要素的催化作用。李约瑟在《文明的滴定：东西方的科学与社会》中如是指出："一个更难处理的问题是，为什么中国没有发生这种变化？我们再次

---

① ［美］卡尔·米切姆：《通过技术思考：工程与哲学之间的道路》，陈凡等译，沈阳：辽宁人民出版社，2008年，第244页。

面临着中国文明惊人的稳定性。中国的平民气质极深，故不大可能有那种贵族的骑士制度。倘若马镫发明于战国的封建时代，即在官僚制度真正形成以前，情况也许就完全不同。这可能是因为，公元前4世纪就已出现于中国的马弓手传统太强了，以至无法克服。"很显然，李约瑟提出了一个技术文明传播与接受的深层次问题——技术与制度的问题。草原部落的马镫技术之所以没有在魏晋之前广泛传播与中国制度文明有关，跟中国官僚制度下的平民性格或民族性格有关。然而，战争改变了制度，也改变了人们使用马镫技术的顾虑。由于战争的迫切需要，马镫技术很快被蒙古人普遍接受。马镫技术被蒙古人用于骑兵之术，它既有助于蒙古人统一中原，又有助于蒙古人西征，更加速了蒙古人西征的进程。由于蒙古军队普及了马镫技术，以至于中原战车和步兵在蒙古骑兵的攻击中发挥不了多大的作用，这为蒙古统一中原打下了基础。同样，"也许这种传统在军事学上终究比较有优势，因为当蒙古骑兵在13世纪终于与中世纪欧洲穿盔甲的骑士对阵时，欧洲骑士并没有占上风"，当然，"蒙古人从西方撤退是内部政治事件所致，而不是由于西方的抵抗"。①很显然，马镫技术在蒙古人东征西讨的进程中发挥了巨大的辅助作用。直至火药技术被应用于战场之时，蒙古骑兵的优势才被彻底打破。

马镫技术与阿拉伯文明

波斯人从突厥人那里得到马镫技术，很快便传入到阿拉伯世界，但马镫技术在阿拉伯国家没有得到很好的传播与应用。那么，马镫技术为何在阿拉伯国家的征服中没有起到很大作用，却又在欧洲发挥了革命性的军事和政治威力呢？

对骑马而言，马镫技术是决定骑马的方式与状态，甚至决定骑马的行走习惯与风范。在西域或草原，善于骑马的骑士一般不习惯或不愿意用马镫。

---

① ［英］李约瑟：《文明的滴定：东西方的科学与社会》，张卜天译，北京：商务印书馆，2017年，第76页。

据说,"在粟特骑马不用马镫是一种贵族风范,因为中亚更古老的骑士传统就是如此"①。粟特人不接受马镫技术的观点很像早期的匈奴人,以至于他们在拥有马镫技术的部落战争中不占优势。同样,"与他们普遍使用铁质专业马镫的东罗马国对手不同,这个时代阿拉伯骑兵处于镫过渡的时代。皮革马镫是有的,但却常被视为软弱的表现。他们宁可不用马镫来作战,这种情况一直到7世纪至8世纪初征服了呼罗珊地区"②。很显然,阿拉伯文明中的民族性格决定了他们对马镫技术引进的立场。这也说明,技术的引进与使用是一个复杂的过程,它涉及一个国家的文明、风俗习惯、民族个性以及社会制度等诸多要素。

除了阿拉伯人不愿意使用马镫技术之外,还有就是阿拉伯人不擅长骑射,不需要马镫技术。在阿拉伯帝国大扩张时代,重骑兵显然"不同于10世纪之后突厥化的阿拉伯骑兵,这个时代的阿拉伯骑兵不擅长骑射,而擅长近战搏杀。阵前叫阵单挑也是阿拉伯骑兵的传统之一"③。这说明,战争兵种及其作战方式的不同使技术的使用存在很大差别,但蒙古装有马镫的轻骑兵很明显比阿拉伯不擅长骑射的重骑兵占有优势。但明显处于劣势的阿拉伯重骑兵在战败中可能会汲取经验教训,不会对马镫技术无动于衷的。但实际上,制作马镫的金属材料缺乏也可能是阿拉伯帝国扩张中较少使用马镫的原因之一。

另外,阿拉伯穆斯林比较推崇重商主义,对马镫技术不感兴趣,这也可能是马镫在阿拉伯国家没有普遍得到应用的原因之一。阿拉伯穆斯林的经商通道多在海域展开,即便在陆地经商,用马来驮运货物的方式也是少见的。毋庸置疑的是,技术的传播与接受是一个复杂的过程,与接受国或地区的国

---

① [俄]马尔夏克:《突厥人、粟特人与娜娜女神》,毛铭译,桂林:漓江出版社,2016年,第156页。
② 龙语者:《战场决胜者6:重骑兵千年战史》(上),长春:吉林文史出版社,2017年,第167页。
③ 龙语者:《战场决胜者6:重骑兵千年战史》(上),长春:吉林文史出版社,2017年,第167页。

家制度、材料加工、民族性格以及习惯等有很大程度的关联。

马镫技术与欧洲文明

对欧洲文明而言，马镫技术是毁灭和繁荣欧洲制度的经典案例之一。或者说，马镫技术对欧洲制度文明来说具有革新性的教育意义，它在军事、农业、骑士和制度等层面产生了广泛深远的影响与意义。

在军事层面，马镫技术加速了欧洲兵制的骑士化，进而实现了欧洲的重大军事改革。J. M. 罗伯茨如是指出："7世纪或8世纪的某一时刻，马镫得到采用；从那时起，重装骑士可以在大部分战斗中所向披靡，直到能够制约他们的武器出现为止。"[①]换言之，技术革新决定战场格局，马镫技术的采用使得欧洲的兵制开始骑士化，欧洲社会里的骑士阶层出现了。或者说，马镫技术迎来了欧洲的骑士时代。美国学者迈克尔·怀特如是认为："在公元前700至前400年间的中国，已经出现了具有深远军事意义的三项重大发明：马掌铁、马鞍、马镫。这三大发明都能够使马背武士跑得更快和更远。不过，从军事意义上说，最重要的发明当数马镫，因为它可以使骑马人和所骑的马融为一个有机体，使马的优势得以延伸。"[②]这无疑说明马镫技术在欧洲的军事意义是革命性的，这种革命性作用来自马镫技术使得骑士和马融为一体，骑士和马的优势得到联合，并将此优势转换成战争的优势，甚至成为一个阶层的骑士文明优势。

在农业层面，马镫技术依然融入了欧洲农业革命所产生的庄园制度，为欧洲封建制度的诞生打下基础。因为，马镫技术让骑士在社会中脱颖而出。"骑士代替了中世纪早期通常从农民中征招来的士兵，成为骑士，也就是一

---

① ［英］J. M. 罗伯茨：《我们世界的历史2：文明的分化》，陈恒等译，上海：东方出版中心，2018年，第133页。
② ［美］迈克尔·怀特：《战争的果实：军事冲突如何加速科技创新》，卢欣渝译，北京：生活·读书·新知三联书店，2016年，第136页。

名职业军人。用华丽的甲胄装备一名标准的骑士,虽然花费不菲,但全由当地的贵族领主负担。这样一种制度,也产生了真正的封建关系:骑士就是家臣,他要誓死效忠他的上一级封建领主,并为主人去拼杀,以此来换取在主人领地的某个区域以其主人的名义发号施令,征收赋税。这样一种区域性的封建关系,特别适合中世纪欧洲社会的那种分散状况。"[1]这样说来,由马镫技术带来的军事革命也在农业革命中发挥作用,深刻影响了欧洲骑士阶层与封建领主之间的社会关系,并影响封建主的赋税征收。可见,马镫技术改变了欧洲社会制度性质,或成为欧洲封建制度萌生的基石。

在社会身份层面,马和马镫是骑士文明的象征,是骑士时代的身份符号。罗伯特·K.G.坦普尔指出:"正是中国人发明的镫,使西方中世纪的骑士成为可能,并赐予我们一个骑士时代。"[2]马镫是骑士诞生的重要技术性支撑,骑士背后主要是欧洲的封建制度的力量,而骑士们拥有了土地、特权。或者说,马镫成为贵族阶层地位与身份的象征物。在萨曼王朝时代,中国马镫传入波斯,波斯人称中国马镫为"中国鞋"[3]。在10世纪中叶,诗人鲁泰基写道:"我以旧鞋和毛驴而开始自己的生涯。我高升到了过去则必须拥有'中国鞋'(马镫)和阿拉伯马匹者的行列。"[4]很显然,马镫在鲁泰基看来,是一种身份的特权与象征。

在制度建设层面,马镫、火药、水磨、轮子等在欧洲的传播,使欧洲国际及其封建制度发生动荡和变革。譬如彼得·沃森指出:"随后而来的是中国的两项发明。第一项是马镫,它大大增强了欧洲骑士阶层的权力,帮助产生封建制度。第二项是火药,至少在欧洲,它帮助摧毁了封建制度,因为它

---

[1] [美]麦克莱伦第三、多恩:《世界科学技术通史》,王鸣阳译,上海:上海科技教育出版社,2007年,第243页。
[2] [英]罗伯特·K.G.坦普尔:《中国的创造精神:中国的100个世界第一》,陈养正等译,北京:人民教育出版社,2003年,第121页。
[3] [法]阿里·玛扎海里:《丝绸之路:中国-波斯文化交流史》,耿昇译,北京:中国藏学出版社,2014年,第301页。
[4] [法]阿里·玛扎海里:《丝绸之路:中国-波斯文化交流史》,耿昇译,北京:中国藏学出版社,2014年,第302页。

削弱了骑士阶级的权力。"①也正如李约瑟所言:"正如中国的火药在中世纪结束时帮助动摇了欧洲封建制度,中国的马镫则在一开始帮助建立了欧洲封建制度。"②马镫对促进欧洲封建社会诞生与进步的重要性是不言而喻的,并表现在很多制度领域,有军事、经济、宗教、手工业等。譬如伴随欧洲社会结构的变迁和骑士的服役,甲胄匠及其技艺成为欧洲社会重要的需要,以至于工匠行业结构与制度发生深刻变革。

概而言之,马镫技术对于欧洲的文明意义是多方面的,主要表现在制度文明、经济文明、军事文明等领域,特别是在欧洲封建文明的诞生与发展中扮演了重要角色,深远影响了欧洲的军事、农业、骑士阶层和制度的变革。

"马镫技术论"的哲学批判

由于马镫技术在建设欧洲封建制度中发挥了巨大作用,美国历史学家林恩·怀特的"技术决定论"和李约瑟的"文明滴定论"为此提供了技术哲学分析的重要佐证材料,发挥了技术的哲学批判意义。

林恩·怀特的"技术决定论"

美国历史学家林恩·怀特在《中世纪的技术和社会变革》(*Medieval Technology and Social Change*)中阐释了马镫带来中世纪欧洲骑兵战术的革命,进而影响了欧洲封建制度的诞生。他认为:"欧洲中世纪的封建阶级,是以一种特殊方式作战的——马镫使之成为可能的武装的骑者即骑士的身份

---

① [英]彼得·沃森:《思想史:从火到弗洛伊德》(上),胡翠娥译,南京:译林出版社,2018年,第457页。
② [英]李约瑟:《文明的滴定:东西方的科学与社会》,张卜天译,北京:商务印书馆,2017年,第75—76页。

而出现的。"实际上,林恩·怀特的"技术决定论"存在一定的缺陷。欧洲中世纪封建制度的建立是一个复杂的社会学问题,并非完全由特定技术决定。正如前文所论述的那样,中国式的马鞍技术在欧洲发挥了作用,但在阿拉伯社会就没有发挥多大的功能。"技术–制度范式"是一个深刻的学术命题,技术与制度之间不存在直接对等或直线决定关系,其间有诸多影响社会发展的要素,譬如区域环境、经济基础、民族性格和军事制度等。因此,技术只是制度发生变革的外化诱因,制度变革的根本原因还是内在化要素的组合作用。只有制度的外化和内化共同作用才能使技术发挥作用,或决定其走向与发展。

任何放大或轻忽技术的社会作用的做法都是危险的。实际上,技术粒子决定或制约不了社会制度,而社会制度却能在一定程度上催生或制约技术的发展。譬如早期印度骑士制度催生了马镫技术的萌芽,魏晋时期中国南北混战迫使骑兵急需马镫技术装备,而阿拉伯穆斯林的重商主义也制约了马镫技术的发展。这种现象在很多技术领域都有所体现,譬如中国封建制度催生了炼丹技术及火药技术,但火药技术在早期的中国并没有对制度有明显的影响,却在后来的欧洲战争中发挥了巨大作用。

李约瑟的"文明滴定论"

李约瑟在《文明的滴定:东西方的科学与社会》之导言中论及了"社会结构与变迁论",即"文明滴定论"。他首先指出:"除了希腊人的伟大思想和制度,从公元1世纪到15世纪,没有经历过'黑暗时代'的中国人总体上遥遥领先于欧洲。直到文艺复兴晚期发生科学革命,欧洲才迅速领先。但是在那之前,不仅在技术进程方面,而且在社会的结构与变迁方面,西方都受到了源自中国和东亚的发现和发明的影响。除了培根爵士所列举的三项发明(印刷术、火药和磁罗盘),还有其他上百种发明,比如机械钟、铸铁法、马镫、有效挽具、卡丹环(Cardan suspension)、帕斯卡三角形、弓形

拱桥、运河水闸、船尾舵、纵帆航行和定量制图法等，都对社会更不安定的欧洲产生了影响，有时甚至是极为重要的影响。"随后，李约瑟这样阐释："'滴定'是指用已知强度的化合物溶液来测定某溶液中化合物的量，前者将后者完全转变为第三种化合物，转变的终点由颜色变化等方式来确定。这就是所谓的'容量分析'或'滴定分析'，它的发明时间要比我们认为的更晚。1782年，居顿·德莫沃（Guyton de Morveau）最先使用了这一方法，但约翰·道尔顿（John Dalton）将该技巧完全系统化，并且在1819年的一篇论文中对其进行了描述。……可以将各大文明相互'滴定'，查明之后当赞许则赞许，所以我们也必须对各大文明在社会或思想上的种种成分加以分析，以了解为什么一种组合在中世纪遥遥领先，另一种组合却后来居上并产生了现代科学。"①在此，李约瑟用化学学科中的"滴定分析"做比喻，阐释中国技术与欧洲社会制度的变革之间的"溶解分析"或"容量分析"。很显然，李约瑟对包括马镫技术在内的"滴定分析"只是基于欧洲文明而言，但在阿拉伯文明中，它显而易见是无法产生"化学反应"的。因为，阿拉伯文明中缺少接受马镫技术的空气与土壤，譬如民族个性、风俗习惯以及铁矿资源等。因此，全球文明有丰富多彩的生态样式，不是所有文明交融都能用"滴定分析"工具的。

毋庸置疑的是，李约瑟精准地找到了一种文明互鉴与交融的分析工具——"滴定分析"，但实际上，不仅仅是所有文明之间不一定都能用此分析工具，而且即使两个文明（中国文明和欧洲文明）之间也绝非完全适用"滴定分析"，因为能产生滴定的容量是有选择性的，并非没有限制的滴定。换言之，技术对社会结构与变迁的作用是有选择性的，技术与社会之间的"滴定分析"并非适用于所有文明之间的互鉴与交融分析。

---

① ［英］李约瑟：《文明的滴定：东西方的科学与社会》，张卜天译，北京：商务印书馆，2017年，第2页。

延伸

马镫技术萌芽于印度，定型于中国，西传至欧洲，并在欧洲社会发挥巨大作用。马镫是古印度骑士的象征，是中国游牧民战争的产物，是欧洲封建社会骑士的文化符号，它几乎改变了全球早期的军事文明、农业文明和制度文明，给人类文明带来深刻的影响。在分析中，还能得出以下几点初步启示：

第一，技术是影响和催化社会变革的重要因素，但并非决定性因素。决定社会变革与发展的是特定社会的生产关系及其上层建筑，技术对社会制度的影响是有选择性的。譬如马镫技术也只有在欧洲特定的社会体系中才发挥了比在中国和阿拉伯更大的威力。换言之，"技术决定论"或"滴定分析"并非完全适应所有技术文明和社会文明之间的关系分析。

第二，技术参与和帮助社会制度的诞生，但社会制度的诞生不完全是技术引起的。马镫技术帮助欧洲骑士阶层建立了封建制度，但火药技术同样摧毁了欧洲的封建制度。或者说，马镫技术并没有保住和维持欧洲的封建制度。不同的社会制度能接纳相同的技术文化，相同的技术文化在不同的社会制度下有不同的适用性和价值。

第三，技术文化对社会文明的建构具有特定的功能，而且社会文明是在技术互动和互鉴中走向新的阶段。任何反技术论或文明中心论都是毋庸置疑的偏见。换言之，技术对社会的决定论无疑是错误的，也是不合理的。但也不能忽视技术文化对社会制度的催化作用与功能。反技术论也是不合理的，技术对社会文明发展的贡献是显而易见的。

概言之，技术是催生社会变革的重要因素，是"滴定"社会制度诞生的一种力量，对社会文明建构具有特定的价值与功能。就技术与社会之间的关系而言，任何社会的反技术论或技术优越论都是偏见，一些欧洲文明中心论调或盲目的自我文明自信主义更是偏狭的，引导技术与社会之间发生有效的滴定作用才是科学的技术文明发展选择。

马镫的现象与哲学

马镫，是骑马者的专业侍卫。这位侍卫能为骑士们提供上马行走的可靠支点，确保他们能上高马，不至于摔下来，并保障在马上作战的有效射击。因此，马镫是对身体平衡的控制器，是固定脚力的有效工具，为欧洲骑士阶层带来优雅与文明，为全球的勇士开辟勇往直前的道路。

马镫的最大哲学在于它创造了一个骑士时代，催生了欧洲的封建制度。尽管蒙古人和阿拉伯人视它为怯懦的符号，但是在战争的需求之下，马镫技术最终还是经过蒙古人和阿拉伯人传到了欧洲。除了阿拉伯人，蒙古人最终还是选择了马镫技术，并驰骋欧亚战场，所向披靡。在中国火药火器没有抵达欧洲之前，骑士的力量、威严和身份被牢牢地套在这个"三角套"上，它所创造的"马上文明"是辉煌的。

人生、生活和事业都需要一个马镫。寻找马镫技术的日常，就是每一个人的日常；寻找马镫技术的社会日常，就是特定社会运转的日常。

你的马镫、我的马镫和他的马镫，就是构成社会马镫的一个缩影。

第八章
火器：祸起炼丹家的发现

在人类文明史上，火药从早期探索身体药用价值走向了身体意义的逆向发展。火药技术发明为火器发明提供技术准备，从中国早期飞火技术发展到葡萄牙佛郎机炮技术，中国火器技术深刻影响了全球文明的结构与生态。明代中国火器技术开始明显落后于欧洲火器技术，这主要归因于在经学体系下的中国技术发展受到主流儒家哲学的搁置，尤其是缺乏对火器科学理论的系统研究，而欧洲在经验论技术哲学体系下火器技术发展具有明显的持久性理论思考，进而显示出火器技术原理强劲的发展水平。火器技术给全球文明发展带来的意义是多元的，尤其在军事格局的改变、政治文明的建设、宗教文明体系的解构以及近现代科学的发展等方面产生深远影响。阐释火器技术的全球分异及其意义，有利于澄明中华技术文明以及全球技术文明的形成进程及其互动逻辑，认识技术哲学及其批判的重要价值。

海因里希·贝尔格在其《解梦工具书》中这样解释"火药之梦"的梦相:"梦见火药,一方面预示你能战胜对手,另一方面表示变化,暗示工作上可能出现调动,或是要搬家。"①贝尔格大概是理解了火药在"时间战争和空间变化"上的作用而解析梦的愿景。确实,火药不仅压缩或减少了流血战争的时间,还在空间上(如火箭固体推进剂)发挥了巨大的优势。根据马歇尔·麦克卢汉对媒介的理解,作为媒介的火药是人的身体在时间(战胜对手)和空间(表示变化)上的延伸,或弥补了身体在时空上的能力不足。令人惊讶的是,火药(烟火)还能以燃烧或爆炸的方式向人们展示视觉(火焰颜色)、听觉(如雷震之声)和触觉(黑烟灰颗粒)的美学(崇高)感知,进而为人的视听觉提供可感知的媒介对象。遵照马克思对技术的理解,火药技术乃是人(如手、脚、眼、耳朵)的本质力量的外化,这个"本质力量"体现在对双手制造工具和打击(或摧毁)物体的力量上,体现在双脚行走或跨越距离的动力(助推)力量上,体现在视觉、听觉和触觉等的可感知力量上。人们感知或欣赏火药的美学力量所带来的心理、情感与理解的变化是丰富的。诸如烟火、焰苗、战火、火龙(助推喷射火焰)等给人们带来的美学力量是复杂的、多变的和哲学的,并具有很多的象征意味(火药本身就是力量的象征)。换言之,火药给人类的时空文明带来了深刻的变化和影响。

---

① [瑞士]海因里希·贝尔格:《解梦工具书》,马至译,南昌:江西教育出版社,2010年,第979页。

在研究层面，尽管人们从化学①、贸易②、历史③、传播④、技艺⑤等多种视角探讨中国火药火器技术的发展，但较少从技术哲学和全球史的视角研究中国火药火器技术，这不利于澄清全球火药火器技术发展中的互动进程及其历史哲学逻辑，也不利于澄明中国火药火器技术在全球技术文明史中的身份与地位。在接下来的讨论中，拟以技术全球史的视角，较为详细地探讨中国古代火药火器的发展脉络及其全球分异情况，揭示中外火器技术在经学与经验论两种历史面向下的各自发展及其深刻的技术哲学差异，明晰火器技术对全球国家中的政治、军事以及科学等诸多领域的影响，并指出欧洲技术文明中心论及二元论技术哲学思维的偏狭之处，以期显示技术哲学生成的内生与外化的两种路径，或能为技术全球史书写提供新范式。

炼丹、鞭炮与火药：技术及其报复

毋庸置疑，在工匠行当里，火药匠是最具有破坏性和危险性的匠人，欧洲的骑士就被他们炸得粉碎（马克思），动物被炸得魂飞魄散（宋应星），欧洲的坚固城堡不再坚固（维吉尔·M.希利尔）。中国皇帝们（如秦始皇）本来想借助炼丹获得延续生命的丹药，却不曾想在炼丹过程中意外地发明了

---

① 譬如徐守桢：《火药》，北京：商务印书馆，1934年。
② 譬如吕天石：《肥料、火药与中拉新航路开辟：民国时期中国智利硝石贸易探析》，《贵州社会科学》，2020年第9期。
③ 譬如王坚、高策、杨小明：《近现代火药史学的形成与分野》，《自然辩证法研究》，2016年第9期；刘旭：《中国古代火药火器史》，郑州：大象出版社，2004年；钟少异主编：《中国古代火药火器史研究》，北京：中国社会科学出版社，1995年。
④ 譬如冷东：《中国火药和火器在亚洲的传播和演进》，《历史教学》，2005年第9期；朱晶：《古朝鲜引入与改进火药和火器的历史研究》，《东疆学刊》，2008年第1期；冯家升：《火药的发明和西传》，上海：华东人民出版社，1954年；冯震宇：《明末西方传华火器技术研究》，太原：山西经济出版社，2016年。
⑤ 譬如伍广津：《民俗竞技舞炮龙中抛火药技艺缺失的思考》，《广西民族大学学报（哲学社会科学版）》，2015年第6期；刘鸿亮：《第一次鸦片战争时期中英双方火炮发射药的技术研究》，《福建师范大学学报（哲学社会科学版）》，2007年第4期。

火药，以至于不仅不能延年益寿，还无情地摧毁了人的生命。魏伯阳（东汉炼丹家）、葛洪（东晋道士）和孙思邈（唐代名医）等炼丹家是很难料到他们的行为及其技术影响了全人类的文明发展，特别是影响了人类的政治、军事、工程、科学等领域的发展进程与方向，而且这种影响是全球性的。

从技术研究视角看，中国的炼丹家尽管没有得到他们想要的研究结果（长生不老丹药），却意外地发现了制造火药的技术。早在9世纪初（808）的唐代，中国的原始火药已在炼丹药的过程中炼制成功。炼丹家清虚子在其《太上圣祖金丹秘诀》中曾记载了"伏火矾法"，其原料主要是马兜铃、硫黄与硝石，这已经接近后来火药的主要成分。本来炼丹药是为了皇帝的延年益寿，也符合一般老百姓的愿望。因此，炼丹药无论在皇家还是在民间，都是一件人们积极参与的事关人命的大事。

当唐朝人发明火药之后，首先还是为皇帝服务。唐朝的皇帝们喜欢观看用火药制成的鞭炮或烟花。或者说，中国火药一开始的时候并没有用于战争，而是用于了官用或民用的烟花燃放。宋朝诗人王安石的《元日》云："爆竹声中一岁除，春风送暖入屠苏。"可见，到了宋代（宋徽宗时期）火药爆竹开始成为人们庆祝新年的一种习俗。在宋代中国元宵节之夜，城乡有大型焰火表演，场景可谓壮观。辛弃疾赞美道："东风夜放花千树，更吹落，星如雨。"宋高宗巡游杭州西湖，焰火燃放成为一种礼仪。也许，在本质上，烟火火药是炼丹药的副产品，是在用"取乐"或"视听美"的方式实现对人类身体发挥作用（延年益寿）的初衷。

就身体而言，所谓"火药"，它首先是一味"药"，而且还是能着火的药（硝石、硫黄）。实际上，根据史料记载，三国时期可能已经发现了黑火药（木炭、硫黄和硝石）。4世纪左右，晋代葛洪（相传在杭州西湖葛岭炼丹）开始在文本里记录火药的配方。这就是说，在唐代之前，中国已经初步掌握了火药的技术粒子，以至于发展到唐朝才走向定型阶段。7世纪，黑火药被唐代药王孙思邈正式发明和推出，他在《丹经》中记载了火药的配制方法——"伏硫黄法"。明代李时珍的《本草纲目》里还收有"火药"（杀

第八章　火器：祸起炼丹家的发现

虫、避湿气瘟疫）方剂。在国外，1847年波斯顿想用"火棉胶"治疗伤口。实际上，1846年法国人M.路易·梅娜尔已经发现"火棉胶"。[①]很显然，火药在本质上或原初愿景上是一种对身体有用的方剂。

然而，火药发明之后，很快就被用于"毁灭身体"的战争之中。《宋史》记载，宋太祖开宝三年（970），"兵部令史冯继升等进火箭法，命试验，且赐衣服束锦"[②]。开宝八年（975），宋军用火器与南唐作战。北宋天圣元年（1023），汴京（今开封）正式设置"火药作"。宋代曾公亮（998—1078）等编撰《武经总要》记录火药配方（毒药烟毬、蒺藜火毬、火炮火药）完整体系（硝、硫和碳）。宋代火攻器械研制是当时世界上技术水平最高的，也使得宋代真正进入了"火器时代"。当时，汴京城内的火药匠、焰火师和烟火坊构成一道风景线。火药匠生产与加工的颗粒状火药是火药技术的一次重大革新，火药开始从一般民用向军用领域扩展。元代军用火药成分更加纯粹，硝的含量略有提高。明抄本元代《克敌武略荧惑神机》详细记载了火药配比，火药品种30种，多用于战争。明洪武十七年（1384）内务府设有"火药作"，洪武二十八年（1395）改设"兵仗局"，专门生产火药与火器。明代焦玉在其《火龙经》中详细记载了火药配方，另外在《武编》（1558）、《神器谱》（1598）、《武备志》（1621）等书中也记载有火药配方。与前期相比，明代火药中硝的含量有所提高，火药的爆炸威力越来越大，杀伤力更强。毋庸置疑，火药从早期的有益身体的药用（方剂）或审美（烟火）价值开始走向毁灭身体的战争之用，即走向了身体意义的逆向发展之路。

S.维努戈帕兰在其《神奇的含能材料》[③]一书中按照火药用途分类，将火药分为轻武器发射药（微粒形态的"球形药"）、迫击炮发射药（薄片形

---

① ［法］儒勒·凡尔纳：《八十天环游世界》，王力思译，长春：吉林文史出版社，2017年，第281页。
② ［元］脱脱等撰：《宋史》，长春：吉林人民出版社，1995年，第3048页。
③ ［印度］S.维努戈帕兰：《神奇的含能材料》，赵凤起等译，北京：国防工业出版社，2017年，第8页。

态)、枪炮发射药（用于无烟火炮）和火箭推进剂（为飞行提供推力）。可见，现代火药技术在诸多领域展开。

在人类文明史上，没有什么比炼丹（延年益寿）、鞭炮（节庆习俗）与火药（枪炮战争）三者之间的生命逻辑更具有讽刺意味了。人们在追求生命的长寿中，却迎来了摧毁生命的火药武器，还在火药爆竹中庆祝日常的节日，以期望给自己带来和平安详的生活愿景，殊不知，火药的危险就在自己的身旁一刻也不曾离开。

火器全球分异：从"飞火"到"佛郎机炮"

从全球的火器技术分异看，火药技术的发明为火器的发明提供技术准备。同时，火药火器技术很快在全球传播、使用与发展。从中国早期的"飞火技术"，发展到葡萄牙人的"佛郎机炮技术"，深刻显示火药火器技术影响了全球军事格局和政治生态。

在中国，伴随火药的发明，用于战争的火器开始研发与出现。就历史看，大约公元前5世纪，抛石机是中国古代最早的"砲"，是世界火器（火炮）的雏形。10世纪左右，火药被应用于武器，盛行于黄河流域一带。但在唐代文献中，未见"火药"名词，只见路真《九国志》记载"飞火"。火药火炮兵器创始于宋代时期，北宋初年已经开始有"飞火"武器，即火药箭。1044年成书的《武经总要》开始出现"火药"一词。1132年，即宋绍兴二年发明火筒。北宋是名副其实的"火药时代"，中国也由此进入了"热兵器时代"（陈寅恪）。1332年，即元代至顺三年，青铜大炮出现（见中国历史博物馆），内膛装有火药，射程与威力大增。《武经总要》显示出宋代火药武器（旋风车炮）生产情况，如霹雳炮、震天炮、铁火炮等威力很大。元代的火铳技术发达。明末清初，火器严禁私造。《明史》记载："牌符、火器，铸于内府，禁其以法式泄于外。"①著名民间制炮匠薄玉因贫困而死。近代鸦片战争时期，《火攻挈要》受到国家及改革派人士的高度重视。1886年，金陵机器局徐建寅（"中国新式枪炮制造第一人"）发明纯钢后膛炮。从北宋到清代，火箭、火鸡、火枪、火球、火铳、火炮等火器技术相继问世。

在印度，人们相信公元前8000年就已发明了火药，据说发明者是传说中的罗摩的祖先。但没有任何证据显示，这是真实的说法。1258年，大汗旭烈兀派使者来到德里苏丹国，并向他们展示蒙古人发明的火器，印度人伊克迪达尔·阿拉姆·汗认为，这是印度史上首次有关火药的记载。这说明，印度人知晓火器的时间可能在13世纪中期，直至14—15世纪印度才开始使用火器。

在俄罗斯和日本以及叙利亚，中国火药火器的身影频繁出现。1238年，蒙古人用火器（铁火炮）攻占莫斯科。1241年，蒙古人用火器（飞龙箭，荷兰人眼中的妖孽）击败波兰军队。1274年，蒙古人使用火器（火药投射炮）入侵日本。1292年，在日本的木刻画中，就绘有火药爆炸场景，也许是日本艺术家对火药爆炸的一种想象，显示日本开始利用火药制造火器。大约在1280年，叙利亚化学家哈桑·阿尔拉玛在其《论战争中的骑术和谋略》（*Treatise on Horsemanship and Stratagems of War*）一书中详细记载了107种炸药，并将"硝酸钾"称为"中国的白雪"，把火器称为"中国箭""中国火轮""契丹花"。②伊本·白塔尔（1197—1248）在其《单药大全》中把"中国雪"称为"巴鲁得"（阿拉伯语Bārūd，即硝石）。儒勒·凡尔纳坚信："火药并非有谁发明出来的，而是直接产生于希腊的火硝。"③儒勒·凡尔纳可能无法得知中国唐代炼丹家已经发明火药，同时他认为德国修士施瓦兹

---

① 《二十五史》（第10卷《明史》卷七二《官职志一》），上海：上海古籍出版社，1986年，第1761页。

② ［美］德里克·B.罗威：《化学之书》，杜凯译，重庆：重庆大学出版社，2019年，第16页。

③ ［法］儒勒·凡尔纳：《八十天环游世界》，王力思译，长春：吉林文史出版社，2017年，第275页。

（1310—1384）发明火药可能是一种传说。

大约7世纪后期（672），东罗马帝国的卡利尼克斯发明用于海战的"希腊火"（以硝酸钾为主要成分的硝石，也称为"希腊硝"）。恩格斯说："火药是从中国经过印度传给阿拉伯人，又由阿拉伯人和火药武器一道经过西班牙传入欧洲的。"1261年，英国人培根（自称炼丹家）发明火药配方，1273年，抛石机携带火药投射，机械投射炮的威力大显。1280年，叙利亚人阿-哈桑·阿冉姆哈曾在其著作中提及火器（火箭）。1300年左右，阿拉伯工匠已经掌握了火炮。13—14世纪，欧洲人从阿拉伯国家获得火药、火炮的知识，并制造、使用火器。1346年，英国人用火炮攻击法国军队。14世纪，德国修士施瓦兹发明火药。1378年，德国工匠开始生产青铜火炮。14世纪上半叶，欧洲白炮研制成功，并把它安装在舰船上。1453年，奥斯曼土耳其人用大炮和火枪攻陷君士坦丁堡。在这场战争中，东罗马帝国的城堡不再坚固，他们的弓箭一无是处，中世纪由此结束了它的寿命，在火药味中走向终结。①1495年，法国工匠制作铁制炮弹。1543年，英格兰工匠开始制作铸铁火炮。②16世纪的葡萄牙人、荷兰人等开始将"佛郎机炮"（葡萄牙制）或"红夷大炮"（荷兰制）传入明代中国。

直至明代嘉靖年间，佛郎机炮在中国被仿制。据《明史》载："佛郎机者，国名也。正德末，其国舶至广东。白沙巡检何儒得其制，以铜为之，长五六尺，大者重千余斤，小者百五十斤，巨腹长颈，腹有修孔。以子铳五枚，贮药置腹中，发及百余丈，最利水战。"③可见，白沙巡检何儒首先学习"佛郎机炮"的制作方法，并成功地制造了中国的佛郎机炮。沈德符撰《万历野获编》之"火药"条也云："正德十五年满剌加国为佛郎机所并，遣使请救，御史何鳌言佛郎机炮精利，恐为南方之祸，则其器入中国本不久。至

---

① ［美］维吉尔·M.希利尔：《希利尔讲世界史》（下），曹越译，武汉：长江文艺出版社，2017年，第312页。
② 王思诚：《科学百科》，北京：北京联合出版公司，2015年，第300—301页。
③ ［清］张廷玉等撰：《明史（5）》，长春：吉林人民出版社，2005年，第1447页。

嘉靖十二年，东巡检何儒招降佛郎机国人，得其蜈蚣船铳法，论功升上元县主簿，令于操江衙门督造，以固江防，三年告成，再升宛平县丞。中国之佛郎机盛传自此始，而儒老于选调，不闻破格用之，可叹也。"①仿制佛郎机炮是中国火器技术溢出后的一次倒流，显示明代火器技术已经处于欧洲之后。

从文化互鉴视角看，火器在中外交流与互鉴中发展。沈德符撰《万历野获编》之"火药"条云："古来御兵，惟用兵仗，故晁错之言曰：'劲弩长戟，匈奴之弓弗能格也。'即有用火者，大都乘风纵势，如即墨、赤壁是也。其大炮等物，不过曹操霹雳车之属而已。本朝以火器御虏为古今第一战具，然其器之轻妙，实始于文皇帝平交始得之，即用其伪相国、越国大王黎澄为工部官，专司督造，尽得其传。今禁军内所称神机营者，其兵卒皆造火药之人也。当时以为古今神技，无可复加，然亦相传所称大将军蒺藜炮之类耳。弘治以后，始有佛郎机炮，其国即古三佛齐，为诸番博易都会，粤中因获通番海艘，没入其货，始并炮收之，则转运神捷，又超旧制数倍，各边遵用已久。至今上初年，戚继光帅蓟门，又用火鸦、火鼠、地雷等物，虏胡畏之，不敢近塞，盖火器之能事毕矣。数年来，因红毛夷入寇，又得其所施放者，更为神奇，视佛郎机为笨物。盖药至人毙，而敌犹不觉也，以此横行天下，何虏敢当之，但恐守炮者畏怯，虏未来而先放，比对阵则药尽，反速战士之奔，此向来通病也。"②沈德符在这里主要论及了中外火器技术交流的发展简史，从汉魏的"霹雳车"（所谓"霹雳火球"）到文皇帝时期的"大将军蒺藜炮"，再到弘治以后的"佛郎机炮"以及戚继光使用的"火鸦、火鼠、地雷"等物（火鸦，即"神火飞鸦"）。15—16世纪，欧洲能移动的轻型火炮成为战争中的重要武器。17—19世纪，欧洲的火炮开始发展与转型，加农炮、榴弹炮、线膛炮、野战炮等层出不穷，火炮系统家族成员变多。另外，火药也被用于各种机枪。譬如1718年，英国工匠、发明家詹姆斯·派克发明"防卫枪"；1856年，美国工匠、设计师发明"咖啡磨枪"（枪膛尾部

---

① ［明］沈德符：《万历野获编》，上海：上海古籍出版社，2012年，第363页。
② ［明］沈德符：《万历野获编》，上海：上海古籍出版社，2012年，第363页。

装置自动化）；1879年，瑞士工匠、工程师帕姆克兰发明有12根枪管的"机枪"（诺登佛机枪）。①机枪被广泛用于第一次世界大战中。1629年，徐光启上书请求制造西洋火炮。《神器谱》（赵士祯）、《西法神机》（孙元化）等介绍西洋火器的图书出现，汤若望铸炮得到崇祯皇帝赞许。崇祯年间，《火攻挈要》（汤若望口述、焦勖笔录）一书刻印发行。康熙朝的耶稣会士南怀仁撰《神威图说》，分析"准炮之法"。德国火炮专家朱臻仕奉调江阴要塞后，被聘为沿江四路炮台总教习。②明朝末年的韩霖，向徐光启和意大利传教士高一志学习火炮技术，完成了《慎守要录》《神器统谱》《炮台图说》等著作。清代火炮技术在明代的基础上得以发展，并被用于战争。《清会典》中多有记载"金龙炮""大将军炮"等，现存于故宫博物院的"子母炮"和"威远将军炮"可以反映当时的火炮技术。

简言之，火器技术像其他科技一样，是没有国界的。从中国的"飞火"到葡萄牙的"佛郎机炮"，中国火药火器技术被传播至世界各地，并应用于全球战争之中。直至明代，中国的火器技术开始明显落后于欧洲火炮技术。

火器技术的历史面向：经学与经验论

从根本上说，明代大炮技术落后于欧洲主要归因于中国缺乏火炮科学原理，即火炮弹道原理的研究。按理说，中国的铸造技术和火药技术一直非常发达，但火炮技术的科学原理研究落后直接导致火炮精准性、距离性与打击性等方面的功能低下。然而，15世纪的伽利略等欧洲科学家已经开始研究弹道发射原理，西方先进的弹道学为火炮技术发展提供理论支持。那么，中国的火器技术落后的根本原因是什么呢？这里仅从技术在技术哲学体系内的位置以及所发挥的价值讨论，即分析火器技术的中外历史面向的分异。

---

① 王思诚：《科学百科》，北京：北京联合出版公司，2015年，第302页。
② 沈俊鸿：《江阴地方掌故》（上），合肥：黄山书社，2005年，第147页。

经学体系中技术哲学的缺场

在中国古代技术发展进程中,有一个明显的特征就是技术哲学被经学体系所笼罩。在经学体系下的技术发展显而易见地受到主流哲学的搁置,以至于技术本身的发展没有得到技术哲学的思想性引领,加之中国封建制度体系下的技术研究严格受到工匠制度以及国家制度的影响,使得中国古代技术发展理论性与科学性朝向明显不足。诸如先秦子学的技术哲学、汉代的经学技术哲学、魏晋时期的玄学技术哲学、隋唐佛学技术哲学、宋明经学技术哲学和清代经学技术哲学等知识体系,毋庸置疑是经学体系下的产物或附庸。或者说,中国古代技术体系不过是经学体系的逻辑要素或有效参照,其目的不是发展技术文化,而是服务于经学文化的发展。也就是说,真正意义上的技术哲学没有参与到技术活动之中来,哲学家关注的技术是为经学体系,而不是为技术批判或技术思想服务的。

中国古代社会不缺少技术,但缺少技术哲学家。儒家哲学家没有系统化正视"技术","六经皆史"或"经外无史"的学术传统明显搁置了技术史。道家哲学家将技术锁定在"无为"领域,进而产生技术恐惧论的哲学思想。那么,中国古代的哲学家在关注什么呢?总的来说,中国哲学家关注的是"心性哲学",即先验哲学。老子的"无为"、孔子的"仁爱"、孟子的"心性"、墨子的"兼爱"、庄子的"齐物"、名家的"合同异"、董仲舒的"天人感应"、王充的"性命论"、王弼的"易学"、魏晋的"佛学"、宋明儒家的"心性之学"、王阳明的"致良知"等,这些哲学思想均是中国经学的延伸与变种。可见,"技术"在中国哲学体系中的地位明显不足,技术也没有引起哲学家的特别关注。从总的线条看,在中国古代,技术与哲学之间的关系总是分分合合,发展道路曲折。在上古,技术与哲学在混沌中合一;在先秦时期,技术和哲学在互动中走向分离;在汉唐时期,技术与哲学在区隔中走向分裂;在宋元时期,技术和哲学在分裂中逐渐走向融合;在明清时期,技术和哲学走向新的对话与融合。

技术与哲学若即若离的状况使得技术本身的发展失去了思想与灵魂，即失去了理论与科学发展的空间，这在中国火器技术领域的表现尤为明显，以至于人们认为，中国人利用火药研究烟火燃放系统，而西方人利用火药研究弹道发射系统。当然这种观点有些偏激，实际上中国古代火药火器技术一直在推进与研究，只不过在理论与科学方面没有像西方实验科学或经验科学那样走向深入。

经验论走向理性与科学

与中国不同的是，西方技术一直受到哲学或哲学家的普遍关注。古希腊的哲学就是自然技术哲学与伦理技术哲学的表现，很多哲学家本身就是技术家或工匠。在中世纪，基督教技术神学在科学上有明显的优势，并得到神学哲学家的关注，技术和宗教哲学在上帝或神的思想中得到统一。欧洲的经院技术哲学、英国的经验论技术哲学以及文艺复兴时期的新技术哲学等都显示了哲学家与技术家的深度融合。直至20世纪的现实主义技术哲学、分析技术哲学、生命技术哲学、科学主义技术哲学和人文主义技术哲学，仍然在延续哲学家对技术思考的传承。很显然，"技术"在西方哲学体系中始终处于显赫的地位，受到哲学家的深刻批判与思考。或者说，技术已然成为西方哲学的重要范式，技术与哲学始终走在一起，尤其是文艺复兴时期的西方技术和哲学在艺术中高度统一，启蒙运动时期的西方技术和哲学在工业生产中得以密切融合。在现代西方，技术和哲学同样走向新的融合与统一。

从苏格拉底（西方最早追问技术的哲学家）到培根（《新工具》），欧洲经验论技术哲学思想为欧洲的技术发展提供理论基础与支撑。欧洲的火器技术就是在这样的哲学体系下完成的，它无疑与中国经学体系下走过的技术进程是有差异的。不过，欧洲经验论技术哲学思想最后走向了极端的经验主义技术哲学（如英国经验主义技术哲学），直至20世纪，逻辑经验主义技术哲学①（如奥地利科技史家埃德加·齐尔塞尔）还在西方流行，强调经验方法在社会科学系统中的应用。

内生技术哲学和外化技术哲学

不过需要指出的是，尽管西方哲学家对技术的思考具有持久性、深入性和实践性，但缺乏中国哲学家对技术思考的生命性、自然性和无功利性，以至于在技术史书写层面，欧洲的技术史家往往忽视东方技术史在世界技术史上的贡献。实际上，欧洲技术文明中心论或是西方技术哲学家的一种想象。

就火器技术而言，欧洲的火器技术粒子在中国。如果没有中国火器技术在欧洲的传播，欧洲火器技术也不可能得以很快发展。在此，我们要从全球史的视角提出两个理论体系：内生技术哲学和外化技术哲学。所谓"内生技术哲学"，即技术哲学的生成与发展是根据技术本身及其所属历史语境而形成的哲学知识体系，而"外化技术哲学"，即技术哲学的生成与发展是依赖技术之外及其所属历史环境而形成的哲学知识体系。欧洲的火炮技术发展既有欧洲自身的内在技术哲学支撑，也依赖外部技术哲学思想。在内生和外化的双重作用下，欧洲的火炮技术才得以发展。

因此，从技术的全球史视角来看，欧洲技术文明中心论实质是一种"静止的技术哲学"思想，即二元论技术哲学。它聚焦技术的哲学反思和哲学的技术批判，以二元视角展开论述。就技术的哲学反思而言，较为容易放大技术的意义，进而产生"技术决定论"哲学；就哲学的技术批判而言，较为容易缩小技术的意义，进而产生"技术恐惧论"哲学。现代西方社会的"技术决定论"哲学和"技术恐惧论"哲学通常在交织发展，显示出"静止的技术哲学"思想内在的矛盾与焦虑。为此，就技术哲学的全球史书写而言，文明

---

① 参见曹霞：《齐尔塞尔：经验的逻辑经验主义者》，《自然辩证法通讯》，2005年第2期；潘天波：《齐尔塞尔论题在晚明：学者与工匠的互动》，《民族艺术》，2017年第6期。

提倡"流动的技术哲学"方法论思维，这是一种"间性技术哲学"，它主张技术间性和哲学间性，技术的意义是流动的，没有绝对的意义，技术恐惧也是变化的，没有绝对的恐惧，进而能走出"技术决定论"哲学和"技术恐惧论"哲学的困境，也能看出全球技术文明的各自价值。

火器技术的全球意义

火器技术给全球文明发展带来的意义是多元的，尤其在战争（军事）格局的改变、政治文明的样态、宗教文明体系的发展及近现代科学的发展方面产生深远影响。

火药火器的发明，改变了全球的战争格局。13世纪阿拉伯语的《制敌燃烧火攻书》（*Liber ignium ad Comburendoshostes*）被译成拉丁文，全书介绍了灯火方子、磷火方子、希腊火方子、火药方子。[①]沈福伟在《中西文化交流史》中记载："文献记载法国、英国和德国，以及意大利，使用火药、铁火罐，甚至拥有红铜铳、铁炮，都在1348年以前，法国在1338年，弗莱德斯在1339年，英国1340年，德国1346年。14世纪20—40年代，火器在欧洲各地传播极快，这是因为西欧各国在和穆斯林军队作战中吸取了足够的教训，这种教训，最沉痛的有三次。第一次是在1290年的阿卡之役，马木鲁克人使用92座抛石机不停地攻击阿卡城，抛石机不但抛投巨石，也发射火球、火瓶和火罐，终于使法兰克人不得不从这座亚洲大陆的最后堡垒撤走，宣告了十字军的彻底失败。第二次是在1325年，西班牙卡斯提尔反抗阿拉伯人的统治，阿拉伯人用抛石机发射火球攻击巴沙城，伤害了人畜，焚毁了屋舍。第三次是在1342年，摩洛哥人用大炮保卫阿耳黑西拉斯，抗拒葡王阿方索十世的侵略，使葡萄牙人遭受重大伤亡。像雕版印刷和造纸一样，西班牙和意大

---

① 沈福伟：《中西文化交流史》，上海：上海人民出版社，2017年，第321页。

利也是最先从伊斯兰国家传入先进的火器的地方。就在阿拉伯人攻打巴沙的下一年，1326年，火器的秘密便被意大利人掌握了，佛罗伦萨下令制造铁炮和铁弹，欧洲开始造出了第一批金属管形火器，于是火器从意大利传遍了西欧。"①全球战争格局的变化，带来的直接结果是全球政治的多元化以及全球的交往。从某种程度上说，欧洲的中华进程或中华的西方化进程是伴随火药火器的发明与使用而发展的。中国人和阿拉伯人将火药技术带到欧洲之后，加速了欧洲宗教改革和封建主义制度的解体，促进了资本主义制度的诞生。同样，葡萄牙、英国等西方列强用火炮摧毁了中国的封建制度，并带来了西方文明与科技，加速了中国近代化科技革新的步伐及制度建设。

对全球军事而言，火药火器引发了全球军事变革。正如杜君立所言："火药导演了骑兵的衰落和步兵的兴起，一个新兴的军人群体引领了战争的方向，他们就是炮兵。日益重要的炮兵打破了传统的等级身份限制，只要你接受过良好的科学教育。骑士时代的战争结束了，战争从有限战争走向无限战争。战术和技术成为火药战争的决定因素，频繁的培训、操练、演习和日益复杂的火器使战争趋向复杂化和专业化。战争形态完全改变了，重甲骑兵和城堡逐渐被炮兵和火炮取代，战争的主角从骑士变成了士兵。"②火药技术的问世如同马镫技术一样，直接带来了兵种和兵制的革新。

对全球政治而言，火药与火器具有显而易见的革命性意义。杜君立在其《历史的细节2：技术、文明与战争》一书中这样描述："如同中国春秋时代，弩机引发的礼制崩溃和专制兴起，火药革命所产生的无情现实，同样拒绝任何道德的制约，从而使政治从宗教和哲学中单独分离出来。战国时代的韩非子与火药时代的马基雅维利，他们的出现绝不是一种巧合，而是一个标志。政治不再是什么神圣的东西，政治就是暴力和权力的斗争，枪炮里面出政权，目的可以证明手段的正确。火器成为国王进行恐怖专制统治的得力工

---

① 沈福伟：《中西文化交流史》，上海：上海人民出版社，2017年，第322页。
② 杜君立：《历史的细节2：技术、文明与战争》，上海：上海三联书店，2016年，第57页。

具。无论商人还是贵族,无不争相邀宠于国王的权力,以分一杯羹。火器时代的骑士仍然是一个荣耀的称号,只是大多从上帝的战士沦为国王的炮灰和鹰犬。"①很显然,火药与火器为政治统治提供工具,对于摧毁制度、伦理、道德、权力等具有绝对的力量,它们能引发制度走向崩溃,也能催生新的制度体系,促进了全球政治的多元化,加速了全球武器技术竞争。

火药火器制造了全球战争,摧毁了欧洲的宗教体系,催生了多元化的暴力政治。17世纪上半叶的欧洲战争(1618—1648)成为火药火器的"试验场",或成为20世纪上半叶两次世界大战(1914—1945)的"前奏"。那么,如何认知"中国的白雪"给全球带来的影响呢?难道只有战争灾难吗?答案是否定的,它至少给全球带来以下几点深刻的意义:

第一,火药或火器压缩了战争的时间和成本。在《中华科学文明史》中论及中华发明的影响时,李约瑟引用了英国人培根在《工具论》中的一段经典表述:"我们应该注意各种发明的威力、效能和后果。最显著的例子便是印刷术、火药和指南针,这三种发明古人都不知道;它们的发明虽然是在近期,但其起源却不为人所知,湮没无闻。这三种东西曾经改变了世界事物的面貌和状态,第一种在学术上,第二种在战争上,第三种在航海上,由此又产生了无数变化。这种变化是如此之大,以致没有一个帝国,没有一个宗教教派,没有一个赫赫有名的人物,能比这种发明(印刷术、火药和指南针)在人类的事业中产生更大的力量和影响。"②在战争中革新也许是人类文明发展最为残忍的方式。但是,"用这种方法可以比以往较少耗费时间和流血而取得胜利:这是发明火药及运载和发射火药的器械的成果。"③换言之,火药火器也为战争节约了时间并减少了流血。对于欧洲来说,火药几乎成了制度

---

① 杜君立:《历史的细节2:技术、文明与战争》,上海:上海三联书店,2016年,第57页。
② [英]李约瑟原著,柯林·罗南改编:《中华科学文明史》(下),上海交通大学科学史系译,上海:上海人民出版社,2019年,第800页。
③ [美]默顿:《十七世纪英格兰的科学、技术与社会》,范岱年等译,北京:商务印书馆,2000年,第291页。

变革和文艺发展的支柱力量。或者说，欧洲文艺复兴离开火药可能要晚些时候开始。

第二，火药火器为近代科学发展扫清了道路。火药火器的革命不仅仅在战争方面，它还为近代科学发展带来了全方位的影响，譬如金属铸造（金属大炮铸造等）、机械加工（金属加工）、材料科学（木炭、铜铁等）、化学科学（硝石、硫黄等）、物理科学（弹道原理）、力学（变形或破坏过程中的量或性质）、红外激光（火药的焰烟生成影响制导精度）、航天科学（火箭技术）、工业设计（武器设计）以及数学（运动计算）等就是在火药火器的革命中诞生、发展与进步的。或者说，近代科学的发展离不开火药火器的介入。

第三，火药为全球军事、建筑、道路、桥梁以及防御性工事带来革命性变革。明代发明的"多发火箭"或为现代火箭炮的始祖，现代军事在航海、航天、兵种、兵制等军事领域的革命性发展是离不开火药火器的。火药火器在欧洲的传播，使得欧洲城堡体系建筑遭到毁灭性的打击。意大利首先出现新式城堡建筑，随后在英格兰也出现了新的建筑体系以防御火器的打击。火药为近代公路建设提供了技术支持，修筑道路、桥梁及隧道的爆破成为可能，道路和桥梁的连通给全球文明交往提供可能，其发挥的意义也许要大于战争给人类带来的文明毁灭。

总之，火药或火器的全球意义正如"把它使用在军事上和盛大典礼中"（恩格斯）一样，具有技术及其技术逆向的双重价值。没有人因火药火器在战争中的残酷性，而放弃使用它或贬低它的全球意义。这或许如同原子弹一样，所有人都明白它给日本带来了毁灭性的打击和灾难，但现代人还是利用原子弹为世界和平带来震慑性保证。

延伸

从10世纪的"火药时代",到今天的"虚拟时代",火药火器在全球战争或遏制战争方面产生了巨大影响。那么,这里引出一个深刻的话题:技术文明的矛盾或危机出路何在?

第一,技术在实践劳动中产生,带有某种偶然性,并酝酿着深刻的危机。古代工匠的很多知识经验就是在实践中慢慢积累的,并为技术发明提供技术粒子。然而,工匠们技术实践的初衷和技术实践的发现并非在一开始就是统一的,以至于技术文明的发展具有偶然性的深刻危机,以至于它变得不可控与不可预期。很显然,人类在技术文明发展中始终要把握的方向就是技术发展和技术可控上的预设与考量,以解决技术发展所带来的生态危机(对自然环境的破坏)、社会危机(对社会制度、组织与结构的腐蚀)以及人类学危机(对人类生命的危害)。

第二,技术在创造人类文明的同时,也能无情地摧毁人类文明。技术受社会制度的约束,也能促进新制度的诞生,如果将政治制度从理论哲学体系中独立开来,就会出现一系列技术文明陷阱。技术依赖、技术拜物、技术控制、技术垄断、技术战争等技术"癌变"对人类的威胁是巨大的。技术文化与技术人文在伦理学意义上的深刻矛盾正在威胁人类,"如何走出技术陷阱"或许是未来技术哲学需要深刻阐释的命题。技术哲学对技术文化的发展与引领具有重要指导意义,它能有效规避技术控制论和技术危机论的技术极端思维,将技术和哲学均带向"技术间性哲学"和"哲学间性技术"的轨道上。换言之,"技术–哲学论题"将是未来技术哲学的核心研究命题。

第三,技术文明是流动的、没有国界的,但技术文明的生存历史语境与发展空间是有国界的,因此,技术文明或技术危机是全球性的。全球不同的政治生态和制度文明深刻影响技术文明的发展,每一个国家和地区的技术发展均受内生技术哲学和外化技术哲学的双重影响,进而生成属于自己国家和带有自身特色的技术哲学思想。全球技术文明发展和全球技术危机是同在的、同体共命运的。技术文化的规则并非完全是历史性的，而带有明显的物质性、工具性和实践性。从某种程度上说，人类历史就是技术文化（技术物）的历史，并带有深刻的物质技术印记，以至于人们习惯命名一个时代为石器时代、青铜时代、铁器时代、火器时代、瓷器时代、计算机时代等，技术物或能改变历史的发展轨迹和生态结构。因此，为了应对危机，技术文化需要摆脱技术的物质性、工具性和实践性对全球（自然、社会和人类）的影响。技术文化征服全球的首要条件是要服从全球，才能化解技术危机所带来的麻烦。

简而言之，今天我们必须重视技术文化的全球发展图景。全球技术景观中的各国或地区技术发展必须建立人类共同体意识，因为技术活动的本质在很大程度上决定了人类文化与文明的构成。在新时期新技术语境下，技术哲学任重道远。

火器的现象与哲学

火是温暖与毁灭同在的符号。普罗米修斯为人类盗取温暖的火种，也引来宙斯的无情惩罚，即被绑缚在高加索山上遭受日晒雨淋和老鹰叼啄的痛苦。火药从炼丹家那里诞生之后，便与欢乐、死亡和痛苦联系在一起。火器给人类社会的思想、制度与文明带来革命性变革，它引发的暴力也给社会带来分裂、战争与竞争。火器将宋元时期的社会道德从人文哲学中分离。明清时期数不清的战争使用火器，遂将伦理与道德的和谐分离开来。火器将欧洲的政治从宗教中分离，也将欧洲骑士阶层炸得粉身碎骨。韩非子、马基雅维利、秦始皇、拿破仑、忽必烈等告诉你的一个真理是——政治不是别的，是暴力、利益和权力的斗争。在火器诞生之后，火器成为政权的帮凶与武器，火器是政权的抢夺、维护与发展的重要力量。

火器的最大哲学就是暴力哲学。在火器的暴力哲学词典里，有火拼、武

装、战争、爆炸、烟雾、烟火、焰景、冲突、政权、铸铁、铸铜、钢铁、炸弹、机枪、火炮、火箭、核武器等众多家族成员，但它们只有三个血缘：欢乐（烟花）、武装（爆炸）和稳定（核武器爆炸威胁与平衡）。也就是说，哲学意义上的火器给人类带来三种意义：美学意义、政治意义和教育意义。换言之，技术的哲学意义在美学、政治和教育等层面具有很大的意义空间。烟花技术要么具有崇高的美学意义，要么成为悲剧之源；武装暴动中的火器技术对于胜算有一定支撑，成为政权更迭的帮凶与工具；震慑性武器不一定使用，但它在权力平衡与政治稳定上有很大帮助。

　　哲学对火器的建议就是天下不需要火器也能和谐、安定与和平。人类拥有震慑性的火器，就是为了消除更多的火器。没有火器才是火器的生命理想和终极追求。

第九章 烟具：人类吸食史的风尚

在全息论视野下，烟具所承载的文化是全息社会的一个特例细胞。它不仅内含宗教仪式的表意体系，还表现为一般社会观念的物态形式。于是，作为物体系的烟具已然转进为特殊观念意义的社会映像。从早期的烟管或烟斗到鼻烟壶，从雪茄烟到香烟的烟具，这些被发现或未被阐释的烟具文化俨然成为世界性的社会表现及其风尚的全息元。抑或说，烟具批评或能引领我们朝向一种艺术全息学迈进。

吸烟起源于宗教活动，烟具设计取决于吸烟期间的仪式及其习惯需要。烟草的使用——吸烟、鼻烟或嚼烟、雪茄或香烟——已经构成了全息社会意义上的文化仪式，透视这些文化仪式有助于解读具有表意物体系的烟具——烟管、烟斗、鼻烟壶、雪茄或香烟工具——作为人类吸食史的全息文化映像。

当烟具遭遇文化关切或试图获取其全部文化表意信息时，就会引起一个耐人寻味的关涉烟具设计的全息史观问题。所谓"全息史观"[①]是借鉴全息理论于史学研究的一种新近方法论，即在20世纪中后期才被引进史学研究领域的方法论。作为学术"移名"范畴，"全息"原本属于生物学领地，指的是生物体各组成部分（全息胚）均能反映其整体（生物体）文化信息。该生物全息理论后来被广泛应用于农学、医学、计算机及其他人文社会科学领域。就器具设计而言，人们更应以全息论视角，从器物及其生活仪式这些最基本的物体系文化入手，进而去解构或还原其背后的社会文化。譬如被设计的烟具就是整个社会的"全息胚"或"全息元"，并具备诸多社会化观念意义与隐喻体系。抑或说，作为物体系的烟具背后隐喻一部全息式社会表现及其风尚文化。

映像与全息元

烟具是烟民吸食工具之一，与生活人伦及其趣味密切相关。全息论认为，任何事物均是社会的一个全息元，均能反映其社会生活文化信息。抑或

[①] 忻平：《全息史观与近代城市社会生活》，上海：复旦大学出版社，2009年，第7页。

说，全息元是全息体的一种映像式反映。譬如中国烟具的变革抑或称为国家映像的全息元，它已然成为中国社会的一个文化缩影。

在早期，中国最早的烟斗是一种打通关节的竹管，即烟管，它主要是用于宗教仪式中插在瓦盆中吸食烟雾的。因此，这种燃吸烟管仪式被归结于一种集体的、精神的宗教活动。烟管作为原始宗教全息体的一个缩影，从一定程度上反映出原始社会的生活仪式或整体现实。在此，烟具"还存在着被归于吸烟的其他特性：精神的和宗教的意义。在宗教主要认同于群体的政治和亲属结构，通过大众参与而组织起来的社会中，吸烟仪式在很大程度上具有涂尔干式的意义，即最大化地象征了集体力量。"[①]神圣的吸烟仪式见于祈祷、求雨或舞蹈……这种集体性吸烟仪式或暗示中国礼制文化的萌芽，并夹杂着中国文化的因子。后来，汉族人见面"敬烟"或"无烟不礼"等习俗显示吸烟仪式具有礼制文化的表意系统。苗族流行的水袋烟婚俗仪式，更显示出"以烟为媒"的人性和谐美好力量。烟具及其仪式的文化表意功能已然超于物本身。

吸烟仪式被中国先民所敬畏与重视，因此后世的烟具设计也就倍加精致，近乎奢华。譬如清代顺治二年（1645）程荣章刻的龙纹铜鼻烟壶，[②]这是目前所见最早鼻烟壶。鼻烟壶是根据外来的鼻烟盒改装设计而成，在清代康、雍、乾三代极其流行。鼻烟壶设计精美，用料讲究，它集玛瑙、翡翠、玉石、琥珀、金银、珊瑚、玳瑁等名贵材料于一身，采用镶嵌、镂金、錾刻、螺钿、髹漆、绘画、书法等多种手工技艺。17—18世纪的中国烟具等工艺设计走向历史的辉煌顶峰，烟具作为清代社会全息元在时间、空间、物质生活等视点还原了清代社会的文化全息体。在时空层面，17—18世纪的中国设计是世界设计的中心，在法国等欧洲宫廷狂飙突进的"中国风"就是中国清代设计在欧洲社会流行的一个缩影；奢华的鼻烟壶是帝王生活的一个全息

---

① ［美］兰德尔·柯林斯：《互动仪式链》，林聚任等译，北京：商务印书馆，2009年，第407页。
② 刘杰：《烟草史话》，北京：社会科学文献出版社，2014年，第122页。

元，即能共振或体现清王朝帝国奢华的生活美学趣味。

不过，烟草文化一直处于中国亚文化的区隔与分野之中，因为它毕竟含有对身体有害的尼古丁，或才被视为致癌吸食物质。19世纪中国出现了用于吸食鸦片的烟枪，与烟枪相配饰的还有烟灯、烟碗、烟盘、烟镊、切刀等烟具。从一定程度上说，烟枪是近代积贫积弱的中国备受外国欺辱的表意物象特例。在全息论观照下，用于吸食鸦片的烟枪是19世纪中后期中国社会的一个全息胚，也是中国社会在世界上的弱国形象全息元。烟枪作为已经坏死的社会细胞，它集中反映了英法等帝国主义对中国倾销鸦片的真实历史，也凝聚19世纪中后期中国社会的精神意识与行为指向，并暗示此时的社会已然走向腐朽堕落。可见，从捕捉到的烟枪历史尘埃及其隐蔽的社会全息元得知，烟枪的设计是当时时代的温度计、社会的风向标与文化的指南针。

在近代，纸烟由美国传入中国上海等地。20世纪初，英美烟草公司在我国生产单刀牌、三炮台牌、红锡包牌、哈德门牌等纸烟。中国商人在汉口创立南洋烟草公司，生产大爱国牌、飞马牌、大长城牌、三喜牌等纸烟，①其中飞马牌纸烟盒印有"振兴国货"字样。此时烟民吸食国产大爱国牌、飞马牌纸烟以抵制外烟，也是爱国的一种表现。20世纪初的中国市场被"洋货"充斥，消费或拥有国产纸烟与爱国画上等号，很明显纸烟及其烟具已被纳入中国社会全息体的国民性文化范畴之内。

在宗教层面，烟管成为宗教仪式与集体力量的一种表意幻象。在美洲土著印第安人那里，烟斗乃是一种具有表意功能的宗教仪式对象。同时，烟斗不仅担负休战旗帜的符号性作用，被装饰的烟斗还意味拥护联盟具有强大的集体力量。②换言之，燃吸烟管的设计起源于宗教，烟具为宗教仪式服务。可见，烟管明显带有宗教的表意符号性，它具有仪式的集体性与实用性，并成为这种意义的幻象物。

---

① 孟庆国、康平：《中国烟具》，西安：陕西旅游出版社，2005年，第13页。
② ［美］兰德尔·柯林斯：《互动仪式链》，林聚任等译，北京：商务印书馆，2009年，第407页。

在身份层面，烟斗是社会身份及财富的全息图。由于燃吸烟管吸食的烟叶大，且多有灼烧感，于是出现中空陶制的或木制的烟斗。后来发明烟嘴与烟斗的结合，即旱烟杆。为了吸食的清凉感，水烟袋与水烟筒也随之诞生。不过，在18世纪以前的烟民的吸食烟具主要是烟斗。在德国与荷兰，装饰华丽的烟斗是上层社会炫耀身份的象征物，特别是在集体活动空间，烟斗吸烟是最为时尚的一种显示地位的仪式。在英国，烟斗吸烟与喝茶是中产阶级的两个重要标志。源于中国的鼻烟壶或鼻烟盒成为个人珠宝的替代品，特别是流行玛瑙制的、金制的、髹漆的、玉制的以及瓷制的鼻烟工具成为西方上流贵族常见的便携器具，它们作为雅致的公共空间中的道具明显擢升为一种社会文化身份的饰品。

在界限层面，鼻烟壶或烟枪已然划分出了社会群体的界限。由于举火之不便，加之反吸烟运动，以及基督教牧师把吸烟等同于不道德的恶习行为，18世纪开始流行烟斗的替代工具——鼻烟，这暗示吸烟仪式已经被纳入社会公共范畴，作为生活方式的吸食工具已经跨越到社会界限问题层面。"十七世纪末，德国科隆成为欧洲鼻烟贸易中心，十八世纪，国王佛雷德里克一世在宫廷中召集大臣、将军开会，商讨国事时，规定每人必须抽烟或吸鼻烟，因而被称为'烟草社交会'。"[1]很明显，鼻烟仪式划分出了合法性与违规者的社会界限。因此，"鼻烟能够作为一种更为高贵的用法获得了声望"。[2]尽管产品设计的理想是为了大众的普遍性消费与生活行为，但被设计的鼻烟壶已然划分出了社会群体的界限。

在进化层面，雪茄或香烟被赋予社会进化意义上的物体系象征。随着烟草的普及，鼻烟仪式被认为是一种不优雅的活动。到19世纪初期，鼻烟开始渐渐淡出西方上流社会，并缩小为下层阶级的习惯。直至20世纪，香烟在全世界开始流行，而此时的烟斗吸烟又逐渐复苏，并被视为资产阶级的、保守

---

[1] 王金海：《鼻烟壶鉴赏与收藏》，上海：上海书店出版社，1996年，第2页。

[2] ［美］兰德尔·柯林斯：《互动仪式链》，林聚任等译，北京：商务印书馆，2009年，第411页。

的、绅士的一种私人仪式；与之相反的是雪茄烟（卷烟）也替代了鼻烟，被视为现代主义或自由主义的形象。毫无疑问，烟斗或雪茄被赋予社会进化意义上的象征。19世纪初法国大革命的胜利，使雪茄进入了大多数工人阶层，它不再是贵族独享的奢侈品。到了19世纪30年代，嚼烟仪式已然代表一种民族主义，即农村土地所有者阶级成员的行为身份。此时的雪茄也开始走进女性阶层生活，带有上流社会女性的行为方式。但后来，吸食雪茄又打破了性别的界限，再次成为男性的专有特权象征。在美国，吸食雪茄与"花花公子"含义等同。不过，在设计维度上，尽管吸食雪茄的道具要比烟斗装饰少得多，但雪茄时代也是男性拥有特权吸烟的时期。

在工艺层面，西方烟具及吸烟仪式也推动了其他艺术设计的发展。"一般而言，是一件吸烟夹克，有时候还会有一顶吸烟帽，它们用诸如天鹅绒那样的稀罕的奢侈布料做成，带有锦缎的衣领或镶边，可能还有流苏。"①这就是说，吸食雪茄相应地影响了服装设计。后来，由于火柴与打火机的出现，香烟或纸烟使吸烟在最大程度上开始普及。香烟提供了一种仪式的优雅、行为的悠闲以及对社会不平等的抵抗道具。不过，上层社会已然改变了香烟的包装设计形式，金制或银制的香烟盒成为吸食仪式活动矫饰的对象。20世纪40年代，反精英主义的活动使香烟复归平民化，纸质香烟盒的设计成为主流，并影响包装设计的发展。

世界风尚与文化互溢

烟草是由首批西班牙和葡萄牙航海家从南美输入中国的。后来，在法国人眼中，中国发展成为一个烟草国家。②抑或说，烟草文化在世界各地传播

---

① ［美］兰德尔·柯林斯：《互动仪式链》，林聚任等译，北京：商务印书馆，2009年，第424页。
② ［法］佩雷菲特：《停滞的帝国——两个世界的撞击》，北京：生活·读书·新知三联书店，1993年，第214页。

与互溢，并成为世界文化交流与对话的意义体，它所寄寓的"礼尚往来"的表意功能发挥着国家间文化沟通的作用。清代张荫桓在日记中写道："去冬粤中寄靴帽一箱，至今未到，幸提单犹存，尚可寻究。墨使赠烟卷四匣，即令子刚为日文谢之。"①还记道："（光绪十五年）十一日丁亥（3月12日）晴。……波使出观该国刺绣桌幔诸物，不甚精致，又出观烟管，以椰壳镌镂，六角镶银，如圆碗而底特锐，中储水，上接银管二，以火引之，旁一管就以呼吸，此波斯吸鸦片之器，拙笨可嗤，且必以手按之，否则倾矣。"②显然，烟卷及烟具成为中外文化交流的使者，成为各国外交使节互赠的仪式物。

器物文化是互动的，中国设计的精美烟具也被输出到西方，并成为西方人的崇拜对象。1567年西班牙远征军非法占领菲律宾的宿务，四年后占领吕宋岛，随即西班牙人积极寻求与大明朝开展海上丝路贸易。1574年，西班牙人助明讨伐广东海盗林凤集团有功，因此西班牙人来华贸易受到明政府特别礼遇。菲律宾学者欧·马·阿利普在《华人在马尼拉》一文中如是描述："西班牙殖民者立即发现与华人友好是很有益处的。他们需要华人的精美货物，出口到西班牙和拉丁美洲。华人能够向他们提供丝绸、瓷器、漆器和其它重要的东方产品。在菲律宾的西班牙居民，特别是那些住在马尼拉的居民，需要菲律宾土著尚未生产的某些奢侈品。"③于是，16世纪中后期，西班牙商船频繁往返于马尼拉与墨西哥阿卡普尔科港，大量贩运中国的漆器、瓷器、丝绸、香料等大宗货物，其中就有烟具鼻烟壶。鼻烟壶是欧洲上层社会的心仪之物，备受宠爱。中国丝绸、瓷器、漆器、茶叶等在广州被装船运至欧美，西洋商船把烟草、鼻烟、鼻烟壶、玻璃器皿等商品运往广州，广州逐

---

① ［清］张荫桓：《张荫桓日记》，任青、马忠文整理，上海：上海书店出版社，2004年，第371页。
② ［清］张荫桓：《张荫桓日记》，任青、马忠文整理，上海：上海书店出版社，2004年，第370页。
③ 参见中外关系史学会编：《中外关系史译丛（第一辑）》，上海：上海译文出版社，1984年，第98页。

渐成为鼻烟壶交易重镇。

特别是17—18世纪，通过丝路、海上贸易或传教士等途径，中国漆制或瓷制的烟具涌入欧洲。"18世纪中叶以后，爱好漆器的风尚也传入德国。德国艺术家施托帕瓦塞尔开始出售漆器，上面绘制中国的人物和风景。他在不伦瑞克成立了一家漆器厂，生产上漆的鼻烟壶。"①1664年法国为了监管非洲、印度以及印度洋岛国的贸易，设立法属东印度公司。1685年路易十四与清廷开始交往，1698年法国东印度公司商船"昂菲德里特（Amphrityite）"号在拉罗舍尔港起碇驶向中国，进行海上漆器、瓷器等贸易活动。1703年该船满载中国漆器、瓷器等大宗货物返航法国，中国大量的奢华烟具、漆器、瓷器等货物被运往法国宫廷，并刮起"中国风"。

利奇温在《十八世纪中国与欧洲文化的接触》中描述："罗柯柯艺术风格和古代中国文化的契合，其秘密在于这种纤细入微的情调。罗柯柯时代对于中国的概念，主要不是通过文字而来的。以淡色的瓷器，色彩飘逸的闪光丝绸的美化的表现形式，在温文尔雅的十八世纪欧洲社会之前，揭露了一个他们乐观地早已在梦寐以求的幸福生活的前景。……闪现于江西瓷器的绚烂彩色、福建丝绸的雾绡轻裾背后的南部柔和多变的文化，激发了欧洲社会的喜爱和向慕。"②精美的瓷器引起了西方人"仿制"的想象，法国奥古斯都曾让炼金家约翰·弗里德里希·伯特格尔（1682—1719）和学者瓦尔特·冯·奇思豪思（1651—1708）仿制中国瓷器。但西方人在仿制的道路上并非一帆风顺，前后共摸索了300多年，到18世纪才学会烧造陶瓷。"虽然如此，在当时由中国传入的各种工艺中，制瓷法还是最容易为人所掌握。在萨克森，这种新工业在短期内就成为最丰富的收入来源之一。腓特烈大王在七年战争中占领萨克森以后，便利用迈仙的瓷器，清偿他的债务。当时他赠送一个瓷鼻烟壶给卡谟氏女伯爵作为礼物，在随附的信中说：'亲爱的小母

---

① 刘迎胜：《丝路文化（海上卷）》，杭州：浙江人民出版社，1995年，第299页。
② ［德］利奇温：《十八世纪中国与欧洲文化的接触》，朱杰勤译，北京：商务印书馆，1962年，第20—21页。

亲，我给你一件小小的礼物，使你将常常记起我——我在这里为世界各处订造瓷器——真的，这种脆薄易破的物质是我现在仅有的财富了。我们现在穷得像乞丐一样，我希望凡接受我这些礼物的人，都当这些礼物作硬币一样；我们现在，只有光荣、宝剑和瓷器。'"①可见，瓷制鼻烟壶在欧洲人眼中的地位与身份。

除了海上贸易，清廷还通过"赏赉"或"恩赐"的方式赠予鼻烟壶给海外使臣。欧洲人对这些"异域之花"的瓷器、漆器迷恋之极，并将之视为珍宝。

延伸

对烟具的全息性考察价值不仅在于它能还原与建构全息化社会，还在于它将引领我们朝向艺术全息学迈进。烟具作为人类吸食史的社会进化物体系，它被发现的或未被阐释的全息知识已然成为社会的全息元，它所传递的全息知识呈现出一种被信任与理解的世界性文化存在。更进一步地说，烟具作为物体系转进为观念化的社会特例细胞元，它能替代文字系统直接讲述社会文化历史，这种器物的全息化社会意义与功能明显要超越于文字书面系统。由此至少可以得到以下几点深远启示：第一，物体系是世界文化体系的重要组成部分，尤其能利用它的表意系统全息社会文化整体风貌，反之，失去对物体系的全息阐释，世界文化是不完整的；第二，对物态形式的文化全息，并与传世文献相互印证，或能将世界文化史推至久远的没有文字的年代，进而大大丰富人类文明，以有限之物实现对无限世界的文化全息；第三，全息器物及其隐喻物体系能打通各种艺术文化的界限，并成为一种值得信赖的艺术批评方法，具有强大的世界性艺术文化叙事功能。因此，艺术全

---

① ［德］利奇温：《十八世纪中国与欧洲文化的接触》，朱杰勤译，北京：商务印书馆，1962年，第25页。

息论或能为解读中外艺术文化提供别样的途径。

烟具的现象与哲学

烟具，一种社会行为、权力与身份的象征符号。在"无烟不礼"的汉民族文化体系中，烟具是交往行为中具有伦理意义、社会意义和精神意义的媒介。在伦理意义层面，烟具是人类交往伦理体系中的润滑剂；在社会意义层面，烟具是阶层与等级的区分标识；在精神意义层面，烟具是精神消遣的一种自我麻醉手段。因此，烟具是一种值得信赖的物体系和思体系的结合，它反映出人类吸食历史文明中充满了隐喻结构与象征。

烟具最大的哲学在于吸食行为的仪式哲学。吸食行为的仪式价值不仅在于吸食仪式本身的精神享受，还在于这种仪式背后的社会伦理哲学。或者说，作为一种社会行为，吸食仪式所展示的社会圈层、阶层地位和精神理性，体现了特定社会的文化外化与文明表征。因此，烟具技术赋能了社会文化与文明的区分，为社会权力与阶层的划分提供了媒介。

给我点支烟吧！如果我吸烟。

第十章
漆器：漆香同船去

"丝绸之路"作为人们约定俗成的统称，在法国学者布尔努瓦那里得到进一步验证。他在《丝绸之路》中这样指出："如果仔细考究一下许多人的游记故事，那就会看出，'丝绸之路'从此之后似乎不再名副其实了。'丝绸之路'完全是一个近代提法，在上古时代和中世纪中的游记故事中根本没有这样的称呼……在元帝国统治时代，从黑海到太平洋的这条通道又先后变成了香料之路、茶叶之路和漆器之路，而且也是外交使节们来往的必经之路，并不完全是丝绸之路了。"[1]换言之，"丝绸之路"亦可称为"香料之路"，或"茶叶之路"，或"漆器之路"。

中国漆艺承载中华民族丰富的文化及美学思想，海上丝路上的中国外销漆器见证了中华文化对外传播的历史，也折射出中外文化交流的意义与内涵。

---

[1] ［法］布尔努瓦：《丝绸之路》，耿昇译，乌鲁木齐：新疆人民出版社，1982年，第240页。

据历史文献及对考古资料研究发现，汉代中国东南沿海以及百越地区已经开辟港口与海外进行商业经济和文化交流。《汉书·地理志》（卷28下）曰："自日南障塞、徐闻、合浦船行可五月，有都元国；又船行可四月，有邑卢没国；又船行可二十馀（余）日，有谌离国；步行可十馀（余）日，有夫甘都卢国；自夫甘都卢国船行可二月馀（余），有黄支国；民俗略与珠崖相类。其州广大，户口多，多异物，自武帝以来皆献见。"[1]这段文字是对中国古代海上丝路航线第一份较为完整的记录。汉代的海上贸易受地理条件与海洋技术的影响，对外贸易与交流极其有限，主要是通过"朝贡"与"赠予"的方式实现产品的互通及交换。另外，同欧洲与非洲的贸易也无法实现直接互通，主要依赖东南亚、南亚及西亚等地区的贸易中转站实现。至唐宋时期，在东西洋之间的国际海上贸易港口互通网点开始逐渐增多，海上丝路贸易开始走向繁盛，中国东南沿海的泉州港被世界公认为海上丝路的起点。特别是宋代经济、文化以及海洋技术的发达，加之海外世界对海洋探险与贸易的热忱，海上丝路经济文化交流空前繁荣。到了明朝，由于国家施行海禁政策，尽管有国家性与朝贡性的郑和下西洋的航海贸易，但海上贸易明显开始下滑。曾经充满活力的民间海上丝路活动因朝廷政策限制而转型为海上走私行为。从某种程度上说，"海上贸易走私"为承续海上中外贸易的发展做出了一定的贡献。不过，由于民间对海上贸易的需求以及海外国家势力的扩张，清朝政府也曾有限度地开放东南港口与西方国家通商。然而，明清时期对海上丝路的海禁或"有限度的开放政策"迫使中国退出航海贸易竞争，丧失了海上贸易发展的大好机遇，从而为东亚的日本，以及欧洲的英国、法

---

[1] ［汉］班固：《汉书》，北京：中华书局，2007年，第314页。

国、葡萄牙、西班牙等国的崛起提供了空间。

"丝绸之路"之名，最早由德国地质学家李希霍芬（1833—1905）在1877年提出。在李希霍芬看来，中西陆路通道主要以丝绸为贸易对象，因此得名"丝绸之路"。实际上，唐中期以后，"丝绸之路"至少发生了两种性质的变化：一是唐中期以后国家政治经济中心南移，西北及北方的陆上丝绸之路关闭，因此，陆上丝路被南方的海上丝路取而代之；二是宋代瓷器出口逐渐成为主要大宗货物，因此，海上丝绸之路又被称为"海上陶瓷之路"。因而，包括海上丝路在内的"丝绸之路"不过是约定俗成之名。

在古代，海上丝路的航线主要有两条：一条是前往朝鲜、日本的东海航线，另一条是前往东南亚及印度洋地区的南海航线。需要指出的是，海上丝路与陆上丝路并非以今天的西欧为"终端"，而多半是经天竺（印度）、安息（波斯）、大秦（罗马帝国）等国中转。

在学术界，研究"丝绸之路""香料之路""茶叶之路""瓷器之路"均有之。不过，我们不能忘记，"丝绸之路"还是一条"漆器之路"。西汉时期，汉武帝平定南越后，便派遣使者由今天广西的合浦港出发，远航南海、东南亚及印度诸国。汉代是一个漆器的时代，漆器必然成为汉代海上丝路贸易的大宗货物之一。另外，汉代中后期，中国漆器远销高丽（今朝鲜半岛中南部）、日本等国家，今天东亚国家出土的汉代漆器可以作证。唐宋时期，西北的陆上丝绸之路被阻塞，中国东南沿海的海上丝路兴起，与大食、波斯、天竺、占城、真腊、三佛齐、大秦、细兰等国家通商，可以从《诸蕃志》《岭外代答》等文献中窥见中国漆器远销以上诸国的历史事实。明清两代，海上丝路为中国漆器远销阿拉伯、葡萄牙、西班牙、英国、法国、俄国、美国等欧美国家提供契机与途径，并在法国、英国、比利时等国之宫廷形成一股时尚的"中国风"。无疑，海上丝路上的中国外销漆器对西方人的生活及其审美观念产生深远影响。

由于漆器一般不宜在陆路进行贸易，尤其是西北的丝绸之路，沙漠多，天气干燥，漆器容易风干而损坏。因此，中国古代漆器输出依赖陆路流通的

较少。唐中后期，随着海上丝路的兴起与繁荣，海洋潮湿的气候与便利的船只为漆器运输提供绝佳的条件。特别是唐以后海外国家对中国漆器、瓷器等工艺之美的神往与需求，也加大了中国外销漆器的输出力度。因此，古代中国的泉州（"四湾十六港"）、广州（番禺）、宁波（明州）、福州（太平港）、扬州（运河体系）、漳州（月港）、蓬莱（登州）、海州（连云港）、北海（合浦）等沿海地区及港口成为中国漆器外销的主要集散地。

由于漆器非常珍贵，在中国古代又多为皇家贵族所享用，因此，相对于丝绸、瓷器、茶叶、香料等大宗货物而言，中国古代海上丝路上的漆器贸易相对较少。但由于中国传统漆器高贵的美学气质与文化内涵，与丝绸、瓷器、茶叶等货物相比，漆器对西方文化的影响也是深远的。因此，海上丝路作为"漆器之路"同样要被纳入丝路工艺文化研究的视野。

在海上丝路视野下，漆器是流动的。漆器文化也是流动的。换言之，海上漆路是中国文化向海外传播与传承之路。因为海上丝路物质交流深深打上了双方文化及其审美价值观的烙印。漆器、瓷器等贸易往来不仅把中国文明或中国价值输往海外国家，还把中国文化或中国美学带进海外人的心灵，特别是海外文化人或艺术家因此受到中国文化的熏陶而根植于中国思想与中国艺术。因此，海上漆路成为中国文化输出、传播与发展的肥沃土壤。

漆器的故乡在中国，它的漆文化与美是西方人一直以来神往的对象。西方人对"漆"的认知较早见于《旧约全书·创世记》（第11章）中有关"拿石漆当灰泥"建造"巴别塔"的故事叙事①。西方人眼中最早的"石漆"是一种类似于彩砂的建筑材料，还不是中国漆器使用的自然漆。13世纪马可·波罗在他的游记中曾记载并描述了这个东方的神秘之物——大漆（即自然漆）。当他返回意大利时，在游记里描绘了包括漆器在内的各种器物文化。马可·波罗的游记给还处在蒙昧时期的欧洲人带去了许多东方文化的神秘，这或许是西方人首次遇见的文学叙事中的中国至美漆艺。16世纪意大利传教

---

① ［日］前岛信次：《丝绸之路的99个谜：埋没在流沙中的人类遗产》，胡德芬译，天津：天津人民出版社，1981年，第29页。

士利玛窦（1552—1610年）曾在《利玛窦中国札记》中这样描述古代中国神奇的"大漆"："中国人用这种东西制备一种山达脂（Sandarac）或颜料，他们称之为漆。"①著名的罗马尼亚学者尼古拉·斯帕塔鲁·米列斯库在《中国漫记》中这样指出："传到我们这里的各种丝绸、瓷器、镶金雕花木箱以及漆雕，都充分显示了他们的聪明才智……他们还用硬大理石、宝石雕成各种东西，然后上漆，技艺高超，可谓巧夺天工。"②这些巧夺天工的漆器成为欧洲人对东方的神往之器。同时，中华漆器文化也改变了海外人的生活方式及其文化素质，并在一定程度上影响了他们的文明发展进程。

古代海上丝路不仅是漆器贸易之路，还是一条漆器文化交流之路。丝路上的漆器是"中华文化大使"，它用自己奢华而珍贵的美学思想及文化沾溉了西方文明，并深刻影响西方人的生活方式及其文明发展的步伐。

中国漆器海外输出的缘起

从汉唐起，尽管中国古代海上丝路贸易中的外销漆器远不及外销瓷器，但海上丝路的开通以及外销瓷器贸易的发展为外销漆器文化的传播提供契机。漆器作为中国古代工艺文化的"骄子"，在中外文化交流中传递出中华文化与美的理想，也激发海外国家对中国的无限梦想。

港口：文化互通之端

海上丝路贸易的重要端点是东西洋之间的港口，这些贸易港口不仅成为

---

① ［意］利玛窦、［比］金尼阁：《利玛窦中国札记》，何高济等译，北京：中华书局，2001年，第18页。
② ［罗］尼古拉·斯帕塔鲁·米列斯库：《中国漫记》，蒋本良、柳凤运译，北京：中国工人出版社，2000年，第46—47页。

东西方大宗货物的交易集散地，还是东西方文化交流的平台。在海上丝路贸易中，合浦港、广州港、泉州港、宁波港等成为中外贸易及文化交流的重要港口。

在秦汉时期，南越的合浦港就成为我国对外贸易的重要口岸。汉武帝时期，国家征集楼船，"会至合浦，征西瓯"。合浦成为当时海上丝路贸易的标志性港口、东西方货物贸易的重要交易网点。《西汉南越王墓》载："南越王墓西耳室一个漆盒内的树脂状药物，重26克，外形与泉州后渚宋船内发现的乳香类似，虽然所含成分已经分解，但不排除它确实是乳香。故被视为珍品，而放入墓中。乳香主要产于红海沿岸，南越国从南亚地区间接输入乳香是可能的。"①可见，汉代时期的南越国与红海沿海国家的货物贸易是可信的，合浦也就成了汉代南海市舶的重要关节点。同时，南越王墓出土的漆盒以及红海沿岸产的乳香，也见证了中国古代海上丝路贸易从西汉开始逐渐兴起。《后汉书》载："至桓帝延熹九年，大秦王安敦遣使自日南徼外献象牙、犀角、玳瑁，始乃一通焉。"②安敦，即罗马皇帝安东尼·庇乌斯。这段史料意味着汉桓帝年间中国已与罗马有直接往来。

在唐宋时期，广州是全国重要的商业性大都市，广州"通海夷道"是当时世界上最长的远洋航线。《史记》载："番禺（广州）亦其一都会也，珠玑、犀、玳瑁、果、布之凑。"③唐宋政府在广州港设置市舶使，征收关税，监督、管理市舶贸易。海上丝路对外贸易品包括漆器、丝绸、瓷器等大众货物，也允许外商来华进行商品贸易。"通海夷道"暗示广州港在海上贸易中的国家性地位。宋代的广州港仅次于泉州港。2007年"南海Ⅰ号"沉船遗迹的发现，尤其是在海底发掘的漆器、瓷器等，证明南宋时期的海上贸易活动频繁。到了明清时期，国家施行海禁政策，广州港一直处于"一口通商"的

---

① 广州市文物管理委员会等：《西汉南越王墓》（上），北京：文物出版社，1991年，第346页。
② [南朝宋]范晔：《后汉书》，郑州：中州古籍出版社，1996年，第847页。
③ [汉]司马迁：《史记》，北京：中华书局，2010年，第3268页。

繁荣局面，成为我国最大的海上贸易中心。

在历史上，泉州有"四湾十六港"之称，泉州港就是古代海上丝路最为重要的港口，在马可·波罗看来，它与当时埃及的亚历山大港齐名。在唐代，政府在泉州置市舶司、设参军事，监管海上贸易等诸事务。西方人将泉州称为"刺桐"，马可·波罗在游记中将之誉为"东方第一港"。当时东亚的日本、韩国的贸易主要通过泉州港，阿拉伯地区及南海诸国的贸易往来也主要通过泉州港。1087年，泉州正式设立市舶司负责对外海上贸易活动。明清两朝，在国家海禁后，泉州港口贸易几度被废。1474年，泉州市舶司移至福州，此时以漳州月港为代表的民间贸易走私活动日益猖獗，漆器、瓷器等大宗货物交易并没有因海禁而停止。

另外，宁波港（明州港）也是我国古代东南沿海重要的港口，它地处南北航线之终端，又是我国大运河的出海口。因此，明州港在通往中国内陆与通往海外贸易中具有重要位置。《真腊风土记》之"欲得唐货"条曰，"其麤重则如明州之席"①，说明唐代明州已开埠通商，当时外销越窑青瓷最负盛名。991年，明州港两次受命制造"神舟"，将中国的漆器、瓷器、金银、杂色帛、铅锡等大宗货物运往日本、高丽以及南海诸国，同时也将中国的器物文化带到海外。

海岸港口不仅内通中国大陆，还远通海外诸国。由于港口的市舶通商以及海岸经济的繁荣，它们也自然成为中国南方政治、经济与文化的中心。因此，古代中国港口是中外各国文化交流的中心，在中国沿海的一些世界性港口也就成为世界文化交流的端点。

中唐后期西北丝路没落及南方经济繁荣

中国属于内陆型农业国家，海上贸易在唐代以前并不占有显赫位置。但

---

① ［元］周达观、耶律楚材、周致中：《真腊风土记校注·西游录·异域志》，北京：中华书局，2000年，第148页。

大约在9—10世纪的唐宋之交，北方的频繁战争迫使国家政治中心南移。因此，南方经济迅速发展，尤其是东南沿海城市利用港口等便利地理条件，使得地方经济文化快速发展，并走在全国前列。

随着南方经济的繁荣与城市的崛起，人民生活水平日益提高，物质消费观念也随之发生转型——从低端的物品消费转向具有审美趣味的高端物品消费。因此，漆器必然成为日常生活中的重要消费品。江苏常熟出土的五代时期的漆镜盒内侧铭刻有"魏真上牢"等字样，说明当时东南沿海的漆器生产已有私营化或商品化特征。进入宋代以后，唐以降的"百千家似围棋局，十二街如种菜畦"的城市格局不复存在，城市中可以开店设铺，商人与手工业者成为城市中最为活跃的分子。漆器、瓷器等高档生活用品不仅在国内成为消费对象，也成为向国外输出的重要产品。明代城市格局被商业化新经济形式打破之后，市民阶层的审美思想日益膨胀，无论是新的市民阶层，还是统治阶级与贵族，他们都希望消费奢华的漆器。尤其到了明代，民间漆工坊异军突起，名匠辈出。官僚严嵩家就蓄养名匠周翥，为家族专门制作漆器。明代的扬州也成为全国漆器的制作中心，漆器作坊林立，用漆器命名的街巷就有"漆货巷""罗甸（螺钿）巷""大描金巷""小描金巷"等，周翥在扬州以制"百宝嵌"成名。以漆器为产业的工艺街坊证明当时漆器已成为南方经济发展的"新引擎"。其中，两淮盐政专设漆作，承接宫廷各种漆器器皿制造，安徽新安"剔红"名噪当朝。山西新绛漆器作坊林立。浙江嘉兴漆艺高手云集，明万历年间扬州著名漆艺大师江千里（字秋水）就出生于嘉兴，以制作"点螺漆器"著称于世。可见，明代江南物质文化高度发达，为漆器的生产与消费奠定了雄厚基础，更为漆器的海外输出提供了保障。

中唐以后南方经济的崛起带动了漆器高消费，使得中国漆器艺术走向繁华时期，同时，漆器也快速走向商品化轨道。特别是明代中晚期，南方沿海地区带有资本主义萌芽特征的漆器贸易促使海上丝路漆器贸易走向繁荣。

文化外溢及中国海域开拓

在清代以前，中国是世界上最富庶的文明古国，一直秉承文化输出主义。中国的大国文化身份与显赫地位，尤其它的工艺文化一直被西方文化所神往与接受。诸如漆器、瓷器、陶器、丝绸等都是被世界向往的文化消费品。汉代以来，海上丝路开通，并逐渐成为中国向世界输出大宗货物及文化的重要桥梁。

在海上丝路贸易过程中，外销器物成为中国文化向海外输出的重要载体。外销漆器、外销瓷器、外销丝绸等具有中国文化特色的大宗货物成为中国文化的传播大使。尽管漆器不是海上丝路贸易里的主流外销商品，但漆器凭借它特有的文化魅力与艺术气质吸引了西方人对它的垂青。日本学者羽田亨在《西域文化史》中坦言："中国的工艺品，特别是绢帛等诸种织物类以及漆器、铁器等曾是西方诸国垂涎的东西。"[①]中国器物文化以特有的艺术秉性散发出中国文化的魅力，它所传递的美学思想表现出一种被西方信赖的大国文化印象。于是，中西文化的交流与碰撞在丝路贸易的带动下走向繁荣，中国东南沿海的海上贸易对外拓展也因此成为必然。

汉武帝以来，中国对南海的拓展也加速了中国海外货物输出的步伐。东汉时期，海路西达印度、波斯等国，南及东南亚诸国，北通朝鲜与日本。三国时期，海路北上辽东、高句丽（今朝鲜），南下夷州（今中国台湾）和东南亚（今越南、柬埔寨）。隋唐时期，海路由泉州或广州启航，经海南岛远及环王国（今越南境内）、门毒国、古笪国、龙牙门、罗越国、室利佛逝、诃陵国、固罗国、哥谷罗国、胜邓国、婆露国、狮子国、南天竺、婆罗门国、新度河、提罗卢和国、乌拉国、大食国、末罗国、三兰国等国家。根据《岭外代答》与《诸蕃志校释》记载，宋代海路由泉州、广州等港口出发，与中国通商的国家有占城、真腊、三佛齐、吉兰丹、渤泥、巴林冯、兰无

---

① ［日］羽田亨：《西域文化史》，耿世民译，乌鲁木齐：新疆人民出版社，1981年，第78页。

里、底切、三屿、大食、大秦、波斯、白达、麻嘉、伊禄、故临、细兰、登流眉、中理、蒲哩鲁、遏根陀国、斯伽里野、木兰皮等总计58个国家。明代郑和下西洋,海路远及占城、爪哇、旧港、满剌加、哑鲁、苏门答腊、那孤儿、渤泥、小葛兰、彭亨、锡兰山、三岛、苏禄、吕宋、溜山、打歪、八都马、柯枝、南巫里、古里、坎八叶、木克郎、甘巴里、阿拨巴丹、阿丁、天方、米息、麻林地、忽鲁模斯、祖法儿、木鲁旰、木骨都束、抹儿干别、不剌哇、慢八撒、木兰皮等国家。譬如《明会典》就详细记录了大约130个朝贡国,其中海上东南夷就有62国之多。中国海域商业贸易的拓展为漆器、瓷器等货物的输出提供可能,也为中国文化的输出提供可能。

漆器的美学张力与异国风情

中国是世界上最早发现与使用大漆(自然漆)的国度,漆器文化比汉字还要古老。罗马尼亚学者尼古拉·斯帕塔鲁·米列斯库曾称赞中国漆器为"世界著名工艺品"。[①]它特有的文化魅力与审美张力成为中外人们为之神往的对象。法国诗人瓦雷里说:"假如单单使用中国舶来的物品,而不屑于研究中国人的性情与中国人的精神,假如单单赏玩中国人手造的一瓶、一盂、一漆器、一象牙品、一铜鼎、一玉物,就未免太浅薄了。"[②]瓦雷里对法国人的忠告显示,漆器等中国造器物成为法国人神往与沉迷的对象,或者说具有审美张力的中国漆器等高贵消费品已然被法国人普遍玩赏且使他们陷入"不屑于研究中国人的性情与中国人的精神"的地步。

那么,这些令法国人神往的中国古代漆器具有哪些独特的审美张力呢?从尧舜时期的"觞酌有彩",到汉代的"错彩镂金",经六朝的"静穆玄

---

① [罗]尼古拉·斯帕塔鲁·米列斯库:《中国漫记》,蒋本良、柳凤运译,北京:中国工人出版社,2000年,第239页。
② 钱林森:《光自东方来——法国作家与中国文化》,银川:宁夏人民出版社,2004年,第241页。

淡",到宋元的"炫技逞巧",至明清的"满眼雕刻",中国漆器溢彩流光而千姿百态,它们共同构筑中国文化魅力的独特艺术形态,它们的审美张力不仅表现在漆器等生活器皿上,还沾溉音乐、书画、建筑、宗教等诸多艺术文化领域,并表现出独特的审美趣味。在西方人看来,这些漆艺的异域趣味正是他们所神往的。

首先,在音乐方面,髹漆是琴瑟的伴侣。漆面坚硬,可以保护乐器外体免受侵蚀;漆膜有弹性,对于传音、共鸣皆有改善,更可衬出乐器音韵悠长绵远。大漆不仅有防蚀、耐酸碱、防潮、耐高温等功能,大漆的黏性还能为乐器制作提供天然"乳胶"。漆色的黑含蓄、蕴藉,给人以深沉内敛的美感,更烘托出乐器典雅深邃的传统东方文化意蕴。排箫、琴、瑟等常髹以黑漆,如湖北随县战国初期曾侯乙墓出土的十弦琴,通体涂布厚厚的黑漆。南北朝时期的古琴"万壑松风——仲尼式",中层为坚硬的黑漆,表层为薄栗色漆。隋琴"万壑松风——霹雳式",面为黑栗壳色,间朱漆,底栗壳色漆。唐琴漆色也主要以黑色、栗壳色为主。大漆使乐器富有沉静大气的视觉美、温润而光滑的触觉美、静穆而不闹的听觉美,大漆给人们带来的质感也是古乐器的审美诉求。大漆之道与乐器文化交相辉映,使古代乐器浸透着东方音乐艺术的神韵与独特的文化内涵。

其次,在建筑领域,大漆是天然的优良建筑涂料。中国古代土木建筑具有极好的稳定性,但木质结构的防潮、防虫、防腐蚀性较弱,而大漆的特性恰好弥补了木材的缺陷。《国语·楚语》记载"土木之崇高、彤镂为美"①,虽为大夫伍举批评楚灵王修建章华台的奢侈行为,但这里的"彤镂"反映了我国古代在建筑上采用丹漆髹绘的悠久历史,也反映了古代人们将建筑彩绘作为奢华生活的标志和追求。古代建筑讲究装饰美,大漆的光泽使古代中国建筑文化独具魅力。"雕梁画栋"既是中国古典建筑装饰的法则,也是等

---

① [春秋]左丘明:《国语》,尚学锋、夏德靠译注,北京:中华书局,2007年,第295页。

级礼制文化的体现。《左传·庄公》曰："秋，丹桓公之楹。"①此处"丹楹"，即用红漆髹门前的柱子。又曰："春，刻其桷，皆非礼也。"②这里"刻桷"，即在椽子上刻画。据古礼，天子、诸侯之楹规制用黑漆，但鲁庄公刻桷乃为"丹楹"与"刻桷"，故被认为是"非礼"奢靡之举。丹楹刻桷说明春秋时期建筑彩绘刻画的装饰形式已经开始。

再次，在书画艺术中，史籍中多见"漆文字""漆书""漆书多汗竹"等漆物叙事。相传战国时期魏国史官所作的《竹书纪年》为漆书写成，战国时期，楚国曾用漆装饰毛笔。1954年湖南长沙左家公山墓就曾出土一支髹漆的毛笔。扬州博物馆藏西汉晚期彩绘嵌银箔漆砚，背以朱漆为地，身髹黑漆。1965年安徽寿县东汉墓出土的长方形漆砚，上髹黑漆，外加朱漆。从出土的漆器书法看，汉代漆器上的大漆书法艺术成就最高。1987年荆门包山2号墓出土"彩绘车马出行图圆奁"，绘有众多的人和物，堪称楚漆画中的奇葩。漆画的美不仅在材质，还在工艺，这是其他画种无法替代的。

最后，在佛教文化中，魏晋时期佛教徒为宣扬佛法，车载"行像"进行巡游的习俗开始兴起。东晋雕塑家戴逵汲取传统漆器夹纻工艺技法始创夹纻漆像，这种干漆像比铜铸、泥质、木雕之行像要牢固而质轻，更易彰显佛之"高大"以及"道俗瞻仰"。唐天宝年间，唐代夹纻造像技术由东渡传法的鉴真法师带去日本，对日本漆器工艺也产生了重要影响，如日本奈良唐招提寺保存的三座大佛，均为夹纻佛像，其中鉴真干漆像被视为日本的国宝。"夹纻行像"是漆器工艺与佛教艺术的一次完美结合。大漆作为佛像装饰材质的美学潜质与佛家追求的涅槃清寂、空灵生命等宗教精神是同构的。

中国漆艺不仅融入古人使用的器皿等日常生活物品之中，还促成中国的音乐、建筑、书画、佛教等精美的艺术文化形态。漆艺空灵而生动的空间造型、飘逸而神奇的图案叙事、丰富而鲜明的色彩构成、实用而唯美的价值皆是中国文化与美学思想所具有的先天艺术特质，加之西方一直没有生漆种

---

① ［春秋］左丘明：《左传》，李维琦等注，长沙：岳麓书社，2001年，第90页。
② ［春秋］左丘明：《左传》，李维琦等注，长沙：岳麓书社，2001年，第91页。

植，又在"异国情调"的驱使下，中国漆艺因此成为海上丝路文化输出的重要对象，漆艺也默默地传递着中华文化及其审美思想。同时，透视中国漆艺的"他者想象"，亦能完整地看出世界文化融合的态势。特别是当中国漆艺文化介入欧洲文化之时，中国文化以特有的魅力征服并改变了欧洲的文化，显示出中国文化的全球化特质。

中国漆器海外输出的契机

中国漫长的海岸线有许多天然的海湾与港口，其中港口的开辟为中外文化交流提供良好的发端地。随着中唐后期西北丝路的阻塞及南方经济的快速繁荣，作为东方大国的中国，海域的拓展与文化的输出成为时代所需。于是，古代中国海岸港口之通商及海运使国家重要的经济发展政策得以实施，尤其是海上丝路航线的开通为中国文化的输出提供可能。

港口通商及海运政策

港口、通商、海运是中国漆器、瓷器等大宗货物海外输出的三大基础性条件。其中，港口是水陆交通的运输设备与重要枢纽，通商及海运政策是保障贸易顺利交易的制度支撑。唐宋以前的中国东南沿海港口基本上处于天然、半开放、自然流通的状态，因此，此时的丝路海上贸易十分有限，中外贸易往来多为间接贸易。在交易国范围上，最多东至日本、朝鲜，南至东南亚、南亚等诸国；在交易规模上，商船远航能力、贸易交易量以及交易货物品类均有限。这些说明港口、通商与海运直接支配海上贸易的规模与范围。

天然的中国海运港口，加之没有完备的通商及海运政策，这实际上严重制约了海上丝路贸易的发展与繁荣。在汉代时期，汉武帝开始在南越建立合浦港，同南海、东南亚及印度洋沿岸各国进行通商。后来又新建广州港、

杭州港、泉州港、登州港等，扩大海上贸易规模。至唐代，唐政府实施自由开放的海疆政策，先后开放明州港（今宁波港）、扬州港、泉州港等，积极鼓励同海外通商。在海外贸易的规模与范围上，较以前均有所扩大，《新唐书·地理志》曾记载中国商船已由印度洋出发远至波斯湾。宋元时期，国家建置泉州港、福州港、厦门港等与海外通商，《诸蕃志校释》《岛夷志略》等记载中国商船在太平洋与印度洋等广阔海洋上通行，与日本、朝鲜贸易更加频繁，进出口货物种类繁多。"近年从南朝鲜木浦附近的海底考古发现，沉船里有大量宋代遗物，其中不乏漆器、瓷器等"[1]，这是当时中国与高丽海上贸易的有力证据。明清时期，国家实施朝贡贸易制度，海禁后专设广州港与国外贸易，并在此设立市舶司监管朝贡贸易，欧美各国来华进行商品贸易，并在中国开设商行，兴建商馆。

港口的建立为各国商人通商提供交易的平台，港口也就成为互易货物的海上市场。根据荷兰文献记载，今印度尼西亚的万丹省（16世纪后期至19世纪初期统治爪哇西部的伊斯兰教王国）在17世纪初，作为一个通商枢纽，云集各国商人，有中国人、波斯人、阿拉伯人和孟加拉人等，其中不乏中国的漆器贸易。在当时，爪哇西部的万丹港设有三处贸易市场，其中"第一个市场在城市东侧，凌晨开市，生意做到9时收市，广东人和印度等国的商人一起，经营生意。中国摊棚（Chineser Cramen）成一排，与波斯人、阿拉伯人和孟加拉人为邻。他们出售从广东运去的生丝、纺织品、绒缎、金捆、金绒、陶瓷、漆器、大小铜壶、水银、精巧木柜、各种纸张、历书、金封面的书、镜子、梳子、念珠、硫磺、日本刀、加漆刀鞘、人参、扇子、阳伞等"[2]。可见，明末万丹港不仅有固定的通商市场，还为通商制定有序的贸易时间及货物对象。

通商不仅需要港口作为交易的平台，还需要通商管理制度。由于明代的

---

[1] 李德金、蒋忠义等：《朝鲜新安海底沉船中的中国瓷器》，《考古学报》，1979年，第2期。

[2] 黄启臣：《广东海上丝绸之路史》，广州：广东经济出版社，2003年，第457页。

朝贡通商制度限制多，手续极其烦琐，加之朝贡数量庞大，旧的通商朝贡制度越来越不适应海上贸易的发展，特别是禁海以后的私人海上贸易的猖獗，迫使国家必须改革海上通商制度。隆万年间，明政府在福建月港施行新的海商管理制度。新的海商管理制度为海禁后的海商贸易提供了契机，也为海上丝路的发展与承续提供了制度保障。

中国有漫长的海岸线，而且内河运输也十分发达。大约在商代，我国已经开始出现帆船，鸿沟、邗沟、灵渠、运河等古代水运系统异常发达。但近代以前，中国的海运系统及其海运政策明显次于内河运输。所谓"海运政策"即国家为海上通商与运输专门制定的政策。不过，早期中国人对"海运"的理解还局限在海洋潮汐现象上。郦道元在《水经注》中指出："高下定度，水无盈缩，是为海运，亦曰象水也。"①但汉以来，随着中国港口由天然港转向人工港，国家对海运高度重视。如唐代在广州设市舶使（714），宋代在广州设市舶司（971）、市舶场等，元代国家还专门制定海运条例——《市舶条例》，并制定《市舶法则》（1293）。国家海运政策的实施，是保障海上丝路贸易正常发展的重要条件。

总之，中国古代港口的兴建与通商及海运政策的制定，为中国漆器海外输出提供重要契机。港口为中国古代漆器贸易提供重要的枢纽，通商及海运政策为中国古代漆器贸易提供法律依据，尤其是健全的通商及海运条例的制定，为漆器海上贸易进出口提供国家性的政策保护。

海上丝路国际航线的开通

如果说港口是古代海上丝路通商的基础设施，那么海上丝路航线的开通则为远洋贸易提供国际通商的大通道。根据中国海岸线的分布格局，中国古代海上丝路的国际航线大致有东洋航线、南洋航线与西洋航线等。东洋航

---

① ［北魏］郦道元：《水经注》，陈桥驿注释，杭州：浙江古籍出版社，2001年，第565页。

线主要由中国沿海港口通向高丽与日本，南洋航线主要由中国沿海港口通至东南亚诸国，西洋航线主要由中国沿海港口通向南亚、阿拉伯以及远至东非沿海诸国。南洋航线与西洋航线是海上丝路的主要航线，它们均以南海为中心，因此，又统称为"南海丝绸之路"。

西汉时期，南越国与印度半岛之间就开通有丝路航线。后来汉武帝平定南越国之后，又拓展了由合浦通向印度洋的航线。东汉时期，中国商人在广州港进行贸易，将中国的漆器、瓷器、丝绸等货物由马六甲、苏门答腊岛运往印度，而印度商人将这些货物又经红海运往埃及的开罗港，再由希腊、罗马商人从埃及运往地中海城邦国家。魏晋以后，中国南海丝路贸易以广州为起点，经海南岛直穿南海诸国，通向印度洋、红海与波斯湾等地。到了唐代以后，南海丝路远及非洲大陆，一直延伸到地中海沿海各个国家，并直驱欧洲内陆国家。

中国海上丝路国际航线的开通，不仅表明中国造船及远洋航海技术的发达，还说明中国对海洋贸易及对外政策的重视。古代海上国际航线的开通为中国漆器的流通提供绝佳的契机，也暗示海上丝路背后一种文化与精神的延伸，特别是包括漆器文化在内的中国文化在海外的传播与传承。

海洋气象学与航海技术的进步

海上丝路与陆上丝路相比，前者相对运输成本低。同时，漆器不易陆路运输，干燥的沙漠气候可能引起漆器的毁坏，而船舱就是一个天然的"荫室"。对怕干燥的漆器而言，海洋的潮湿气候有利于漆器的保存与运输。但是，海洋运输也有不利的一面，如恶劣的海洋气候加剧了海上丝路贸易的风险。因此，发达的造船及航海技术就成为海上通航的安全技术保障与先决条件。

海洋气象知识的掌握是古代海上丝路开辟的重要科学基础，特别是对海上季风和海潮的利用与认识。海风、海潮是海上丝路贸易的自然天敌，中国在唐宋以前，海上贸易规模不大的原因之一就是海洋知识的匮乏，导致远洋能力不足。尽管我国在《诗经》时代就有对"大海"的认识,但一直到三国时期才有首篇关于潮汐的专论,即已佚的《潮水论》(严畯著)。不过,到了唐宋以后,中国对海洋潮汐科学的认识已经达到相当高的水平。有关中国"丝船"经菲律宾马尼拉至墨西哥的一段航行有这样的描述:"大帆船大多乘6月西南季风启航,开始世界上最长和最危险的航行。先乘风北上,至北纬40度和42度之间的水域后,利用西风顺'黑潮'(指日本至美洲间由西向东的海流)转向东航。当船靠近北美海岸三四百公里时,便借助常出现于这一带海岸的西北风、北风折向南航,直抵航线的终点——阿卡普尔科港。整个航程,平均约需六个月。若航行顺利,有时只需三四个月的时间。"[①] 可见,航海贸易的商人必须熟练掌握海上季风、海潮等海洋气象学,否则很难顺利抵达目的地。明代胡宗宪所著《筹海图编》中的《沿海山沙图》《登莱辽海图》等,郑若曾所著《郑开阳杂著》中的《万里海防图》《海运全图》等,茅元仪所著《武备志》中的《海防图》《郑和航海图》等,以及清代方观承所著《两浙海塘通志》、翟均廉所著《海塘录》等,这些有关海洋知识的文献均显示了中国古代海洋科学知识的发达,它们为海上丝路贸易的发展提供重要的知识条件。

造船与航海技术也是海上丝路通商的重要保障。中国古代造船技术发达,它为海上丝路贸易提供了重要的技术条件。1974年,考古人员在广州中山四路发现秦汉时期的"造船遗址",这充分说明秦汉时期广州造船技术已经相当发达。同时,航海技术也表现在航海测绘以及海上导航知识上。汉代中国海洋导航技术已经初具雏形,《汉书·艺文志》曾载中国早期占星导航书籍《海中星占验》等136卷。到唐代,《海岛算经》一书表明中国古代已经初步掌握航海基本测绘方法。北宋时期,《萍洲可谈》(1119)曰,"舟师识地理,夜则观星,昼则观日,隐晦观指南"[②],说明中国在12世纪初已经开始懂得海洋测绘以及运用天体和指南针的海上导航技术。后来的《海道指

---

① 沙丁等:《中国和拉丁美洲关系简史》,郑州:河南人民出版社,1986年,第61页。
② [宋]朱彧:《萍洲可谈》(卷二),北京:中华书局,1985年,第18页。

南图》（元代）、《郑和航海图》（明代）均显示中国古代航海测绘技术先进，英国李约瑟曾在《中国科学技术史》中详细记载了明代（或日本）漆木水罗盘，也反映明代航海技术的发达水平。

古代海上丝路贸易实际上是物质资料的交易，这些物质资料均为各国生产与生活的需要。因此，世界各国的物质资料的生产与生活资料的需要为航海及航海技术的产生提供根本动力，而科学的海洋气象学与先进的航海技术又为古代海上丝路贸易的延伸提供技术保障，也为中国漆器及其文化的海外输出提供宝贵契机。

地理发现与欧洲文化的拓展

15世纪以前，中国的漆器、瓷器等物品一般是经阿拉伯人或波斯人运往地中海东岸港口，再转运至欧洲各国。但随着15—17世纪欧洲的地理大发现以及《马可·波罗游记》在欧洲的广泛阅读，欧洲人对中国这片"人间天堂"十分神往，也大大刺激了欧洲文化向东方空间扩张的欲望以及对东方文化的无限梦想。

在16世纪初，葡萄牙人发现了中国，也发现了中国精美的漆器与陶瓷。法国人布罗斯在《发现中国》之"从瓷器到神学"一章里这样中肯地描述："当葡萄牙人到达中国时，他们便在那里出售香料以换取瓷器和漆器。"[①]可见，中国的瓷器和漆器成为西方人青睐的艺术品。

在欧洲扩张的时代，西班牙与葡萄牙等欧洲殖民帝国开始在扩张中与东方进行海上丝路贸易。"15世纪，欧洲各国鼓励航业，积极通商。葡萄牙乘时而起，霸海为雄，1510年（正德五年），攻陷印度西岸之卧亚府（Goa）为根据地。次年，又攻取马六甲（Malacca，《明史》作"满剌加"），经略南洋之苏门答腊及爪哇，复遣使至印度、中国各邦政府以通好。1514年（正德九年），满剌加新任总督阿布金基（Jorge De Albuquerqac）遣阿尔发累斯

---

① ［法］雅克·布罗斯：《发现中国》，耿昇译，济南：山东画报出版社，2002年，第38页。

（Jorge Alvares）东来，至广东之舵尾岛（Tamao），并于此立一石碑，以为发见之标志。自是以后，葡人来华贸易者甚众，终明之世，未尝有变，我国亦宽假之，彼等复租得澳门为根据地，岁纳租金若干，寻复拒纳，久假不归，乌知非其有也！其后葡萄牙国权日衰，致为英荷二国所制，今已无能为矣。然其来华既先且久，其早为华人所认识宜矣。"①地理大发现与欧洲文化的空间拓展不仅扩大了世界各国之间的经济文化交流，还为中国漆器、瓷器等货物外销提供新契机。

18世纪中后期，清朝政府实行闭关锁国政策。当时世界范围内的经济扩张与文化拓展正处于高潮。西方列强对东方的殖民扩张变得肆无忌惮，"他们（英国人）与中国的贸易逐渐变得对他们成为一种生死攸关之必要了。他们不再仅仅是为了寻求丝绸、瓷器和漆器了，尽管随着18世纪之豪华风气的发展，使这些商品的需求也大幅度地增加了"②。欧洲向东方的殖民扩张已经从传统的经济贸易转向更深层次的政治领域。

中国漆器海外输出的途径

"海外贸易"是中国古代漆器输出的主要途径，当然还有宗教（传教士与僧人）的途径、朝贡与恩赐的途径、遣使与游历的途径、海外移民或"侨居"的途径等。

传教士与僧人：宗教的途径

从宗教的视角看，古代丝绸之路是一条宗教之路，或是信仰之路。特

---

① 朱杰勤：《中外关系史》，桂林：广西师范大学出版社，2011年，第107页。
② ［法］雅克·布罗斯：《发现中国》，耿昇译，济南：山东画报出版社，2002年，第92—93页。

别是南亚、中亚以及西欧等国家的宗教人士通过丝路来到中国，传播他们所谓坚定的宗教信仰。两汉之际，印度的佛教开始传入中国。7世纪左右，叙利亚教会传教士携景教来到大唐帝国。13世纪末期，罗马教宗尼古拉四世派传教士孟高维诺（1247—1328）从海路来到元代中国传播天主教，受到当时忽必烈汗的接见与允许。孟高维诺在1305年与1311年分别在大都（今北京）与刺桐（今泉州）建立主教区传播教义。16世纪，意大利天主教耶稣会传教士利玛窦用"汉语著述"的方式传播天主教教义，并用西方及中国的科学论证"神"的存在。西方宗教传播之路恰恰是利用古代丝路为空间延伸渠道，其中传教士在中外文化交往交流中起到不可或缺的作用。传教士沿着古代丝绸之路不仅传播了他们的宗教信仰，还将中国文化源源不断地输出到西方世界。

宗教是文化传播的独特途径，来华宗教人士为中西文化交流做出了巨大贡献，特别是传教士在"西学东来"与"东学西渐"上起到了桥梁作用。对器物而言，它的文化不是静止的，而是流动的。来华传教士就是中西器物文化交流的"掮客"，他们使中西文化在丝绸之路上不断地流动、交换与传播。G. F. 赫德逊指出："欲研究十八世纪间中国与欧洲美术之关系，不能不稍述通商。如中国色丝、瓷器及漆具诸类之入欧，皆可认为此种关系之最重要因子也。而此际之智慧的（精神文明的）接触，大都归功于在华之耶稣会士。传教事业实与此有莫大关连；盖其时欧人能深入中国腹地者，莫便于教士，彼等逐渐娴习中国之文艺与思想，日久不特促进华人对于欧洲之宗教及学术之注意，且从事著作及翻译，使欧人对于中国哲学有所认识。"[①]这段文字记载明确表明丝路通商背景下的"在华之耶稣会士"不仅将中国的漆器、瓷器、丝绸等货物带回欧洲，还能"娴习中国之文艺与思想"以及翻译中国哲学而传播于世界各地。

僧侣也在中外漆艺文化交流中扮演重要角色。中国高僧东渡日本，也将

---

① ［英］G. F. 赫德逊：《罗柯柯作风——西洋美术华化考》，转引朱杰勤：《中外关系史译丛》，北京：海洋出版社，1984年，第145页。

中国漆器带到日本。譬如无学祖元于1279年应邀前往日本镰仓，带去的南宋末期漆器有4件，即牡丹孔雀剔红盒子（径17.6厘米、高5.6厘米）、醉翁亭剔黑盘（径31.2厘米、高5.3厘米）、椿尾长鸟剔黑盒子（径19.3厘米、高5.6厘米）、椿竹梅剔红盘。①日本传世中国元代螺钿作品有楼阁人物螺钿印柜、楼阁人物螺钿棱花盒子、楼阁人物螺钿八角盒子、楼阁人物螺钿砚箱、楼阁人物螺钿长方形箱、广寒宫螺钿盒子、广寒宫螺钿八角盒子、花鸟螺钿长方形盘等，以上作品多为中国僧侣往来携带至日本。②

另外，中国僧人去西方取经之时，也将中国文化带到西方。著名的《佛国记》又称《法显传》是东晋僧人法显所撰，它记录了法显从陆上丝绸之路到印度取经，后随商船取海道回到中国的丝路航行历史，并将印度的佛教文化引入中国。7世纪，中国唐代高僧玄奘踏上丝绸之路去西方寻求佛经，他历经西域十六国，经中亚直至印度，并将印度佛教文化翻译成汉语，为弘扬佛教文化做出巨大贡献。法显与玄奘不仅将佛教引入中国，对中国文化产生广泛而深远的影响，还把中国文化源源不断地输出到海外。

据史书记载，西域以及西南夷是没有生漆生产与制作能力的，但通过宗教的途径，中国古代漆文化开始传播到这些地区。不过，汉代史书曾有记载今印度边境有大漆种植的历史，《汉书·西域传》："罽宾地平，温和，有目宿、杂草奇木、檀、槐、梓、竹、漆。"③这里的"罽宾"又作凛宾、劫宾、羯宾，它为汉朝时的西域国名，大致位于印度北部（即今克什米尔境内），说明西南中印边境有制漆原料，但目前还没有古代印度有制漆技术的考古发现。《大唐西域记》中有多处提及中国古代的建筑髹漆技术，如"城东南三十余里，至醯罗城。周四五里，竖峻险固，花林池沼，光鲜澄镜。城

---

① 参见冉岚：《7—14世纪中日文化交流的考古学研究》，北京：中国社会科学出版社，2001年，第174页。
② 参见冉岚：《7—14世纪中日文化交流的考古学研究》，北京：中国社会科学出版社，2001年，第180—181页。
③ ［汉］班固：《汉书》，北京：中华书局，2007年，第965页。

中居人，淳质正信。复有重阁，画栋丹楹"①。这里的"醯罗城"位于今阿富汗贾拉拉巴德以南，即北印度那揭罗曷国的都城。"画栋丹楹"暗示醯罗城有髹漆建筑的存在。《大唐西域记》又载："菩提树北门外摩诃菩提僧伽蓝，其先僧伽罗国王之所建也。庭宇六院，观阁三层，周堵垣墙高三四丈，极工人之妙，穷丹青之饰。至于佛像，铸以金银，凡厥庄严，厕以珍宝。"②以上文献所载的"画栋丹楹"与"丹青之饰"均为中国髹漆技艺。如果不能证明印度古代有髹漆的技术，那么，这些有关印度建筑的髹漆技艺很有可能是中国僧人传入印度的。

宗教是中西漆文化交流的重要途径，其中传教士与僧人起到关键作用。实际上，传教士与僧人在传播中国大漆文化的同时，也将大漆用于佛教本身，最为典型的是"法器"与"夹纻漆像"。1972年甘肃武威磨嘴子汉墓发掘出土漆钵1件，"漆钵"为僧侣法器。魏晋时期中国的佛教徒为了宣传佛法，车载"行像"游行兴起。东晋雕塑家戴逵就汲取了传统漆艺技法始创"夹纻漆像"。可见，丝路上宗教文化的流通与传播不仅波及世界政治与经济领域，还广泛渗入社会文化以及艺术造物之中。

海外贸易：漆器输出的主要途径

随着唐以后中国东南沿海贸易港的建立以及海运政策的完善，中国古代丝路贸易进入空前的发展阶段。于是，海外贸易成为中国漆器及其文化输出的最主要途径。就航线而言，它主要通过"东海航线"与"南海航线"这两条重要的海上贸易航道，将中国的漆器、瓷器等大宗物品输出海外。

在东海丝路航线上，中国内陆与东南沿海省份的漆器被大量运往日本、高丽等东亚国家。从汉唐起，中国的大量漆器及其技术被引入东亚国家，中国也从日本、高丽进口硫黄、木材等货物。南宋后期，中日海上贸易更加

---

① [唐] 玄奘：《大唐西域记》，周国林注译，长沙：岳麓书社，1999年，第116页。
② [唐] 玄奘：《大唐西域记》，周国林注译，长沙：岳麓书社，1999年，第460页。

频繁。中国将丝绸、瓷器、漆器、金银器等输出到东亚国家，也从东亚国家带回螺钿、钿头、皮角、虎皮、松花等货物。到了元代，日本、高丽、琉球等国家视元代螺钿等漆器为艺术瑰宝。明清时期国家朝贡海运与私人营运并列发展，中国出口漆器主要有沈金、描金、堆朱、屏风等。日本学者木宫泰彦在《日中文化交流史》①中援引西川如见《华夷通商考》中记录清朝商船运往日本的货物，其中涉及输出漆器的省份有浙江省（漆）、福建省（铸铁漆器）、广东省（漆器）等。该书还列出了涉及漆器商品的清朝国家以外地区，如交趾（漆）、柬埔寨（漆）、暹罗（漆）、咬��吧（雅加达漆）等等。

在南海丝路航线上，中国漆器由南方港口出发，经印度或阿拉伯中转，运往欧洲。汉代的合浦港是南海丝路上最为重要的港口，中国漆器经东南亚以及阿拉伯中转被运往欧洲。唐宋时期，泉州港是承担漆器输出的重要港口，南海宋代沉船出土漆器见证了古代南海丝路漆器贸易的繁荣。明清时期的广州港、漳州月港等也是南海丝路上的国际性港口。据《东西洋考》所载，当时与月港进行贸易的多达40个国家与地区，特别是同西班牙、葡萄牙、荷兰等国的贸易十分频繁；从广州起航运往欧洲的漆器等大宗货物，深受欧洲国家民众的青睐。随着欧洲文化的扩张与中国海外贸易的加深，中外商人将精美的漆器及其文化带到海外，也引起了海外国家"疯狂"地"移民"中国，给中国社会带来深刻的变革与影响。

在海外贸易中，中国不仅有大量漆器通过海上丝路输出海外，同时中国漆器文化及其技术也通过陆上丝路进入西域。在明代，波斯商人哈智摩哈美德来华亲眼看见甘州"漆城"（位于河西走廊中部）盛况，据《赖麦锡记波斯商人哈智摩哈美德之谈话》记载："（甘州城）房屋构造，与吾国相似，亦用砖石，楼房有二三层者。房顶天花板涂漆，彩色互异，极其华丽。漆工

---

① ［日］木宫泰彦：《日中文化交流史》，胡锡年译，北京：商务印书馆，1980年，第672—677页。

甚众。甘州城内某街，悉为漆工之居也。"①甘州城之髹漆建筑以及漆工街的史实暗示丝路上的漆器贸易十分兴盛，吸引了大批制作漆器的工人在此居住；"漆工之居"的描述也暗示波斯人对漆艺的喜爱与崇尚。

漆器成为丝路贸易对象不仅是海上丝路通道开辟所致，也是漆器本身的艺术特质与文化之美所决定的。一方面是古代西方没有漆器，中国独有的漆器艺术美学品性之高尚决定它是被西方人喜爱的对象。漆器不但具有生活的实用之美，还具有手工艺之美。另一方面，漆器的制作程序繁缛，时间成本较高，其商业价格也高，这样一来，作为丝路商品的漆器必定成为国家财政税收的重要来源之一。十六国时期前秦苻健统治时期，其弟苻雄遣苻菁"掠上洛郡"，以引"漆蜡"。《晋书》载："雄遣菁掠上洛郡，于丰阳县（今陕西省山阳县）立荆州，以引南金奇货、弓竿漆蜡，通关市，来远商，于是国用充足，而异贿盈积矣。"②可见在前秦时期"远商"对"漆蜡"的需求，以及通关市的"漆蜡"是国家财政收入的来源之一。唐代安史之乱之后，判度支（财政总监）赵赞曾实施税费改革，采用高征漆税，以缓国家财政困窘局面。《文献通考》曰："德宗时，赵赞请诸道津会置吏阅商贾钱，每缗税二十，竹木茶漆税十之一，以赡常平本钱。"③同样，宋代也有漆税。譬如诗人梅尧臣《送刘秘校赴婺源》诗曰："斫漆资商货，栽茶杂赋征。"可见漆税是唐宋国家重要财政收入之一。

到了明代，我国漆器文化已然从昔日的输出态开始变成了输入态，尤其是东亚的日本漆器开始通过海上倾销到中国。明代高濂《遵生八笺》中有一篇文章《论剔红倭漆雕刻镶嵌器皿》就详细描述了日本精致的漆器，并高度称赞"漆器惟倭称最，而胎胚式制亦佳"。日本漆器是从汉代起学习中国漆器技术以及仿制中国漆器而成，并结合日本传统文化而闻名世界。从明代嘉靖年间倭乱之后，"明政府已完全断绝了与日本的官方贸易，朝鲜也仿效明

---

① 参见张星烺：《中西交通史料汇编》（第1册），北京：中华书局，1977年，第362页。
② ［唐］房玄龄等：《晋书》，北京：中华书局，1999年，第1921页。
③ ［元］马端临：《文献通考》（2），济南：山东画报出版社，2004年，第5页。

朝，对与日本的贸易严加限制。1565年以后，把原先允许每年驶入朝鲜的50艘日本商船减少至25艘，把每年贩运到日本去的大米200石减少至100石，并把大批日本商人从荠浦港驱逐出去。由于明政府和朝鲜政府断绝或限制对日贸易，对日本商业资本的发展是一大打击，特别是日本生产的硫磺、铜、刀剑、漆器、海产品等失去了中国这个大市场。所以丰僵秀吉、小西行长等日本统治者不惜以武力为代价企图打开中国市场。一旦武力难以得逞，又企图通过议和来达到目的。日方在几次提到的议和条件中，其他条件均可让步，包括从朝鲜撤军，但唯有与中国通商一条始终坚持"[1]。这说明漆器等货物贸易能给日本带来巨大经济收入。

到了20世纪初期，为了提高出口货物量，增加国家外汇收入，中国免除"漆税"。"1928年12月至1937年抗战爆发前，国民政府先后公布了4部进口'国定税则'和2部出口'国定税则'，将进口税率总水平从10.9%提高到34.3%，出口税率保持在5%～7.5%之间。并对茶叶、生丝、绸缎、漆器、草帽、米谷杂粮等土特产实行减税或免税。"[2]海上丝路为漆器的外销提供极好的运输路线，漆器也给中国带来源源不断的外汇收入。

朝贡体系与恩赐：别样的漆路贸易途径

1371年，明朝政府规定高丽、琉球、安南、占城、苏门答腊、爪哇、三佛齐等"外藩"以及西洋、南洋地区的一些国家为"不征之国"，明确规定凡是藩属国需要定期进献方物，即"朝贡制度"。同时规定，凡来进献方物之国或来华的朝贡者均给予一定恩赐。根据《西洋朝贡典录》记载，向中国朝贡的古代西洋国家有占城国、真腊国、爪哇国、三佛齐国、满剌加国、渤泥国、苏禄国、彭亨国、琉球国、暹罗国、阿鲁国、苏门答腊国、南渤泥国、溜山国、锡兰山国、榜葛剌国、小葛兰国、柯枝国、古里国、祖法儿国、忽鲁

---

[1] 朱亚非：《明代中外关系史研究》，济南：济南出版社，1993年，第249页。
[2] 黄启臣主编：《广东海上丝绸之路史》，广州：广东经济出版社，2003年，第668页。

谟斯国、阿丹国、天方国等。①荷兰历史学家J. J. L.戴闻达在《荷兰使节来华文献补录》中记载："军机处进拟赏荷兰国王物件单，其中拟赏荷兰国王物件清单：御笔福字一个、龙缎二匹、漳绒二匹、玉器二件、珐琅器二件、红雕漆器四件、磁（瓷）器八件、文竹器四件。拟赏荷兰国使臣一员德胜：大卷八丝缎一匹、锦缎一匹、磁（瓷）器四件、茶叶四瓶、大荷包一对、小荷包四个。"②这份清单至少说明两个问题：一是荷兰来华使节受到清朝皇帝恩赐的物件中包括珍贵的红雕漆；二是荷兰国使臣没有受到漆器的恩赐，说明漆器非常珍贵，只送国王。

朝贡体系是古代世界上重要的国家关系体系之一，尤其是以一元体系为特征的古代中国，朝贡成为处理国际关系的重要政治制度。明朝建立后，明太祖朱元璋从制度上规定了"厚往薄来"的朝贡原则，这也成为国家外交政治行为体制。由于明之后国家施行海禁政策，海外诸国在朝贡制度下才得以获得不能进行贸易的中国货物，因此，原先政治性质的朝贡活动逐渐演变成具有经济性质的贸易行为。譬如，中日之间的勘合贸易就是朝贡制度下的贸易活动。日本学者木宫泰彦在《日中文化交流史》中这样描述："对明贸易是完全用进贡的名义来进行的，因而勘合贸易船对明朝称为进贡船，应仁二年（1468年）的第四次勘合贸易船，竟在船上竖立一面长一丈三写着'日本国进贡船'字样的大旗。"③与此同时，来华朝贡者也趁机进行各种商业贸易活动，包括漆器、瓷器等大宗货物贸易。这里特别要提出的是，《诸蕃志校释》记载："交趾，古交州……土产沉香、蓬莱香、生金银、铁、朱砂、珠贝、犀象、翠羽、车渠、盐、漆、木棉、吉贝之属。"④可见，越南北部的"交趾国"盛产大漆，并在明代成为朝贡中国的主要大漆原料国。对此有美

---

① ［明］黄省曾：《西洋朝贡典录》（中外交通史籍丛刊），北京：中华书局，1982年。
② ［荷兰］J. J. L.戴闻达：《荷兰使节来华文献补录》，转引朱杰勤：《中外关系史译丛》，北京：海洋出版社，1984年，第278页。
③ ［日］木宫泰彦：《日中文化交流史》，胡锡年译，北京：商务印书馆，1980年，第566页。
④ ［宋］赵汝适：《诸蕃志校释》，杨博文校释，北京：中华书局，1996年，第1页。

国加州洛杉矶盖蒂研究所人员通过实验室研究表明:"虽然大部分中国的内销漆器都一如预期含有漆酚,但是在英国国立维多利亚与艾尔伯特博物馆却收藏一个罕见的例子——一件有五爪金龙图案、附嘉靖皇帝章款的十六世纪中叶彩绘漆碟,基底层混有柏木油和樟脑的葛漆酚,而在上面数层红漆则含有葛漆酚与混有樟脑的漆酚。这或可在明朝文献中得到答案,文献记录当时有大量来自现今越南北部的葛漆酚进贡到中国朝廷,意味着中国工匠即使在中国北方也可以选用葛漆酚,推翻了我们对漆的使用和供应的传统观念。"(笔者译)[1]确实,这份研究表明了明代漆料来源或朝贡中的大漆份额可能部分来自越南北部。

中国政府本着"厚往薄来"的宗藩交际原则,从而导致周边藩国都愿意来华朝贡,并希望得到中国皇帝的恩赐。譬如,"(日本的)足利将军所以这样进献明帝方物,总之不外是想获得明朝赠给的颁赐物。这也就是利用外交上的礼节来进行的一种官营贸易。因此,日本幕府并不满足于获得照例的颁赐物,还希望得到特赐物"[2]。日本光明皇太后受恩赐宝物中有唐代漆器银平文琴1张、漆琴1张、银平脱盒子4个、螺钿紫檀琵琶1面、螺钿紫檀五弦琵琶1面、螺钿紫檀阮咸1面等。[3]永乐元年(1403),明代朱棣皇上赏赐给日本的漆器(主要是剔红、戗金等)多达100余件,在后来的1406年与1407年,又分别赐给日本国王及王妃许多珍贵漆器。

实际上,中国漆器等作为"特赐物"送给朝贡者,外国朝贡者也带来了他们国家的漆器方物。也就是说,在朝贡与恩赐中,中国与海外漆器文化实现了互通技术、互通奇巧与互通所爱。据史载:"日本足利将军第二次献给明朝的贡品中就有漆器黑漆鞘柄大刀一百把(第三次同)。对于足利将军的

---

[1] Schilling, Michael R., et al. "Chinese lacquer: Much more than Chinese Lacquer." *Studies in Conservation* 59. S1 (2014): S 132.
[2] [日] 木宫泰彦:《日中文化交流史》,胡锡年译,北京:商务印书馆,1980年,第570页。
[3] 裘岚:《7—14世纪中日文化交流的考古学研究》,北京:中国社会科学出版社,2001年,第172页。

贡献方物，明帝也回敬皇帝颁赐物，而且种类繁多，特别在第一次回敬赐物中还有朱红漆戗金交椅一对、朱红漆戗金交床二把、朱红漆褥金宝相花摺叠面盆架二座、朱红漆戗金碗二十个、槖全黑漆戗金碗二十个等漆器。"①可见，日本的"倭漆"黑漆鞘柄大刀被作为方物输入我国，而我国将朱红漆戗金交椅、朱红漆戗金交床、朱红漆褥金宝相花摺叠面盆架、朱红漆戗金碗、槖全黑漆戗金碗等作为回敬赐物输出到日本。在漆器文化互动的同时，中国漆器制作也在模仿外国漆器的过程中实现了自身的发展。譬如当时的北京名匠杨埙"师夷（日本）之长技"，时称"杨倭漆"。《智囊》曾载："时有艺人杨暄亦作埙者，善倭漆画器。"②可见，海上丝路漆艺文化交流是互动的，中外漆文化在互补中实现世界大漆手工艺的共同发展。

"杨倭漆"的历史事实还能从日本木宫泰彦的《日中文化交流史》中得到验证，该书这样记载："描金漆器，从平安朝（781—1185年）中叶以来就进献宋朝，是足以向中国夸耀的一种日本美术工艺品。所以明朝为了学习此项技术，曾在宣德年间特地派人到日本，有个名叫杨埙的学习此技，据说还有独到之处。贡献方物中的大刀鞘和砚箱，都以梨木为地，上以描金研出徽章，扇箱上也施以描金。在国王附搭品中，第三次勘合船时有描金品大小六百三十四色。屏风宋朝以来就为中国所珍视，贡献方物中的屏风是在贴金上描绘花鸟等物，颇为优美。"③朝贡制度为中外文化交流交往提供契机与途径，反映出中国是当时世界的一元中心，更昭示中国近代以前是一个文化输出大国。在朝贡体系下，东亚地区形成了一个以中国为中心的文化圈带，但随着欧洲国家与我国的海上丝路贸易日益频繁，朝贡体制被打破，到明朝中期，来华朝贡的国家不到七个（琉球、朝鲜、越南、缅甸、南掌、苏禄、

---

① ［日］木宫泰彦：《日中文化交流史》，胡锡年译，北京：商务印书馆，1980年，第666—669页。
② ［明］冯梦龙：《冯梦龙全集·智囊》，缪咏禾、胡慧斌校点，南京：江苏古籍出版社，1993年，第379页。
③ ［日］木宫泰彦：《日中文化交流史》，胡锡年译，北京：商务印书馆，1980年，第579页。

暹罗等），从而中国古代朝贡体系下的漆器贸易及其文化交流又走向了新的征程。

遣使与游历：文化的途径

在朝贡体制之外，派遣使节也是丝路漆器文化交流的一种途径。7—9世纪，日本为了学习中国先进文化，曾向大唐派遣10余批"遣唐使团"。遣唐使团成员除了舵师之外，多半是画师、乐师、漆工、木工、玉工以及史生、译语等人员。木宫泰彦在《日中文化交流史》中曾记载了一段日本遣唐使来华学习的场景："遣唐学生传入日本的食品和烹调法之类也一定不少。平安朝初期，朝廷赐宴时采用名为汉法的中国烹调法，是个突出的例子。延历二十二年（803年）三月，在赐给遣唐大使藤原葛野麻吕、副使石川道益的饯别宴会上用的是汉法，弘仁四年（813年）九月皇弟（淳和天皇）在清凉殿设宴时的菜肴也是用汉法烹调的。又当嘉祥二年（849年）十月仁明天皇四十寿辰时，嵯峨太皇太后赠给各种礼物祝贺，其中有黑漆橱柜二十个，装着唐饼。"[①]这说明中日之间互通文化成为当时的一种时尚。

从目前考古发掘实物看，中国是漆器的故乡，日本漆器技术及其文化均是从中国引进的。日本漆器飞速发展是在奈良时代，即8世纪左右的唐代。从有关漆的专业术语中可窥见日本漆艺技术是学习中国的，如"中土的'平脱'技术自盛唐时代传入奈良时代（美术史的说法是'飞鸟时代'）的日本社会后，便一直完好保存延传下来，日本漆工称之为'平文'"[②]。日本京都正仓院所藏的唐代"金银平脱背八瓣花式镜"与"金银平脱琴"（长114厘米，肩宽20厘米）或为遣唐使带入日本的。从汉唐起中国漆工艺技术开始通

---

① ［日］木宫泰彦：《日中文化交流史》，胡锡年译，北京：商务印书馆，1980年，第158—159页。
② 王琥：《漆艺术的传延：中外漆艺术交流史实研究》，博士学位论文，南京艺术学院，2003年，第41页。

过海上丝路传延至日本。但到了日本的江户时代，他们的漆工艺开始形成自己的独立民族工艺体系，并崛起于亚洲漆林。

游历也是一种文化交流的途径。在元代，中国与非洲交往密切。《拔都他游历中国记》描述："余辈游运河时，见有无数舫船，皆满载游客。船有甚华美之帆，光彩夺目。又有丝蓬盖，以蔽日光。船中悬挂无数美画（玉尔本作客皆持丝伞，船漆甚华丽）。"①这些中国式的大漆桨船想必能给拔都他游历中国带来莫大的好奇，更能激起他对中国漆艺的神往。清代人张德彝第一次去欧洲的游历记录如下："（比利时国）回时至积新宫。其所积者，系各色新奇货物。有以米粒与椒子攒成花朵枝叶，奇巧之至。有以蚌壳堆画作日月与江海形者，其光华透入水内，景致毕肖。其他漆、绣、木、石、铜、铁之器，新奇者最多。"②张德彝所见积新宫之"蚌壳堆画"与"其他漆奇者"就是中国漆画与漆器，这充分说明比利时国王宫有大量中国漆器以及漆画等艺术品。

海外移民或"侨居"：以漆工为例

海外移民或"侨居"也是漆文化交流的一种途径。中国唐代时期，就有唐人移民海外生活的先例。其中移居朝鲜的林氏在2001年到泉州惠安彭城寻根谒祖。据史书记载，唐代林氏始祖渡海移民古朝鲜半岛繁衍生活至今有120万人。这些移居海外的"侨民"很有可能将中国的漆艺文化及其技术带入他国。

《赖麦锡记波斯商人哈智摩哈美德之谈话》记载："（甘州城）漆工甚众。甘州城内某街，悉为漆工之居也。"③甘州城内的"漆工"或有内地移民而至。日本木宫泰彦在《日中文化交流史》中记载了中国明清时期侨居日本

---

① 张星烺：《中西交通史料汇编》（第2册），北京：中华书局，1977年，第93页。
② ［清］张德彝：《航海述奇》，钟叔河校点，长沙：湖南人民出版社，1981年，第93页。
③ 张星烺：《中西交通史料汇编》（第1册），北京：中华书局，1977年，第362页。

长崎有43人之多,其中就有擅长雕刻漆器的欧阳云台(又名六宫),他的雕漆世称"云台雕"。在当时,侨居长崎并入日本国籍的中国人,被称为"住宅唐人"。他们精通日文与中文,在日本幕府担任"唐事通",并参与日中贸易。①从中不难看出像欧阳云台等"侨民",为中日文化交流及贸易往来做出了很大贡献。

在宋代,宋商将金银、瓷器、漆器等生活日用品贩卖到真腊国,当地人民特别喜欢这些来自中国的生活用品。并且,宋代已有华人移居真腊经商。此时的"真腊",即今柬埔寨和越南最南部的"占腊"。

在元代,有中国人侨居真腊,他们为真腊提供漆器加工技术,并传播了漆艺文化。"元贞元年(1295)六月,元成宗时又派使者入真腊,随使周达观根据在当地的见闻,归来后写成了《真腊风土记》一书,至今已成为研究中国和柬埔寨友好关系史的重要著作。《真腊风土记》,全书分四十则,对真腊境内的城郭、宫室、服饰、文字、山川、出产、贸易、器用、属郡等都分别一一详述。据书中所载,当时中国物品在真腊国家极受欢迎:其地'以唐人(即中国人)金银为第一,五色缣帛次之,其次如真州之锡腊,温州之漆盘,泉、处之青瓷器……'。甚而中国的雨伞、铁锅,乃至箕和木梳等都为真腊人民所喜爱。同时大量中国人侨居于真腊,这些被当地称为唐人的华侨,受到了真腊人民的敬爱和欢迎。"②16世纪70年代菲律宾(由西班牙统治)和中国之间的海上贸易实现正常化,并签订马尼拉和广州之间的贸易协定,随后大量华人移居马尼拉。

海外移民或"侨居"为中外漆文化的交流提供一种别样的途径,它不仅为中国漆艺文化在世界中的传播提供契机,也为海外国家的漆器生产提供技术支持。

---

① [日]木宫泰彦:《日中文化交流史》,胡锡年译,北京:商务印书馆,1980年,第699页。
② 杨建新、卢苇:《丝绸之路》,兰州:甘肃人民出版社,1988年,第353页。

漆器掠夺：殖民与战争的途径

殖民掠夺是漆器文化交流的一种别样的途径。在明代，葡萄牙人把澳门变为国际通商口岸，他们将在中国市场廉价收购的漆器等货物转销日本等国。"由于日本市场缺生丝，葡商人又将中国生产的大批生丝运到日本市场出售，换回金银及日本所产的漆器、刀剑再转手倒卖，从中大获其利；据不完全统计，仅在万历四十四年至崇祯十四年（1616—1641）期间，葡人从日本所获金银，每年不下300万磅，其纯利润仅白银就多达470万两。"① 由于中国漆器生产技术先进，并且通过丝路贸易很快能获取暴利，欧洲殖民者视中国名贵物品为至宝。欧·马·阿利普在《华人在马尼拉》中记载："西班牙殖民者立即发现与华人友好是很有益处的。他们需要华人的精美货物，出口到西班牙和拉丁美洲。华人能够向他们提供丝绸、瓷器、漆器和其它重要的东方产品。在菲律宾的西班牙居民，特别是那些住在马尼拉的居民，需要菲律宾土著尚未生产的某些奢侈品。"② 随着欧洲殖民者在东方的贸易活动，中国漆器工艺品也大量传至欧洲。1698—1701年，第一艘法国籍船"昂菲德里特"号两次来华，从中国运走大量包括漆器在内的工艺品，中国漆器受到欧洲人的普遍喜爱，在法语中漆器被称为"昂菲德里特"（Amphrityite）。③ 在当时，穿丝绸衣服、摆设中国瓷器或漆器成为法国流行的风尚。

战争也是漆器文化"交流"的一种野蛮途径。在明代，中国漆文化在菲律宾等海外国家传播。当时，菲律宾和中国之间的贸易关系确立后，"马尼拉和广州之间签订了贸易协定而正式化了……西班牙人鼓励这种贸易，因为这可以为他们提供巨大的利润。华人反过来甚至获得了更大的利润。来自中国的货物，特别是华贵的丝绸、瓷器、珠宝和漆器，运到马尼拉，几乎成批

---

① 朱亚非：《明代中外关系史研究》，济南：济南出版社，1993年，第289页。
② ［菲］欧·马·阿利普：《华人在马尼拉》，参见中外关系史学会编：《中外关系史译丛》（第1辑），上海：上海译文出版社，1984年，第98页。
③ 刘迎胜：《丝路文化》（海上卷），杭州：浙江人民出版社，1995年，第298—299页。

销售，并且用西班牙大帆船转运到墨西哥的阿卡普尔科。货款用银元支付，银元在中国颇受称道。"①但19世纪中后期，中国大量漆器被外国殖民者通过战争的方式掠走，至今还有很多漆器珍宝流落海外。在美国，旧金山亚洲艺术馆藏有中国战国时期的银错彩绘云纹卮、汉代的三熊纹金银扣圆盘，克利夫兰艺术馆藏有唐代的夹纻舞俑，纳尔逊艺术陈列馆藏有战国时期的夔云纹金铜扣果盘、汉代的云纹耳杯、唐代的金银平托花鸟圆盘，西雅图艺术馆藏有战国时期的龙凤圆盘，底特律艺术中心藏有南宋的红漆葵瓣口盘，洛杉矶郡艺术馆藏有南宋的黑漆银扣盏托等。②我们不知道"流亡"美国的中国国宝漆器是通过何种途径漂洋过海的，但我们知道八国联军攻占北京后，大量的国宝被强行掳走，其间一定有漆器等贵重物品。德国人瓦德西在他的回忆录里这样写道："此间买卖当时抢劫所得各物之贸易，极为隆盛。各处商人，尤其是来自美国者，早已到此经营，获得巨利。其出售之物，以古铜、各代瓷器、玉石为最多，其次则为丝货、绣货、皮货、铜瓶、红漆物品之类。至于金银物品，则不多见。最可叹者，许多贵重物件横遭毁坏，其中常有无价之木质雕刻在内。只有余之驻所，尚藏许多宝物，一切犹系无恙。倘若我们一旦撤出，则势将落于中国匪徒之手，最后当然加以焚毁。"③瓦德西在庚子回忆日记中对横遭毁坏的红漆器等表示异常惋惜，日记也反映了西方强盗无视文明的野蛮行径。实际上，八国联军对中华宝贵漆器的毁坏，即对中国文化的毁灭，更是对世界文明的摧残。

---

① ［菲］欧·马·阿利普：《华人在马尼拉》，参见中外关系史学会编：《中外关系史译丛》（第1辑），上海：上海译文出版社，1984年，第123页。
② 中国台湾故宫博物院编委会：《海外遗珍·漆器》，台北：故宫博物院，1998年。
③ ［德］瓦德西：《瓦德西拳乱笔记》，王光祈译，上海：上海书店出版社，2000年，第53页。

中国漆艺的世界文化身份与地位

在世界范围内，中国漆艺表现出一种最广泛的全球化文化特质。在跨文化视野下，海上丝绸之路漆艺输出是中华民族文化与美学的一次"远征"，也是世界对中国漆文化及其美学思想消费需求的使然，它确证了近代以前中国是世界漆文化输出大国这一事实。

中国漆艺：作为文化的载体

丝路漆艺向世界赫然敞开它独特的民族文化之美。漆艺及其民族性能够成为世界文化消费的对象，反映出西方宫廷贵族对中国漆艺的奢侈想象，以及他们的消费观念与行动。可见中国古代漆器是欧美日常生活中适用的和谐的物件，并使人感到舒服。丝路漆艺所承载的中华民族文化成功地跨出国门成为世界文化传播的典范，显示出中国文化在世界中的地位及其身份。

自汉唐始，中国漆艺通过"丝绸之路"被输出至欧洲、美洲以及东亚与东南亚等世界各地。从功能上说，中国漆器向来是被人们消费的奢侈文化，漆艺奢侈品是消费者的生活与文化符号。正是在这个维度上，奢华的中国漆器及其民族性成为17—18世纪法国、英国、比利时等西方国家宫廷消费主义文化的符号。丝绸之路溢出的"器"度不凡的漆艺向世界赫然敞开它的文化之美。

中国漆艺：被输出的工艺文化

近代以前的"中国化"是世界文化中的核心词汇，处于东方中心主义视野下的中国文化所秉承的理念则是"文化输出主义"，其中丝绸之路就是古代中国为争夺世界文化优先权的国家层面的文化输出谋略。抑或说，丝路的出场意味中国漆文化从此输出海外，成为世界人民的消费对象，海外诸国也从中国学习到世界上最先进的制漆及髹漆技术。

中国漆器所承载的中国艺术美学、实用美学与宗教美学等跨出国门传播海外，显示了中国美学思想的独特魅力。丝绸之路亦确乎是一条"漆艺之路"。漆艺作为丝路上中西文化交流的"大使"，不仅将中国美学思想输出到西方国家，还给西方美学思想带去深远影响。

中国漆艺：东西互溢的文化

漆艺作为丝路上中西文化交流的"大使"，它不仅输出了中国文化及其审美思想，还沾溉美国、英国、法国、德国、比利时、荷兰等西方国家以及俄罗斯，使中国传统漆艺及其民族性成为他们的消费对象，中国民族文化也深远影响着西方的消费文化。

在英国，著名作家威廉·萨默塞特·毛姆颇受中国漆艺文化思想的影响，在其作品《在中国屏风上》中多有溢美与惊诧之语。如《陋室铭》篇描写有："庙里褪了色的朱红油漆上描绘的褪了色的金龙的藻井依旧漂亮……房子后壁是一座神龛，那里放着一张大漆香案，香案后面是一尊入定的古佛。"[1]在《残片》篇中曰："你可能设想中国的手艺人不刻线施色把一个物件表面的简单打破不认为他的工作是完全的。在一张用作包装的纸上，也要印上阿拉伯式的图案。但是当你看见一个铺店木制门面上的精美装饰，杰出的雕花，贴金或浮雕漆金的漆作，精致的柜台，精雕细镂的招牌，更是出乎意料。"[2]英国学者G.F.赫德逊在书中十分形象地写道："中国艺术在欧洲的影响成为一股潮流，骤然涌来，又骤然退去，洪流所至足以使洛可可风格这艘狂幻的巨船直入欧洲情趣内港。"[3]1700年，诗人普赖尔对中国漆橱柜之美

---

[1] ［英］毛姆：《在中国屏风上》，陈寿庚译，长沙：湖南人民出版社，1987年，第4—5页。

[2] ［英］毛姆：《在中国屏风上》，陈寿庚译，长沙：湖南人民出版社，1987年，第204页。

[3] ［英］G.F.赫德逊：《欧洲与中国》，李申等译，北京：中华书局，2003年，第220页。

十分神往，他写下诗句："英国只有一些少量的艺术品，上面画着鸟禽和走兽。而现在，从东方来了珍宝：一个漆器的橱柜，一些中国的瓷器。假如您拥有这些中国的手工艺品，您就仿佛花了极少的价钱，去北京参观展览会，作了一次廉价旅行。"①可见"一个漆器的橱柜"是中国文化与美学思想的载体。詹姆斯·希尔顿在《消失的地平线》中说："精致的宋代珍珠蓝陶器、上千年前的水墨古画，绘制着幽怨仙境的精巧漆器，笔调细腻，巧夺天工，以及那些几近完美的瓷器和釉彩的光泽，均映现出一个无法雕琢的、飘荡的仙境。"②可见宋代漆艺文化之美在希尔顿心中的地位与身份。

在法国，作家维克多·雨果称赞中国集漆艺、建筑与绘画于一体的圆明园为"规模巨大的幻想的原型"③。法国启蒙思想家伏尔泰对罗伯特·马丁及中国漆器表示欣赏，"他在《尔汝集》中，对于法国漆业的最新成就表示了他的喜悦，他说：'马丁的漆橱，胜于中华器。'又于《论条件之参差》中，说'马丁的漆壁板为美中之美'"④。18世纪30年代，神父杜赫德（1674—1743）对中国漆艺之美多有溢美之词。他在编撰的《中华帝国通史》（第二卷）中有漆艺叙事："从这个国家进口的漆器、漂亮的瓷器以及各种工艺优良的丝织品足以证明中国手工艺人的聪明才智……如果我们相信了自己亲眼看到的漆器和瓷器上的画，就会对中国人的容貌和气度做出错误的判断……不过有一点倒没错，美在于情趣，美更多在于想像而非现实。"⑤杜赫德道出了中国漆艺之美的艺术特征——"美在情趣"。一直到20世纪20—30年代欧美"装饰艺术运动"兴起之时，中国漆艺的装饰文化以及美学

---

① 转引陈伟、周文姬：《西方人眼中的东方陶瓷艺术》，上海：上海教育出版社，2004年，第40页。
② ［英］詹姆斯·希尔顿：《消失的地平线》，大陆桥翻译社译，上海：上海社会科学院出版社，2003年，第92页。
③ 何兆武、柳卸林编：《中国印象——世界名人论中国文化》（上），桂林：广西师范大学出版社，2001年，第77页。
④ ［德］利奇温：《十八世纪中国与欧洲文化的接触》，朱杰勤译，北京：商务印书馆，1962年，第135页。
⑤ 转引周宁：《世纪中国潮》，北京：学苑出版社，2004年，第302—313页。

思想仍在沾溉西方。特别需要指出的是艺术家让·杜南对中国漆艺之美的热爱，并为普及中国文化做出的贡献。

在德国，利奇温这样指出："开始由于中国的陶瓷、丝织品、漆器及其他许多贵重物的输入，引起了欧洲广大群众的注意、好奇心与赞赏，又经文字的鼓吹，进一步刺激了这种感情。商业和文学就这样地结合起来，（不管它们的结合看起来多么离奇）终于造成一种心理状态，到十八世纪前半叶，使中国在欧洲风向中占有极其显著的地位，实由于二者合作之力。"①歌德（1749—1832）在斯特拉斯堡求学时，曾读过中国儒家经典的拉丁文译本以及杜赫德的《中华帝国全志》等有关中国的著作。②在莱茵河畔法兰克福诗人故居里，设有中国描金红漆家具装饰的"北京厅"，厅内陈设有中国式红漆家具等物品。

在美国，《龙的故乡：中华帝国》曾描述了中国漆竹藤及漆画对英国诗人塞缪尔·泰勒·柯勒律治产生的影响。书中有曰："在上都忽必烈那宽阔的狩猎禁苑的中央矗立着一所巨大的宫殿，上面的房顶是用镀金的和上过漆的竹藤精心建造的并且还画满了鸟兽。它在几百年之后给了英国的大诗人塞缪尔·泰勒·柯勒律治以灵感，根据马可·波罗对于他自己称之为'仙都'（Ciandu）的记述，把这所'堂皇的安乐殿堂'称为'赞拿都'（Xanadu），写出了《忽必烈汗》那首脍炙人口的名诗。"③这说明柯勒律治的审美思想极大地受中国漆艺美学思想的影响。

中国漆艺文化所传递的美学语用学表现出一种被信赖的中国文化及其美学思想的世界性输出，抑或说中国漆艺就是中国文化与美学思想的一部《圣经》。

---

① ［德］利奇温：《十八世纪中国与欧洲文化的接触》，朱杰勤译，北京：商务印书馆，1962年，第13页。
② 转引李云泉：《中西文化关系史》，济南：泰山出版社，1997年，第241页。
③ 美国时代生活图书公司编：《龙的故乡：中华帝国》，老安译，济南：山东画报出版社，2003年，第117页。

延伸

　　大漆和大漆艺术诱惑了这个世界，也诱惑了这个世界上的所有人。从文明史的视角来看，中华大漆不仅诱惑了中华文明的生发、构建与发展，还诱惑了全球文明发展的线条与轨迹，进而改变了全球文明的消费习惯、方式与美学。

　　从汉唐起，日本人就开始向中国学习漆器。从某种程度上说，日本文明的呈现方式在漆器艺术中表达得淋漓尽致。他们用髹漆的器物、家私、角落建构了属于他们自己的生活空间，也用漆器表现出他们的日常美学与审美精神，甚至将诸如漆龛、漆筷、漆碗、漆碟、漆案、漆椅、漆屏风等植入到他们文明的骨子里，显示出日本文明的静寂之美和日常之美，以至于"漆艺"成为他们国家的文明标志，西方人径直称日本为"漆国"。一种来自中国的艺术被移植到异国他乡，却成为这个国家在全球文明中的美学标志，这也许是中国文明走向全球文明中最为成功的案例。我们为有这样的中华艺术而感到无比自豪，但也有说不尽的惆怅与忧伤，那就是这样的中华艺术瑰宝也许在中华文明体系中太多了，国人很少去关注这样的艺术，以至于中华漆艺在当代文明建设体系中失去了应有的身份与地位。

　　大漆不仅诱惑了东方日本，也诱惑了欧洲国家。唐宋以后，西方人就已经注意到了东方中国奢华的漆器，并开始向中国大漆投来崇拜的目光。于是，中国大量的漆器开始流向西方的宫廷和普通人的日常生活。尤其是在工业革命之前，中国漆器已然成为他们相互吹捧和追逐的神器，以及财富与身份的象征。西方的商人、传教士、遣使、工匠、科学家、艺术家、画家等纷纷爱上了中国的漆器。在丝绸之路上，这些来自中国的漆器成为全球交往的最为贵重之物。尽管在丝路贸易上占据很少的份额，但昂贵的价格已然引起西方上层社会的关注，尤其是引起西方上层经济学家和政治家的密切注意，因为他们担心这种来自中华的"奢侈品"可能会改变他们国家的对外经济贸易、增加其外汇输出的负担，进而影响国家的经济结构和贸易构成。实际上，西方对中国漆器的关注和热情，使中国的工匠和皇帝也异常关注漆器的生产和销售。从更深层次来看，正是这种内外漆器风尚的流行使得中华漆艺文明走向了世界文明的巅峰。

在全球范围内，人们已然深深地感受到中华大漆文明的诱惑力，甚至由此认为人类的很多知识和文明是在诱惑中降生的。如果人类没有了相互诱惑的人、景、物、事，这个世界也许是平淡的，也就失去了人类文明发展的动力和精神。或者说，人类文明的一切本质在于诱惑，诱惑成就了人本身以及所有的文化艺术。

漆器的现象与哲学

历史发展的宏观经验表明，一切文化都要彰显它在时间与空间上的生命力。被传世的工艺文化不仅在时间延续上显示它超越时代的优越性，还在空间延展上为特定区域内的人们所接受与传承。譬如中国漆艺文化就是一个从未间断，并被广泛延展的工艺文化。中国古代开辟了陆上丝路与海上丝路，它们已然显示中国漆艺在世界范围内被广泛延展、接受与传播，并彰显出卓越的时空生命力。

古代陆上丝路与海上丝路的开通，为中国的漆艺走向世界提供契机。特别是宋元明清时期的海上丝绸之路贸易十分发达，中国的漆器、瓷器、丝绸等大宗货物被源源不断地输出海外。在丝路海外贸易中，中国向世界不仅输出了大量漆器等物品，同时也输出了奢华的中国漆艺文化与美。丝路漆艺文化及其遗产是中国文化精神与记忆的载体，对此进行研究有重大的文化与学术意义。

古代丝绸之路传输的"器"度不凡的漆器向世界赫然敞开它的文化之美，特别是海上外销漆器是中国古代文化与美学的一次"远征"，它能确证中国向世界输出美学思想与文化的历史路径，见证古代中国文化之美的国家身份与世界地位；它所传递的美学在一种被信赖的中国美学与世界美学交融中处于轴心角色，被输出的丝路漆艺之美与文化有力呈现世界美学思想与文化大融合的态势，并昭示近代以前的中国文化秉承着文化输出主义的传播理念。

漆器，中华文明的女儿。

第十一章 技术传播的路径与机理

在全球史视角下，丝路的中华技术物遗产已然成为全球共享的技术景观。在全球丝路交往过程中，中华技术物借助贸易、宗教以及朝贡等途径，实现了从技术物到文明物的全球传播，彰显了从物的位移到思想质变的传播机理，重构了丝路沿线民众的生活系统、伦理系统、精神系统和文明系统，创生了跨国家、跨地区和跨民族的全球技术文明，展示了中华技术物的全球传播功能与价值。明鉴丝路中华技术物的全球传播，有益于回击反技术主义论调及文明中心论偏见，重现中华文明在全球文明体系中的卓越建树与独特价值。

马克思认为，技术已然成为一种劳动资料或劳动中的全部活动手段①。他在《布鲁塞尔笔记》（1845）、《伦敦笔记》（1850）、《机器、自然力和科学的应用》（1861—1863）与《资本论》（1867—1894）及其手稿中多次论及作为劳动资料的"技术物"②，譬如机器、产品以及工艺品等③。因此，劳动技术观或"技术物"思想贯穿马克思关于资本研究的始终，马克思的资本视角下"技术物"概念已接近现代意义上的"技术"（technology）语义。换言之，狭义上的所谓"技术物"，即含有手工技术的物品（technique object），它区别于自然之物或机械之物，属于匠作技术物的范畴。与"机械

---

① 苏联学者库津在《马克思与技术问题》中围绕"物质生产""机器生产""共产主义与技术""技术与社会意识""技术发展"等五大专题展开了对马克思"历史唯物主义技术观"的系统梳理与研究。参见A. A. 库津：《马克思与技术问题》，蒋洪举译，《科学史译丛》1980年第1、2辑，1981年第1辑。
② С. М. 格里哥里扬：《马克思〈1861—1863年经济学手稿〉中关于技术进步问题的论述》，见《马克思主义研究资料（第6卷）：1861—1863年经济学手稿研究》，北京：中央编译出版社，2014年。
③ 就概念类型而言，技术物一般可以分为匠作技术物、机械技术物和虚拟技术物三大类型。所谓"匠作技术物"，即狭义上的或传统意义上的以工匠为主导的手作技术（technique）物。或者说，狭义上的"技术物"就是指"手工艺技术物"。机械技术（technology）物是以机器生产为主导的工业化的技术物。虚拟技术物（virtual technology object）是计算机环境下的非实体化的技术物。可见，"技术物"的概念内涵在历史性（前现代工匠社会、现代工业社会和后现代虚拟社会）上不断地演变，具有明显的发展性和时代性特征。参考1981年汉斯-彼得·米勒编辑出版的《卡尔·马克思：工艺-历史摘录笔记（历史考证版）》，1982年赖纳·温克尔曼编辑出版的《卡尔·马克思：关于分工、机器和工业的摘录笔记（历史考证版）》。参见张福公：《国外学界关于马克思工艺学思想研究的历史与现状——基于文献史、思想史的考察》，《教学与研究》2018年第2期。

技术物"和"虚拟技术物"相比较,狭义上的"技术物"①或"匠作技术物"是一个内含"人情味"或"生活感"的概念,因为"匠作技术物"联系着工匠的手、工匠的精神以及造物者的情感。或者说,狭义上的"技术物"是一个内含情感性、功能性和社会性的概念,并指向工匠的手作技术范畴,与生活、情感紧密相联。

技术和技术物是社会的重要组成部分,它是社会生产力的重要标志,也是社会生活与文明的标尺。因此,现代社会以来,与"技术物"相关的"技术-社会问题"成为学界研究的重要命题,尤其是人们对"技术-人文问题"的关注较多。法国哲学家吉尔贝特·西蒙登主张技术与人文之间需要"再调停"或"再联合"②;德国哲学家马丁·海德格尔(1889—1976)主张"科学不思考"③论调,胡塞尔(1859—1938)直接指出,"现代人让自己的整个世界观受实证科学支配"④。法国学者R. 舍普对海德格尔与胡塞尔的"技术恐惧论"持反向意见,主张技术与人文之间应该保持适度的张力⑤。同样,美国科技史学家乔治·萨顿(1884—1956)反复强调,科学史家应当重视技术与人文的融合。对此,休斯较早提出了"社会-技术系统命题",马歇尔·麦克卢汉在《理解媒介:论人的延伸》《机器新娘》等著作中也提出了"技术-宗教命题"和"技术-环境命题"等重要范式,显示出技术物的宗教性、环境性和社会性的互动关系。同时,马克思、韦伯、卢卡奇、霍克海

---

① 尽管狭义上的"技术物"是区别于自然物和机械物的概念,但"技术物"本身具有包括自然性在内的丰富内涵。或者说,"技术物"已然不是单纯自然的"物的存在",而是一个外延宽广的手工技术范式。譬如"中华技术物"(Chinese technique object)的概念内涵显示出中国古代工匠技术物的生活系统、情感系统以及社会系统多层面的技术景观或技术文明,它是构成中国古代社会的一部分。
② [法]R. 舍普等:《技术帝国》,刘莉译,北京:生活·读书·新知三联书店,1999年,第183页。
③ "Letter on Humanism", in Davis F.Krell, ed., *Basic Writing*, New York: Harper and Row, 1977, 191ff., especially "What Is Thinking?" in *Vortrage und Aufsatze*, 61.
④ [德]埃德蒙德·胡塞尔:《欧洲科学危机和超验现象学》,张庆熊译,上海:上海译文出版社,1988年,第5页。
⑤ [法]R. 舍普等:《技术帝国》,刘莉译,北京:生活·读书·新知三联书店,1999年,第192页。

默、海德格尔、阿多尔诺等也都致力于对技术或技术物的本质追问,聚焦技术物与社会的关联问题。除此之外,国内学者多有对技术哲学的研究,也有部分学者对技术物的相关问题展开研究,譬如研究"技术–人文问题"(先秦技术人文化)①、"技术物–道德问题"(技术道德化)②、"技术物–伦理问题"(技术中介论)③或"技术物–消费问题"(社会消费技术论)④等,但多从静态视角研究技术物。

尽管人们在"技术物"的思考中,显示出对现代"技术物–社会问题"的极度关注,但是在以往的现代技术物研究中,多数情况下存在以下三种学术性偏向:一是较少关注传统意义上的"匠作技术物",多聚焦于"机械技术物"带来的社会问题;二是现代哲学家对"技术社会"技术物的关注,普遍以机械技术物优越的工业逻辑超越人文逻辑的分析视野展开,技术和文化似乎成为宿敌;三是较少关注全球史视野下技术物的功能与价值研究,学界对技术物全球传播研究的忽视,必定掩盖技术物在全球范围内的传播功能与侨易价值,尤其是中华技术物在全球范围内建构和维护主体身份认同、社会政治秩序以及精神文明等方面的作用被长期埋没。

针对上述研究偏向,技术物研究至少还存在三大可突破的学术空间:一是从以往局部的偏"静态技术物"研究向全球的"动态技术物"研究突破,实现从"内史型"技术史研究向"外史型"技术史研究转型;二是从以往的"技术"研究向"技术物"研究突破,实现从"技术恐惧论"向"技术意义论"转型;三是从以往的"技术物的革命要素"向"技术物的历史功能"研

---

① 潘天波:《"技术–人文问题"在先秦:控制与偏向》,《宁夏社会科学》2019年第3期。
② 程海东、贾璐萌:《道德物化——技术物道德"调解"解析》,《道德与文明》2014年第6期;刘铮:《技术物是道德行动者吗?——维贝克"技术道德化"思想及其内在困境》,《东北大学学报(社会科学版)》2017年第3期。
③ 朱勤:《技术中介理论:一种现象学的技术伦理学思路》,《科学技术哲学研究》2010年第1期。
④ 盛国荣:《技术物:思考消费社会中技术和技术问题的出发点——鲍德里亚早期技术哲学思想研究》,《科学技术哲学研究》2010年第5期。

究突破，实现从"突变技术物"向"守成技术物"转型。显然，开展全球史视野下的丝路匠作技术物的"外史型"研究十分必要。在接下来的讨论中，基于全球史的视野，拟以丝路上传播的狭义上的中华技术物为研究对象，试图重现丝路的中华技术景观，较为详细地考察中华技术物在全球传播中创生的技术文化与技术文明，探究中华技术物全球展开的路径与传播机理，并分析中华技术物全球传播系统及其影响，以期展示中华技术物的全球功能与价值。

全球中华技术物景观

在丝路上，中华技术物是全球贸易与交往的对象。在丝路"物的交往"中，中华技术物实现了由"技术物交往"向"文明物交往"的蜕变。这些技术物的交往在丝路上留下很多遗产性技术景观，对其做知识学考古，或能还原中华技术物在全球的传播史。

欧洲的中华技术物景观

在欧洲，中华技术物分布较广。20世纪80年代，在德国斯图加特的霍克杜夫村发掘出公元前6世纪的中国丝绸残片[①]。可以说，中国丝绸早在春秋战国时期或更早之前就已经传入德国。15世纪中叶，德国首先使用活字印刷术印制《圣经》。在意大利，中国造纸技术在14世纪被传入，意大利因此成为欧洲造纸术传播基地[②]。在法国瓦尼科罗岛及附近海域，发掘了7808件中

[①] 王玉喜、韩仲秋：《格物致知：中国传统科技》，济南：山东大学出版社，2017年，第214页。

[②] ［美］理查德·桑内特：《新资本主义的文化》，李继宏译，上海：上海译文出版社，2010年，第63页。

国瓷片，其中青花瓷（片）多达5552件。另外，铜版画也是中法技术物交往的一个"物证"①。法国国王路易十六在印足清帝要求的铜版画数量后，还印了《得胜图》②多份，至今被法国国家图书馆收藏。在荷兰，1603年2月25日荷兰东印度公司的希姆斯柯克船长，在柔佛港口（马来西亚）劫掠了一艘载有1200捆中国生丝的"圣·凯瑟琳娜"号葡萄牙商船。随后，船长公开向欧洲国家抛售船货，阿姆斯特丹由此成为著名的"丝市"。在葡萄牙科英布拉旧圣克拉拉修道院遗址③，发掘了中国瓷器片5000多件，其中可复原的瓷器大概有400件。欧洲国家考古发掘的中华技术物，是丝路上珍贵的文化遗产，也是丝路文化传播遗留下的独特技术景观，它重现了古代丝路中华技术物传播的历史。

亚洲的中华技术物景观

在亚洲，中华技术物景观遗产十分壮观。在伊朗拉达克列城的一次考古发掘中，出土了"各种各样的青铜饰物，其中有手指大小的椭圆形珠子、假宝石制成的珠子、顶部有三角形孔和挂环的铃形垂饰和青铜碎片，石珠与波斯文化有关联"④。在中国西藏以西的克什米尔布尔兹霍姆石器时代遗址中，曾发现"一种长方形骨片，靠近两端刻有横槽，这与伊朗西部克尔曼沙甘吉·达维（Ganj Dareh）新石器时代早期遗址所见的骨片如出一辙"⑤，这或是早期西亚文化与西藏文化交流的物证。1936—1939年，美国纽约大都会博物馆三次发掘伊朗内沙布尔古城遗址，发现有唐代华南产白瓷钵、白瓷碗

---

① 谢小华、刘若芳：《乾隆年间法国代制得胜图铜版画史料》，《历史档案》2002年第1期。
② 谢小华：《乾隆皇帝请法国刻制铜版画》，《北京档案》2004年第10期。
③ 王冠宇：《葡萄牙旧圣克拉拉修道院遗址出土十六世纪中国瓷器》，《考古与文物》2016年第6期。
④ 张云：《上古西藏与波斯文明》，北京：中国藏学出版社，2017年，第264页。
⑤ 张云：《上古西藏与波斯文明》，北京：中国藏学出版社，2017年，第264页。

的残片。在印度的阿萨姆北加贾尔山,"出土了素面红陶和绳纹陶……在印度中央邦的纳夫达托里和南部邦格纳伯莱邦的帕特帕德等地所发现的彩陶带流钵,器形同于云南宾川白羊村出土之陶钵"①。1954年,在日本的冲之岛冲津宫祭祀遗址出土了四片三彩陶片,1969年九州大学冈崎敬教授在此岛又发掘了18片三彩陶片②。日本发现的唐三彩③或为遣唐使、工匠、僧侣带到日本的,或为唐朝政府馈赠的,或为从新罗(朝鲜)或其他地方民间转手获得的。在日本,越窑青瓷出土地点多达130多处,大多集中在九州地区及京都、奈良等地;长沙窑瓷器出土遗址有20余处,主要分布在京都、奈良、九州地区的寺院、墓葬与居住地;白瓷的出土地点约有50多处,主要分布在奈良、京都、千叶、富山以及福冈等遗址④。日本收藏的"宋代建窑曜变茶盏3件、油滴茶盏1件,宋代吉州窑剪纸贴花折枝牡丹纹茶盏1件,宋代龙泉窑青釉直颈瓶1件、青釉凤耳瓶1件,元代龙泉窑青釉褐斑玉壶春瓶1件"⑤,均被视为"国宝"。以上技术景观的再现说明了中华技术物在亚洲的传播广泛,折射出中华技术物亚洲传播的轨迹与历史。

非洲的中华技术物景观

中国瓷器早在6—7世纪就被运往非洲,而大规模地输出大约出现在9—10世纪⑥,从晚唐至清代各个时期均有输出。在埃及、埃塞俄比亚、索马里、坦

---

① 童恩正:《古代中国南方与印度交通的考古学研究》,《考古》1999年第4期。
② 陈文平:《唐五代中国陶瓷外销日本的考察》,《上海大学学报(社会科学版)》1998年第6期。
③ 主要分布在1都1府18个县(京都;大阪;福岛、群马、千叶、埼玉、东京、神奈川、长野、石川、三重、滋贺、奈良、和歌山、兵库、冈山、广岛、岛根、福冈、大分)。参见王维坤:《中国唐三彩与日本出土的唐三彩研究综述》,《考古》1992年第12期。
④ 陈文平:《唐五代中国陶瓷外销日本的考察》,《上海大学学报(社会科学版)》1998年第6期。
⑤ 吕成龙:《日本所定国宝中的中国瓷器》,《故宫博物院院刊》2003年第1期。
⑥ 秦大树:《中国古代陶瓷外销的第一个高峰——9—10世纪陶瓷外销的规模和特点》,《故宫博物院院刊》2013年第5期。

桑尼亚、津巴布韦、赞比亚、刚果等地均发现中国瓷器或瓷片①。在肯尼亚马林迪区域的曼布鲁伊遗址和马林迪老城遗址②，也出土了大量的中国瓷片以及伊斯兰釉陶，尤其是在埃及开罗福斯塔特遗址发掘出土中国陶瓷残片约1.2万块，陶瓷类型多、分布广，几乎包含中国唐宋元明清各个时代的陶瓷。陶瓷来源地亦十分广泛，有河北邢窑白瓷、景德镇青白瓷、浙江龙泉窑青瓷、安徽黄釉瓷、长沙釉下彩青瓷等③。2001年，在非洲南部莫桑比克的圣塞瓦斯蒂安港附近，发现一艘葡萄牙沉船"Espadarte"号，该船载有"嘉靖年造"与"癸丑年造"（嘉靖三十二年，1553年）等款纪年瓷器。"Espadarte"号沉船所出折枝花杂宝纹边饰盘与"南澳Ⅰ号"（或为隆庆年前后沉船）所出丹凤朝阳纹盘如出一辙，另外"Espadarte"号沉船所出枝头鸟纹杯、麒麟纹杯、"一路清廉"纹碗等与"南澳Ⅰ号"出水瓷器装饰风格大体一致。④在非洲，中华陶瓷技术物的文化遗产是海上丝路交往的有力见证，也是中华技术物传播至非洲的景观再现。

美洲的中华技术物景观

大约在16世纪70年代，西班牙殖民者在菲律宾与中国人相遇，从此西班牙人成为中国和拉丁美洲建立"贸易关系"的掮客，中华技术物由此走向拉丁美洲。因此西班牙人把殖民势力从欧洲延伸至亚洲和拉丁美洲，于是亚、欧、美之间的"技术物的交流网"形成。19世纪以来，在墨西哥曾发现5世

---

① 朱凡：《中国文物在非洲的发现》，《西亚非洲》1986年第4期。
② 关于两遗址的发掘情况参见秦大树、丁雨、戴柔星：《2010年度北京大学肯尼亚考古及主要收获》，《中国非洲研究评论（2012）》，北京：社会科学文献出版社，2013年，第247—273页；丁雨：《肯尼亚滨海省马林迪老城遗址的初步研究》，《南方文物》2014年第4期；秦大树、丁雨、刘未：《2012年度中国和肯尼亚陆上合作考古项目取得阶段性成果》，《中国文物报》2013年4月26日，第8版。
③ 朱凡：《中国文物在非洲的发现》，《西亚非洲》1986年第4期。
④ 郭学雷：《"南澳Ⅰ号"沉船的年代、航路及性质》，《考古与文物》2016年第6期。

纪前后的中国佛珠等文物①。在南美洲，秘鲁也曾发现5世纪左右的中国文物。1865年，秘鲁人孔德·德瓜基"在特鲁希略附近掘出一座金属女神像，梳中国式发辫，脚踏龟蛇，神像旁边刻有汉字'或南田井'四字。德国考古学家约塞·基姆克确认这尊神像为中国文物，埋藏地下可能已有千年以上……在秘鲁利马国家博物馆中，有两件画有八卦图形的陶器，编号为1470号。秘鲁历史学家弗朗西斯科·洛艾萨断定它们是中国文物，是千数百年前由中国运到秘鲁的。秘鲁境内还曾掘出一块石碑，虽已剥落不堪、字迹模糊，而中文'太岁'二字却很清楚"②。另外，美国考古队曾在旧金山以北德鲁克海湾附近的印第安人贝冢中，发掘出中国明代万历年间的青花瓷70余件。经考证，这批瓷器来源于大商帆船"圣·奥格斯汀"号，该船是1595年11月从马尼拉经北美沿岸驶往墨西哥的大帆船，但因遇风暴沉没，之后瓷器被印第安人打捞后埋入贝冢。可见，中国和拉丁美洲在"技术物的交往"中留下了许多珍贵的技术景观遗产，这是中华技术在拉丁美洲广泛传播的实物证据，显示了中华技术物在拉丁美洲传播的悠久历史。

总之，在全球范围内，中华技术物在丝路沿线国家留下了许多技术景观遗产，展现了中华技术的全球传播足迹，见证了中华技术物与世界各地人民的交往历史。

中华技术物的全球传播路径

在丝路上，技术物的传播路径主要是依赖丝路贸易展开的。因此，"贸易"是技术物传播的主要路径，但丝路技术物还伴随西方传教士来华以及中外政治关系维护下的朝贡交往而传播。因此，"宗教"和"朝贡"也是技术物的传播路径。

---

① 沙丁等：《中国和拉丁美洲关系简史》，郑州：河南人民出版社，1986年，第27页。
② 沙丁等：《中国和拉丁美洲关系简史》，郑州：河南人民出版社，1986年，第28—29页。

贸易传播

技术物是丝路贸易的对象，也是丝路文化传播的媒介。在丝路贸易与传播中，中华技术物展现出全球交往的功能，实现了跨国家、跨地区和跨民族的全球传播，除了在亚洲传播，还在欧洲、美洲和非洲等地广泛传播。

16世纪初的葡萄牙人首先来到中国"贩卖"中国陶瓷等技术物，随后西班牙人、荷兰人、法国人、英国人等也紧随其后。明正德九年（1514），葡萄牙航海家科尔沙利抵达梦想的东方，并在屯门岛（当时属广东东莞县，今属香港）登岸，从中国商人那里购买了廉价的瓷器，打包运回葡萄牙获利。葡萄牙的里斯本有一条中国瓷器街——"格尔明"街闻名于欧洲。1571年，西班牙非法侵占菲律宾之后，于万历三年（1575）开辟了自广州起航经澳门出海，到马尼拉中转直至拉丁美洲的墨西哥阿卡普尔科和秘鲁利马的贸易航线。荷兰学者C. J. A. 约尔格在《荷兰东印度公司对华贸易》中描述："1604年被俘获的'卡塔林纳'号和另一条葡萄牙商船上的货物在阿姆斯特丹进行拍卖成交，其情景更是令人叹为观止。这些船只当时正行驶在从澳门往马六甲的途中，满载着瓷器、生丝、丝织品、黄金、漆器、家具、糖、药材以及其他中国商品。"[①] 1698年，法国东印度公司商船"昂菲德里特"号在拉罗舍尔港起碇驶向中国，进行海上漆器、瓷器、丝绸等中华技术物的贸易活动。1785年8月1日，法国国王路易十六派遣剌培鲁斯公爵（1741—1788）率"指南针"号和"天体仪"号两艘远洋船从布雷斯特港出发前往远东，进行科学考察与贸易活动。[②]

在美洲，1784年乔治·华盛顿（1732—1799）派出"中国皇后"号商船

---

① C. J. A. 约尔格：《荷兰东印度公司对华贸易》，见中外关系史学会编：《中外关系史译丛》（第3辑），上海：上海译文出版社，1986年，第307页。
② Francois Bellec, *La Genereuse et Tragique Expedition Laperouse*, Rennes: Ouest-France, 1985; John Dunmore, La Perouse, *Explorateur du Pacifique*, Paris: Payot, 1986; Catherine Gaziello, *L'Expedition de Laperouse*, 1785–1788: *Republique Francaise Aux Voyages de Cook*, Paris: C.T.H.S., 2004.

远航中国，或正式开启了中美早期的海上商业贸易①。美国人赖德烈在《早期中美关系史（1784—1844）》一书中如是描述："1784年2月22日'中国皇后'号带着国会颁发的一张船证作保护而出发了⋯⋯于8月28日碇泊于广州的港口黄埔。"②这次来华的美国商船"中国皇后"号，是由纽约港口出发，经威德角群岛航行至好望角，再转至广州黄埔港。1784年底，返回美国的"中国皇后"号带回了大量的丝绸、布匹、漆器、瓷器、牙雕、茶叶等中国货物，美国民众争相购买。美国人卡尔·L.克罗斯曼在《中国贸易：出口绘画、家具、银器及其他产品》中如是记载："虽然小杜德利·皮克曼极大部分投资于丝绸，但是他似乎更关心他的小订单。在他的信里，首先最重要的是两套漆器托盘或碟子，这些漆碟尺寸固定，每套六个。一套给他自己，另一套给他朋友。"③从克罗斯曼描述的"小订单"可以看出美国人对中华技术物的爱好与需求。

郑和七次下西洋，就有四次抵达非洲。"郑和船队携带大量的金银、丝绸、锦缎、瓷器、漆器等，与非洲这些沿岸国家开展了广泛的贸易活动，换取了大量的龙涎香、没药、乳香、象牙等当地特产。"④在今天的索马里布拉瓦郊区还有一个很大的村庄，叫"中国村"，又名"郑和屯"。据说当年郑和使团曾来过这里，这个村子的名字就是为了纪念郑和来访而命名的。这些非洲国家，正是由于郑和第四次下西洋，开辟了新的航线，勘察了海道，从而首次派遣使节来到中国，与明王朝建立了友好的外交和贸易关系⑤，中华技术物由此广泛传播至非洲各地。

---

① 卡洛琳·弗兰克认为，中美贸易开始于独立战争后。
② ［美］赖德烈：《早期中美关系史（1784—1844）》，陈郁译，北京：商务印书馆，1963年，第10页。
③ R. B. Haas and C. L. Grossman, "The China Trade: Export Paintings, Furniture, Silver & Other Objects", *The American Historical Review*, vol.9, no.3, 1974.
④ 华惠：《名垂青史：郑和》，沈阳：辽宁人民出版社，2017年，第107页。
⑤ 华惠：《名垂青史：郑和》，沈阳：辽宁人民出版社，2017年，第108页。

宗教传播

从宗教视角看，古代丝路也是一条宗教之路。两汉之际，印度佛教开始传入中国。7世纪左右，叙利亚教会传教士携景教来到大唐帝国。13世纪末期，罗马教宗尼古拉四世派传教士孟高维诺从海路来到元代中国传播天主教。16世纪，意大利天主教耶稣会传教士利玛窦用"汉语著述"的方式传播天主教教义。西方传教士在中外技术物的交往交流中起到不可或缺的作用。

马可·波罗和利玛窦是中国与意大利交往史上的两个代表性人物。马可·波罗（1254—1324）是13世纪意大利商人与旅行家，在17岁的时候随父亲尼科洛和叔叔马泰奥沿陆上丝路前来东方，于1275年抵达元大都。他在中国游历生活长达17年多，并出任元朝官员，还拜访过当时中国许多地方。16世纪，意大利天主教耶稣会传教士利玛窦于明朝万历年间来到中国传教。传教士沿着古代丝绸之路，不仅传播了他们的宗教信仰，还将中国技术物源源不断地输出到西方世界。据现有史料，宗教应该是中国和德国早期交往的主要缘起。14世纪初，德国的天主教神父阿尔诺德就来到中国元大都，他是踏上中国国土布道的首位德国人。德国耶稣会传教士学者邓玉函（1576—1630）是中德交往的先驱，他与扬州推官王徵合作编译《奇器图说》（三卷），该部书首次向中国人介绍了西方的力学与机械知识。16世纪末叶，西班牙耶稣会士胡安·冈萨雷斯·德·门多萨出版《大中华帝国史》，向西方介绍了中国诸多技术物[①]。1684—1707年，康熙六次南巡，南巡的一项重要内容就是接见传教士。由于康熙对葡萄酒和奇器颇感兴趣，于是传教士经常向他进献西洋物品；在收下礼品之后，康熙通常给予传教士非常丰厚的回报。1699年，杭州天主堂的意大利神父潘国良（1646—1703）就专程到无锡

---

① 全书共分为两卷（第1卷共分3册44章，第2卷3篇旅行记），内容包罗万象，共记载28类，几乎囊括了中国历史文化，其中涉及中国工匠文化的有建筑、庙宇、园林、服饰、瓷器制作、造纸、印刷术、毛笔、丝绸、床单、金银币、宝石、徽章、制炮、造船（战船、驳船、浅水船、内河巡逻船）、生漆等。

迎候,并受到了康熙的接见①。另外,在中西工匠文化交流中,意大利传教士马国贤(1682—1746)借助西方的"铜版画艺术"架起了中西文化交流的桥梁②。1724年,马国贤带着避暑山庄铜版画与他的学生等一行六人返抵意大利,途经英国伦敦时引起了轰动③。"避暑山庄三十六景图"几乎成为英国园林中国风盛行的基点或准备,推动了英国皇家园林设计的创新④。

朝贡传播

在古代中国,"厚往薄来"的朝贡原则已然成为国家外交政治行为体制。但是明以后国家施行海禁政策,原先政治性的朝贡活动逐渐演变成经济性的贸易行为。

所谓"朝贡制度",即明朝政府规定凡是藩属国需要定期向我国进献方物,同时规定凡来贡方物之国或来华的朝贡者均给予一定恩赐。

雍正五年(1727)赏葡萄牙国王库缎、瓷器、洋漆器、纸、墨、字画绢、灯扇、香囊等物,又加赏来使倭缎、瓷器、漆器、纸墨、扇、绢等物。

---

① 韩琦、吴旻校注:《熙朝崇正集熙朝定案(外三种)》,北京:中华书局,2006年,第422页。

② "马国贤在康熙朝的十三年虽然过得并不顺心,但他以其风景画作品和铜版画制作工艺获得了康熙皇帝的眷顾,还曾亲自为康熙画像。……此外,心思灵巧的马国贤还精于制作各种西式器物,仿效利玛窦为万历进献西洋钟且专司钟表维修,马国贤也亲自动手,在清廷造了些西洋钟表。康熙五十二年(1713年),他又根据中国画家承德避暑山庄三十六景的原作,在中国版画家已经做出木版画之后,创制了《御制避暑山庄图咏三十六景》(又名《热河三十六景图》)的铜版画,让康熙帝赞不绝口。"参见张西平:《中外文学交流史(中国–意大利卷)》,济南:山东教育出版社,2015年,第158页。

③ "1724年9月12日伦敦《每日邮报》为此特别作了报道:'有一些中国贵族抵达我们国家,立即被英王召见,遭受空前未有的礼遇。'同时,马国贤还受到了英国伯林顿勋爵非常友好的接待,伯林顿勋爵获得了马国贤的一批雕版画。"参见李晓丹、王其亨:《清康熙年间意大利传教士马国贤及避暑山庄铜版画》,《故宫博物院院刊》2006年第3期。

④ Arthur O. Lovejoy, "The Chinese Origin of a Romanticism", *Journal of English & Germanic Philology*, vol.32, no.1, 1933, pp.1–20.

至乾隆十八年（1753），又特赐国王龙缎、妆缎、花缎、线缎、百花妆缎、绫纺丝、杭绸、玛瑙玉器、珐琅器、漆器、瓷器、紫檀木器等①。乾隆时期，军机处分别拟呈了按常例赏赐英国的物品清单及对英国特别加赏的物品清单②，有紫檀彩漆铜掐丝珐琅龙舟仙台、填漆捧盒、红雕漆春寿宝盘、红雕漆八角方盘、红雕漆龙凤宝盒、红雕漆桃式盒、红雕漆云龙宝盒、红雕漆多福宝盒、红雕漆海兽宝盒、红雕漆春寿宝盒、红雕漆蝉文宝奁、金漆罩盖匣等。这些被赏赐给英吉利国王的漆物都是皇宫里极其珍贵的宝物，接受"恩赐"或已成为欧洲获取中国技术物的重要途径。

当然，除了上述贸易、宗教与朝贡交往中的中华技术物的传播路径之外，还有殖民交往③、战争交往以及其他交往形式中形成的相应传播路径。广泛的传播路径加快了中华技术物的全球传播速度，也为世界民众了解中国以及中国文化提供了媒介。

中华技术物的全球传播机理

就传播机理而言，在丝路贸易、宗教以及朝贡体系中的技术物传播规则或工作方式大致有三种：螺旋式传播、中介式传播与意向式传播。正是这三种传播机理的协同作用，使得中华技术物的全球传播得以实现。

螺旋式传播

技术物传播并非直线型，也没有绝对的传播起点与终点，而是呈现出螺

---

① ［清］魏源：《海国图志》，李巨澜评注，郑州：中州古籍出版社，1999年，第293—294页。
② 中国第一历史档案馆编：《英使马戛尔尼访华档案史料汇编》，北京：国际文化出版公司，1996年，第64—67页。
③ C. Bridenbaugh, *The Colonial Craftsman*, New York: New York University Press, 1950.

旋式传播特点。这种传播机理显示，正在传播的技术物并非来自起点，而是从前技术物传播的一种延续。譬如1510年，葡萄牙攻陷印度西岸的卧亚府，次年攻取马六甲，遣使至印度、中国，进而打开与中国的通商之门。明朝正德九年（1514），葡萄牙航海家科尔沙利抵达中国，葡萄牙人以澳门等为贸易中转站，将大量中国漆器、瓷器运往日本、东南亚以及欧洲国家。葡萄牙人把澳门变为国际通商口岸，转手倒卖日本漆器。但中国陶瓷无法满足葡萄牙民众的日常消费，于是，他们开始购买和使用欧洲的仿中国的青花瓷，这些在里斯本仿制的冒牌"青花瓷"瓷器称为"汉堡瓷"①。16—18世纪的菲律宾以及巴西、智利等国先后沦为西班牙、葡萄牙等欧洲国家的殖民地，而菲律宾与当时的中国本有"朝贡"关系，因此，菲律宾的马尼拉就成为中国商品输往美洲、欧洲的中转站②。或者说，中国、马尼拉和欧美的"三角贸易"成为这个时期中国技术物传播的重要路径。塞维利亚文献记载："马尼拉城是建造在马尼拉河的旁边，那时候，从中国来了3艘船，船上满载货物。"③沙丁等编著的《中国和拉丁美洲关系简史》介绍，1573年"菲岛殖民当局开始向西班牙国王建议由墨西哥派商人来菲岛贸易……1574年有两艘马尼拉帆船驶往墨西哥，船货中只有价值二、三万比索的少量中国商品，包括绸缎712匹，棉布11 300匹，瓷器22 300件等"④。从此，中国和拉丁美洲开始了以马尼拉为中转站的丝路贸易。巴西历史学家弗朗西斯科·阿道夫·德瓦尔雅热认为，葡语"manjolo"（水磨）一词可能源于汉语"磨"，很有可能是葡萄牙殖民者布拉斯·库巴斯将传入葡萄牙的水磨带到巴西的⑤。另外，1503年，养蚕技术经西班牙传入墨西哥伊斯帕尼奥拉岛⑥，墨西哥的丝织业因而兴旺起

---

① 金国平、吴志良：《流散于葡萄牙的中国明清瓷器》，《故宫博物院院刊》2006年第3期。
② 沙丁等：《中国和拉丁美洲关系简史》，郑州：河南人民出版社，1986年，第107页。
③ 菲律乔治：《西班牙与漳州之初期通商》，《南洋问题资料译丛》1957年第4期，薛澄清译自《自由评论》第19卷，第4期。
④ 沙丁等：《中国和拉丁美洲关系简史》，郑州：河南人民出版社，1986年，第56页。
⑤ 张宝宇：《中国文化传入巴西及遗存述略》，《拉丁美洲研究》2006年第5期。
⑥ 沙丁等：《中国和拉丁美洲关系简史》，郑州：河南人民出版社，1986年，第92页。

来。从葡萄牙和西班牙的世界殖民活动看,中国技术物的传播机理呈现螺旋式结构特征。

中介式传播

所谓中介式传播,是指中华技术物传播机理呈现"中转站"作为"传播源"的特征。当代荷兰著名的技术哲学家彼得-保罗·维贝克指出,"中介成为事物的起源"[1],而不是处于中间位置。在全球传播史上,东南亚、中亚等地,都是中国技术物传播的中介源。据季羡林先生考证,在中亚撒马尔罕发生的"怛逻斯之役"(751)中,可能有一些精通造纸的中国工匠成了战俘,进而中国的造纸术传播至阿拉伯以及印度,直至传向全世界。实际上,欧洲、非洲也成为中国技术物传播的中介源。譬如18世纪中叶,德国艺术家施托帕瓦塞尔在不伦瑞克成立一家漆器厂,开始仿制生产上漆的鼻烟壶[2]。18世纪初,德国人波特格尔和恰尔恩豪斯在萨克森选帝侯腓特烈·奥古斯都一世(1670—1733)的资助下,仿制中国硬质瓷器成功[3]。大约在3—7世纪中国提花机传入埃及,从而推动了埃及丝织技术的发展[4]。

意向式传播

在丝路技术物的流动与交往中,技术物传播是有意向性的。所谓的"意向性",即技术物传播的内在指向。意向式传播是中华技术物传播的重要形式。技术物本身的价值功能与意义指向,会意向性地朝向某一方向创造性地

---

[1] Peter-Paul Verbeek, "Expanding Mediation Theory", *Foundations of Science*, vol.17, no.4, 2012, pp.391-395.
[2] 刘迎胜:《丝路文化》(海上卷),杭州:浙江人民出版社,1995年,第298—299页。
[3] 张国刚:《胡天汉月映西洋——丝路沧桑三千年》,北京:生活·读书·新知三联书店,2019年,第291页。
[4] 夏鼐:《新疆新发现的古代丝织品——绮、绵和刺绣》,《考古学报》1963年第1期。

发展与传播。譬如埃及人在中国火器的基础上发明了分别用于野战、攻城和阵地战的特殊火器，这些经埃及人改良后的火器又相继传入埃塞俄比亚和摩洛哥等国①。据阿拉伯史料记载，1109年以前，"造纸术从开罗传到斯加里野，再由此进入意大利。此外造纸术还从开罗沿地中海南岸在北非继续向西传播，并越过直布罗陀海峡进入西班牙。此后，'撒马尔罕纸'这个术语成了西方对汉式绵纸的正式称呼"②。在一定程度上可以说，技术物意向为技术物传播提供产生的条件，后者为前者凝聚资源，并渗透到前者的再生产与发展中。例如，明以后南方民间匠作景观的出现及其所蕴含的匠作技术文化与海外技术物的需求就有着千丝万缕的联系。

中华技术物的全球传播系统及其影响

技术通常是通过技术物来影响人与社会的。或者说，技术本身不能直接影响人与社会，物本身通过技术附加影响着人与社会的诸多方面，包括生活、伦理、精神和文明等。在丝路上，技术物的全球传播系统及其影响，绝非单一的。这些系统和影响具体表现在生活、伦理、精神、文明等领域。换言之，丝路技术物的全球传播重构了全球的生活系统、伦理系统、精神系统和文明系统。

技术物-生活系统

技术物是社会进步的标志物，但它首先是为生活服务的存在物。在丝路上，全球技术物的传播重构了全球的生活环境、生活情趣以及生活方式。

第一，技术物重构了生活环境。环境一般包括自然环境和人工环境等，

---

① 金玉国：《世界战术史》，北京：解放军出版社，2012年，第122页。
② 刘迎胜：《话说丝绸之路》，合肥：安徽人民出版社，2017年，第47页。

在人工环境中，技术物在装饰、移置与改进空间方面发挥着重要作用。譬如"在墨西哥和利马等城市，许多人把中国瓷器当作装饰品摆设在客厅和餐厅里。1686年，在葡属巴西的贝莱姆·达卡乔埃伊拉修道院的教堂钟楼上，也曾用中国瓷器作为装饰"①，这些中国的陶瓷技术物已然渗入家庭、教堂以及其他空间，进而重构当地人的生活空间，改变空间中的生活气氛。美国人房龙在《房龙地理》一书中道出了其间的真谛："中国的绘画、雕塑、陶器和漆器很适合进入欧洲和美洲的家庭，但是印度的作品即使是放在博物馆里也会打破和谐，并且使人感到不舒服。"②房龙的叙述确证了中国技术物在美国室内生活空间中的使用起到了一种"和谐空间"及美化生活空间的作用。

第二，技术物重构了生活情趣③。技术物是生活情趣的一部分，生活的情趣离不开技术物的点缀或象征性的显示。房龙在《荷兰共和国的衰亡》中指出："凡希望别人把自己看作是对更高尚的生活有兴趣的人，都会去搜集贵重的书籍、瓷器、硬币、南美的蝴蝶或其他什么，只要是罕见的和昂贵的。"④换言之，中国的技术物成为人们高尚情趣或格调的象征。或者说，丝路上的技术物重构了丝路沿线国家民众的生活情趣。当然，技术物不仅可以重构全球民众的日常生活情趣，还可以重构精神生活或宗教生活的情趣。譬如在萨瓦拉的一座圣母院内，会看到中国技术物的风格，"小教堂的塔楼不仅与亚洲的宝塔形状相似，而且装饰其托座的图案具有明显的中国风格"⑤。小教堂的塔楼显示出丝路技术物传播的力量，即便是宗教生活也渗透着中国元素。

第三，技术物重构了生活方式。在丝路交往中，人们获得技术物的同时，其生活方式也随之改变，毕竟不同技术物的使用方式是不同的。生活中，为了适应技术物的形状或高度，就必须改变生活方式。譬如汉唐人使用

---

① 沙丁等：《中国和拉丁美洲关系简史》，郑州：河南人民出版社，1986年，第69页。
② ［美］房龙：《房龙地理》（下），杨禾编译，北京：金盾出版社，2014年，第72页。
③ ［德］利奇温：《十八世纪中国与欧洲文化的接触》，朱杰勤译，北京：商务印书馆，1962年，第13页。
④ ［美］房龙：《荷兰共和国的衰亡》，朱子仪译，北京：北京出版社，2001年，第77页。
⑤ 刘文龙：《拉丁美洲文化概论》，上海：复旦大学出版社，1996年，第45页。

的平矮漆几传播到日本之后，直接影响了日本人盘腿而席的生活习惯。另外，对技术物的选择，也会影响人们的生活方式。譬如中国的瓷器餐具改变了欧洲人的饮食习惯，进而重构了他们的生活方式；指南针以及航海业的发展，促成了全球很多沿海地方的民众"以海为家"的生活方式。

技术物-伦理系统

在丝路上，人们对技术物的使用与交换也是社会伦理的体现，技术物至少重构了人的象征系统、行为系统和秩序系统。

第一，技术物重构人的象征系统。在技术物的交换与交往过程中，技术物传播所承担的重要使命不仅在于技术物本身的使用功能或消费价值，还在于产出以及建构人与人之间的象征关系或想象学伦理。人与技术物的"象征关系"指向技术物使用者的身份象征、阶层象征或经济象征。因为，技术物本身的"技术含量"是与财富、功能和经济状况相匹配的。"墨西哥的塞万提斯家族和科尔蒂纳公爵等，为了夸耀其门第的显赫和高贵，都曾派专人赴华订制成套的'纹章'瓷。他们在居室厅堂精心布置摆设中国屏风、精雕漆柜、镂花硬木家具以及丝绸绣花台布和窗帘，墙上贴着中国的壁纸并悬挂着中国的山水字画，造型优雅、高达一米多的大号中国瓷瓶，则摆在富丽堂皇的大客厅里，并备有各式中国瓷制餐具，非常引人注目地显示他们的财富和地位。"[1]一切技术实践都被嵌入物质、步骤、关系的伦理或构架当中，或者是由这样的伦理或构架建成，这是一张无缝之网，技术物与社会伦理相互形塑、相互构造。

第二，技术物重构人的行为系统。在技术物的使用过程中，技术物本身是没有道德行为表征的，但技术物会指引或隐射行为者对技术使用的道德选项。抑或说，"技术物具有内在的道德属性"（笔者译）[2]。19世纪法国和日

---

[1] 沙丁等：《中国和拉丁美洲关系简史》，郑州：河南人民出版社，1986年，第111页。
[2] Peter-Paul Verbeek, "Materializing Morality: Design Ethics and Technological Mediation", *Science Technology & Human Values*, vol.3, 2006, p.367.

本宫廷的部分"保守派",就担心民众大量使用中国的漆器或瓷器会影响本国的白银输出,进而将这个"使用选项"附加了民众的"道德"判断。伏尔泰说:"这些(使用器物的)礼节可以在整个民族树立克制和正直的品行,使民风既庄重又文雅。"①这就是说,技术物的使用也能反映出使用者的行为特征与个人品行。同时,人的行为的实践理性主要来自技术及技术物的支撑,没有技术与技术物的行为是无法获得实践理性的,譬如指南针技术的发明,对丝路航海实践具有重大的"实践理性"支撑作用。

第三,技术物重构人的秩序系统。一切社会都有相应的技术,都有具备一定技术含量的技术物,它们被用于生产、生活、交往、敬奉、征战、贸易。技术物对于构建生活伦理秩序是相当重要的,如伏尔泰对中国"文雅风尚"的技术物就怀有敬意,他说,"跟他们一道在北京生活,浸润在他们的文雅风尚和温和法律的气氛中"②。显然,伏尔泰看到了技术物在建构生活空间与社会秩序上的功能。在这个意义上,技术物所承担的功能还在于产生与建构人与人之间的秩序关系。孟德斯鸠在《论法的精神》中指出:"从最广泛的意义上讲,法是从事物的性质中产生出来的必然的关系。"③尽管孟德斯鸠对中国文化完全持有"他者"利益视角或否定的立场,但对通过丝路传入技术物之法或"礼仪"给法国民众带来的秩序是肯定的。孟德斯鸠的"法是从事物的性质中产生"的理论在中国先秦法家思想那里能得到印证。先秦法家思想就是从先秦技术物的"模""范""规矩"等工匠理论中得到启示的,并产生"法"的思想。技术物对于先秦法家思想具有重要的建构意义,并通过传播间接影响了其他国家和地区对"法"的认识。

---

① [法]伏尔泰:《风俗论》(上册),梁守锵译,北京:商务印书馆,1994年,第250页。
② [法]伏尔泰:《哲学辞典》,王燕生译,北京:商务印书馆,1991年,第165页。
③ [法]孟德斯鸠:《论法的精神》,许家星译,北京:中国社会科学出版社,2000年,第1页。

技术物-精神系统

技术物的文化内涵与艺术气息直接重构了使用者的时空精神、艺术感知和审美修养。因此，技术物重构了人的精神天赋、精神气质和精神美学。

第一，技术物重塑了精神天赋。在丝路技术物的交往中，人们对技术物的选择、使用和贸易总是伴随精神文明的发展而变换。或者说，技术物在对精神需求的满足中也重塑了精神本身。在一定程度上，技术物能改变使用者的生活时间轨迹和空间范围选择，并重塑或发现使用者的精神天赋。艾黎·福尔指出："德国的工匠曾经接受过法国泥瓦匠与画匠的教导，对荷兰画家的技巧瞠目结舌，对意大利的素描画家和湿壁画家佩服得五体投地。几乎在佛兰德与意大利确定了自己的品质与意愿时，德国才逐渐开始意识到本民族的天赋和需要。"①这说明丝路上流动的技术物是激发他者精神天赋的媒介。

第二，技术物重塑了精神气质。在丝路技术物的交往中，技术物的艺术价值被不断地"发现"或"再发现"。18世纪的英国，漆艺产业进入发展的鼎盛时期。英国人约翰·泰勒、约翰·巴斯泰克维勒、丹尼尔·米尔斯、托马斯·阿尔古德和其子爱德华等均是英国著名的漆器制作高手。1680年，英国的家具商开始仿造中国的漆艺，大量生产漆艺家具。"帕特里克·赫伦（1920—1999）是一位英国抽象画家，他最初是在父亲的丝绸披肩工厂……担任首席织物设计师，他接受委托所做的设计图形包括甜瓜、彼岸花和阿兹台克人，它们都是直接印刷在丝绸上的，这对他日后在画布上的抽象绘画风格有着极大的影响。"②可见，丝路上流动的技术物创生了他者的精神气质与禀赋。

---

① ［法］艾黎·福尔：《世界艺术史》（上），张泽乾、张延风译，武汉：长江文艺出版社，2004年，第482页。
② ［英］皮亚塞纳·山姆、菲利普·贝弗利：《创意绘画的65个秘密》，韩子仲译，上海：上海人民美术出版社，2016年，第112页。

第三，技术物重塑了精神美学。在丝路技术物交往中，技术美学的传播也在不断持续与演绎。17世纪末期到18世纪，英国家具设计师汤姆·齐平特采用中国福建漆仿髹漆家具，开创了具有中国美学特色的"齐平特时代"。一直到20世纪二三十年代欧美"装饰艺术运动"兴起之时，中国漆艺的装饰美学思想还在深刻影响着西方，如让·杜南酷爱采用中国漆艺装饰邮轮"诺曼底号"，并大量使用漆绘屏风。换言之，丝路上流动的技术物重塑了他者的精神美学品质，也激发了他者美学思想的创生。

技术物-文明系统

技术物重构了生活、伦理和精神系统之后，对人与社会的文明重构作用就越发凸显出来。因此，既要认识到技术物的生活性、伦理性和精神性，又要看到技术物的社会性以及文明性。一切社会都有技术，都有带技能含量的技术实践和技术物品，它们被用于经济生产、制度实施、政治管理或宗教改革。

第一，技术物重构经济文明系统。在丝路技术物的传播过程中，技术物对沿线国家经济文明建设的重构力量是明显的。譬如在丝路贸易体系下，"墨西哥银元得到了广泛的流通，并一度成为我国通行的银币。这大大促进了我国商品货币关系的发展，直接推动了我国由使用银两到使用银元的币制改革，对我国商品经济的扩大起了积极的作用"[1]。显然，技术物对商品经济发展的影响是深远的。16世纪早期，中国养蚕技术从西班牙传入墨西哥中南部地区，墨西哥丝织业的繁荣，引起了西班牙人的不满。"西班牙为保护本国的丝织业，并使西属美洲在经济、政治上处于依附地位，便对墨西哥新兴的丝织业采取了遏制政策。"[2]这说明，技术物的传播也会对经济发展起到负面作用。

---

[1] 沙丁等：《中国和拉丁美洲关系简史》，郑州：河南人民出版社，1986年，第90页。
[2] 沙丁等：《中国和拉丁美洲关系简史》，郑州：河南人民出版社，1986年，第92页。

第二，技术物重构制度文明系统。在丝路技术物的传播过程中，技术物带来的一系列生活、伦理、技术、精神、经济的重构力量，汇集到"交往制度"上，自然就产生了对制度文明的重构。因为，一切丝路交往或文化传播都是在特定的制度下进行的。培根说，中国的火药改变了世界的一切状态，包括西方"骑士阶层"的制度文明体系。马克思说："火药、指南针、印刷术——这是预告资产阶级社会到来的三大发明。火药把骑士阶层炸得粉碎，指南针打开了世界市场并建立了殖民地，而印刷术则变成新教的工具。"①马克思既评价了中国技术物的世界贡献，又指出了一个更加深刻的问题——技术物生产和制度文明以及世界交往的关系。

第三，技术物重构政治文明系统。技术物不仅作用于经济文明和制度文明，还对政治文明产生深远影响。在近代中国，西方的"坚船利炮"同样影响并重构了中国的政治文明体系。波斯第二帝国（即萨珊波斯帝国，224—651）时期，"工匠"已然成为社会结构中的一个独立政治集团。"随着长期的迁徙、征战和最后转入农耕，萨珊社会逐渐形成了三个比较固定的职业集团：祭司、武士和农牧民。之后又分化出第四个职业集团——工匠。"②雅克·布罗斯在《发现中国》中这样描述："他们（英国人）与中国的贸易逐渐变得对他们成为一种生死攸关之必要了。他们不再仅仅是为了寻求丝绸、瓷器和漆器了，尽管随着18世纪之豪华风气的发展，使这些商品的需求也大幅度地增加了。"③这句话暗示了，英国向东方的殖民扩张已经从传统的经济贸易转向更深层次的政治领域。

第四，技术物重构宗教文明系统。在丝路贸易中，中华技术物对西方宗教的影响也是显而易见的。譬如伊丽莎白·爱森斯坦认为，谷登堡的印刷

---

① 《马克思恩格斯全集》（第47卷），北京：人民出版社，1979年，第427页。
② 亓佩成：《古代西亚文明》，济南：山东大学出版社，2016年，第532页。
③ [法]雅克·布罗斯：《发现中国》，耿昇译，济南：山东画报出版社，2002年，第92—93页。

机技术为欧洲的宗教改革铺平了道路①。马歇尔·麦克卢汉在《谷登堡星汉璀璨：印刷文明的诞生》一书中论及"技术-宗教命题"，就主张技术物对宗教的重构价值。技术物对宗教的重构还表现在宗教建筑、佛像、法器、服饰等方面，譬如中国的髹漆技术对佛像制作产生影响，中国的建筑技术也影响了日本佛教建筑设计，印度佛教建筑技术对中国建筑的影响也是比较明显的。

延伸

在全球史视角下，流动的中华技术物作为丝路贸易的对象，已然成为全球技术景观中的独特文化现象。在全球传播过程中，中华技术物实现了从"技术物的传播"到"文明物的传播"之演变，创生了跨国家、跨地区和跨民族的崭新的技术景观与技术文化，展示了中华技术物的全球传播功能与侨易价值，凸显了中华技术物在全球身份认同、社会政治秩序以及精神文明等方面的作用。通过研究，至少还能得出以下几点启示：第一，当今社会，缺乏的不是不断引发社会变革的后现代"革新技术物"，而是需要珍惜那些濒临失传的手工技术物，它们在促进全球文化交往、社会再生产和维护社会情感稳定方面曾发挥过重要作用，也仍将继续发挥作用；第二，技术物的革新与创造是社会进步的核心动力，社会进步最终要体现在制度文明上，而技术物本身对制度文明具有间接影响，技术物的不断进步与革新促使社会制度文明的相伴而生和实时调适；第三，丝路技术物作为传播媒介，对全球民族身份认同、文明价值观的表达，以及社会伦理、精神道德的重塑发挥特定的功能与价值，当代"一带一路"的技术物传播是全球化交往的需要，对全球经济、制度与文明水平的提升具有深远影响。

---

① ［德］伊丽莎白·爱森斯坦：《作为变革动因的印刷机：早期近代欧洲的传播与文化变革》，何道宽译，北京：北京大学出版社，2010年。

技术物传播的现象与哲学

　　中华技术物的全球传播不仅发挥了技术物特有的生活、伦理和情感的文明价值与功能，还显示出独特的文化建构力量，进而激发和维系丝路沿线各民族、国家和地区居民的人文情感。毋庸置疑，中华技术物或中华技术文明并没有受到时空的限制，它已经传播至全球很多国家。丝路上的中华技术文明的流动性显示出，任何文明都不是孤立的或静止的，中华文明与世界其他文明是互动的与互鉴的。或者说，中华技术物或中华技术文明的全球传播昭示人类文明是流动的、互鉴的，并显示出中华文明在全球文明体系中的身份。

　　实际上，全球各大文明体都在文明发展过程中发挥着自己独特的价值，都有为人类命运共同体发展做出贡献的巨大潜力。在当今社会，全球所有文明及国家政治行为体所面临的共同问题是如何促成全球文明的持续繁荣与健康发展。人们应当摒弃反技术主义论调，以及欧洲中心主义或东方中心主义偏见，在全球主义视野下共同构建人类命运共同体。

附录
技术史书写的困境与援引

在学科史研究领域，技术史研究与工艺史、科学史等历史研究的界限模糊，这在很大程度上归因于技术史研究面临的结构性与制度性障碍，以致出现孤立的欧洲中心论、绝对的功利主义和狭隘的文明优越论等技术史书写偏见。研究思想及其来源的赤字是直接导致技术史书写困境及其意义危机的根本原因，正确地援引技术全球史、技术社会史和技术交往史等研究范式，或能为技术史书写获得正本清源、格物致知和知往鉴今的认识论意义。

"界限"（或称为"界域"）是一个学科史研究范式理论的重要认识论范畴。没有界限的学科史是不存在的，这样的学科史也就失去了学科存在的独立性与重要性，也或降低为一般历史的身价与地位。因此，学科史的书写总是面临一般历史与学科史界限的认识论困扰与选择。对技术史书写而言，目前国内外学界就存在重大的界限困境问题，尤其是中国技术史与工艺史[①]、科学

[①] 譬如杨永生编《哲匠录》（中国建筑工业出版社2005年）所录诸匠，肇自唐虞，迄于近代，凡于工艺有所贡献均录。本编分14类，即营造、叠山、锻冶、陶瓷、髹饰、雕塑、仪象、攻具、机巧、攻玉石、攻木、刻竹、细书画异画、女红，每类之中又分子目。故凡所引据，附录原文。汇集了中国古代至民国以来建筑师传略，但对传统匠作技术史书写主要还是基于工艺史视角。

史[1]、工程史[2]等研究界限混淆问题表现突出。

  从根本上说，寻找技术史研究的界限就是确立技术史书写的认识论范式。譬如近代社会以来，与技术史书写关系最为密切的是从工艺史、科学史的视角认知去发现技术史。但令人遗憾的是，绝大部分对工艺史、科学史的研究并没有给技术史研究带来多大的益处，这在很大程度上恐怕要归因于对技术史研究边界认知的模糊。工艺史书写目的是呈现工匠手艺的技艺史，它主要属于艺术史的范畴；科学史的研究涉及的是科学本质、理论与结构的历史，它基本属于自然科学史的范畴。因此，如果采用通过将工艺史和科学史加以区分而发现技术史的学术研究办法，在一定程度上呈现出来的研究结果只能是避开了技术史本身的实质问题，进而将技术史书写沦落为一般历史研究或科学知识研究，却放弃了技术史本身所关联的实质性理论问题。实际上，对学者而言，寻找界限是研究过程的首要工作，在一定界限性知识体系中工作是研究者的根本认识论选择。或者说，包括技术史在内的历史书写需要一定的界限性认知论引领，否则或陷入无界限性的知识史海洋中，进而会迷失研究对象的独立性与重要性，其研究价值与科学性必然遭到人们的怀疑。

  在本质上，认识论，即范式。对技术史书写认识论的选择就是对技术史书写范式的确立，研究范式的确立是技术史书写的基础理论。没有范式的技术史书写是迷茫的，也是困难的。

---

[1] 譬如卢嘉锡总主编《中国科学技术史》（科学出版社1998年）是通过对中国和西方科学技术进行大量具体的分析和比较，全面而又系统地论述了我国古代科学技术的辉煌成就及其对世界文明的重大贡献，其中谈及中华工匠技术主要是从科学技术的视角论及，技术史书写或被搁置在科学史的附庸位置上。

[2] 譬如吴启迪主编《中国工程师史》（同济大学出版社2017年）系列丛书从"工程师"的视角，较为详细地记录了古往今来冶金、建筑、水利、纺织、通信、道路与桥梁、机械、能源、空间技术、船舶、计算机等领域百余项中国重大工程技术史，其中不乏工匠技术史之记载。譬如在第一卷《天工开物：古代工匠传统与工程成就》中记载了中华古代工匠传统技术工程活动。

界限的困境：工艺史、科技史与技术史

与其他专门史研究相比较，技术史研究是很不够的，研究团队与研究体量都是很小的，研究思想及其来源贫乏，技术史学科发展也不是很充分。除了技术史研究学者少之外，这恐怕主要归因于技术史研究面临诸多结构性与制度性的困境。在结构性层面，匠作技术史、人文技术史和工程技术史研究的失衡现象是普遍存在的，尤其是对中国匠作技术史的研究几乎还停留在一般历史学研究层面。在制度性层面，欧洲技术史研究主要停留在近代科技史层面，这主要受到近代欧洲科学革命以及资本主义工业制度的影响。中国古代的学术制度对学者的历史视野、理论范式与思维方法的选择也有明显的偏向，致使很多技术史知识体系被搁置在中华文明史之外，或零星地出现在部分考工著作中，如《考工记》《齐民要术》《梦溪笔谈》《农政全书》《天工开物》等技术史著作。当然，中国技术史研究滞后和世界上其他国家的技术史研究滞后的原因是相同的——作为一个学科史体系研究是很晚的。实际上，18世纪70年代以来，技术史研究才逐渐走入人们的学术视野。技术史成为独立学科体系的研究对象不仅出现得很晚，而且技术史与工艺史研究始终没有走出独立自主的研究步伐。直至19世纪，技术史作为一门独立学科才得以出现，技术史研究便进入新的研究阶段。但是此时的技术史研究还存在这样的问题：技术史通常作为科学史的"附庸"出现，即在"科学技术史"的书写体系中旁及技术史研究。因此，过去人们对技术史的研究存在两种写作界限性混淆：一是技术史未能与工艺史分开；二是技术史与科技史混淆。这两种技术史书写习惯不仅降低了技术史研究的独立性，还未能彰显技术史本身存在与发展的重要性。

技术史与工艺史的混淆

在学科属性上，技术史与工艺史有明显的学科性差异或知识体系的差异，尽管工艺史也兼谈技术史，但工艺史所论及的技术史与纯技术史知识体系中的技术史是有很大差别的。工艺史中的技术史书写是为阐释工艺本身而服务的，技术史的独立性与完整性受到严重挑战。很显然，在知识体系内，技术史与工艺史的混淆容易迫使技术史沦落于艺术学或美学领域，从而降低技术史在社会文明史中的地位与价值。更为严重的问题是工艺史在过去的历史书写习惯中严重缺失主体论思维，也就是说把工艺史写成了"无名工艺史"。换言之，工艺史体系中的创造主体工匠或艺术家被遮蔽在工艺史知识体系之外。如此遮蔽的后果是将工艺史中的技术史写成了"无名技术史"，以致中国技术史知识体系中的工匠或技术家被无限制地遮蔽，即便如奚仲、墨子、蔡伦、毕昇、蒯祥等技术型工匠也是"熟悉的陌生人"。同时，人们也无法理解中国技术史在世界文明体系中的地位与价值，或较容易形成以自我为中心的技术文明优越论或形成他者文明中心论。譬如当我们不了解苏美尔人陶轮技术（公元前3500年左右）[①]与中国跨湖桥陶轮技术[②]的时候，很容易认为苏美尔人陶轮技术是世界上最早的轮子技术（目前很多技术史均持这种观点），也容易形成奚仲[③]造车轮的文明优越论。因此，技术史与工艺史的界限混淆致使技术史沦落为工艺美术的附庸，降低了技术史的显赫文明史身份，遮蔽了技术史主体（工匠或技术家）的创造性与智慧。由此看来，技术史研究的原创性与主体性亟待加强，要从技术物向技术主体转型，从工艺美术史（或设计史）中剥离，让自己有独立的话语体系和学术体系。

---

① ［英］罗宾·克洛德等：《全世界孩子最爱提的1000个问题》，邱鹏译，哈尔滨：黑龙江科学技术出版社，2007年，第263页。
② 浙江跨湖桥遗址出土的8000多年前的陶器，显示出中国先民制陶历史比苏美尔人要早，更令人惊奇的是出土了一件木砣形慢陶轮，这件陶轮可能是目前世界上轮制陶器的最早证据。
③ 公元前2000年左右，传说奚仲开始造车。《左传》记载："薛之皇祖奚仲，居薛，以为夏车正。"奚仲是东夷古薛国人，相传他是黄帝的后裔。在夏禹之时，奚仲因造车有功，被封为车正，封地在薛国。《新语》记载："奚仲乃桡曲为轮，因直为辕，驾马服牛。"《新语》尽管是根据前人之转述，但这句话却道出了奚仲所造之车的关键技术，即木轮、直辕和牛马牵引。尽管至今未见这位夏朝人奚仲的造车实物，但在《山海经》《左传》《史记》《汉书》中多有史料记载这位造车工匠。

技术史与工艺史混淆的部分原因在于技术史研究队伍的构成和思想来源贫乏。在研究队伍上，中国的技术史研究向来被纳入美术史、艺术史和工艺史等领域，而这些领域的专家或学者自身的学术背景以及研究兴趣决定了他们的技术史只能以一种附庸形式出现，加之研究者本身也没有技术知识体系的学养与储备，其研究思想自然就局限在技术本身之外的美术、艺术和工艺等领域。因此，中国技术史研究体量小、人员少和研究不足，不是学者不愿意研究或没有深入研究，而是专业研究者群体本身就很小，非专业研究群体研究技术史是有思想及其来源缺陷的。换言之，技术史研究和工艺史研究的混淆既有研究队伍构成的原因，也有思想及其来源贫乏的原因。

技术史与科技史

技术史和科技史的混淆也毋庸置疑地降低了技术史的重要性，遮蔽了技术史的独立性。法国历史学家费尔南·布罗代尔（1902—1985）在《十五至十八世纪的物质文明、经济和资本主义》的第一卷中论及"技术史的重要性"，尤其是批评人们"对于农业技术所花的功夫还很不够，甚至连最起码的问题也没有讲透。几千年来，农业始终是人类的主要'产业'，但人们却往往把技术史当作工业革命的史前史来研究"。这就是说，伴随近代科学革命及其广泛的社会影响，人们较多地关注近代科学革命（17世纪）带来的技术发展，很少关注中间技术史或匠作技术史。显然，在科学技术史的书写体系里，技术史也只能作为科学史的附庸出现。

在知识性状上，技术具有显而易见的物质性、工具性和实践性特征，它与抽象性、理论性的科学有明显的差异。但作为附庸出现的技术史无形中就降低了它本身的独特社会功能与价值，技术史也必将逐渐消失于科学史之中。因为在科学史知识体系建构中，技术史显而易见地被忽略了一些重要的实质问题，正如约瑟夫·C.皮特在《技术思考：技术哲学的基础》一书中指出的那样："近来与技术活动关系最为密切的是科学。但令人遗憾的是，绝大部分对于科学与技术之间关系的讨论并没有给我们带来多大帮助。这在很大程度上归因于对知识本质尤其是科学知识本质的一系列假定。科学的目的是生产知识,科学哲学中的大部分工作是认识论的,也就是说,它涉及科学知识的本质、对科学的辩护、科学的结构,以及与某种形而上学论题的联系。因此,如果通过将科学和技术加以区分而发现技术的定义,那么我建议应当按照技术自身的术语考察技术的认识论层面,而无须必然地将其与科学相联系。在科学与技术之间假定一些重要的联系其实是避开了实质问题。"在此,约瑟夫·C.皮特既指出了科学与技术之间的混同无益于技术实证问题的考察,又指出了技术史考察需要从技术自身认识论层面展开的书写路径。

值得一提的是,技术史与科技史的混淆还直接导致了技术史本身的知识性状的遮蔽。正是由于技术具有自身的物质性、工具性和实践性特质,技术才能作为流动的、交往的和互鉴的对象存在。譬如丝路上的技术物的流动、交往与互鉴已然成为一种文化景观,这些技术物作为生活、生产与消费的工具被丝路沿线的国家民众所接受、交换与使用,进而在技术实践领域产生深远的影响,特别是对生活、伦理、艺术、美学、科学、制度等诸多方面产生广泛影响。马歇尔·麦克卢汉(1911—1980)在《理解媒介:论人的延伸》中这样论述:"轮子造就了道路,并且使农产品从田地里运往居民区的速度加快。加速发展造成了越来越大的中心,越来越细的专业分化,越来越强烈的刺激、聚合和进攻性。所以装有轮子的运输工具一问世就立即被用作战车,正如轮子造成的都市中心一兴起就被用作带有进攻性的堡垒一样。人们用轮子的加速运动来组合并巩固专业技术。"可见,轮子技术对社会集中、城市发展、专业分工和技术革新等领域产生深远影响,如果将技术史纳入科学史视野,技术的物质性、工具性和实践性特质必然被遮蔽,于是很难出现全球的技术史或技术的全球史,也就无法看到技术在生活、伦理、艺术、美学、科学、制度等领域的影响史。

一般历史、科技史与技术史的混淆

上述两种书写最大的危机是混淆了一般历史或科技史与技术史的界限，或将一般历史或科技史与技术史等同起来。这种混淆主要是对技术史本身的范式理解出现了偏差。贝尔纳·斯蒂格勒（1952—2020）认为："技术史涉及的是超越各种技术之上的一般性技术本身。"[①]也就是说，技术史是超越一般历史的，但也绝非"特殊、孤立的技术史"。或者说，技术史是建立在一般历史之上的历史，并非孤立的、零散的、单个的技术事件的组合，然而问题的困难是——"只有在一个历史事件的统一体中才能构成一般性历史"[②]。这实际上是一般历史融入技术史的困难之处，即对一般历史事件的抽象是很困难的，这种困难可能导致了技术史书写的三种维度：一是以"技术事件"为纽带，组织技术史书写内容体系，进而把技术史写成了"事件的技术史"；二是以"内生技术"为核心，撰写科学范畴内的"纯粹的技术史"，以致把技术史写成了孤立的技术史；三是以"外生技术"为视角，将技术与社会联系起来书写"普遍的技术史"。这三种技术史的书写维度各有长处，也各有偏狭。

首先，"事件的技术史"之优点在于通观核心技术、关键技术，而缺点在于忽视中间技术或基础技术，进而最后出现了基于事件的技术史观，以至于会得出"技术决定论"的技术哲学思想，因为这些重大技术事件确实决定或改变了社会发展的方向。但事实是，技术史始终是超越所有一般技术本身的历史，并非只是重大技术事件组成的历史。譬如人们对铁犁技术对欧洲影响的研究，容易夸大铁犁对欧洲农业革命和工业革命的影响，甚至认为铁犁技术是欧洲技术史上的一次重大事件性的技术。实际上，铁犁技术对欧洲的影响并非直接促进或改变欧洲国家在农业和工业领域的原有性状，只是在欧

---

① ［法］贝尔纳·斯蒂格勒：《技术与时间：1.爱比米修斯的过失》，裴程译，南京：译林出版社，2012年，第33页。

② 同上，第34页。

洲"内生性力量"作用下才与"外化性力量"相结合,进而生产中国化的欧洲农业或工业革命。同时,"事件的技术史"的宏大书写容易遮蔽技术事件之外的诸多"小的技术史",而这些小的技术史可能恰恰是事件技术史的基础。譬如小小的磨子技术或能在一般历史中见到,但在专业技术史中却很难见到它的身影。但中国的磨制技术从早期的石磨技术到后来的水磨技术,它所涉及的技术领域至少直接涉及食物加工技术(面粉、豆腐等)、水力利用技术(水能)、石头加工技术(石匠技术)、牵引力技术(如马拉磨)等,还间接涉及磨子宗教(以磨为崇拜物)、磨子经济(封建庄园主控制磨子加工而实施磨面缴费和磨子维护纳税政策)、磨子丝路(中国磨子传播世界)等社会领域。可见,"小的技术史"也是"大的技术史",大的事件技术史是由小的事件技术史构成,"抓大放小"的技术史书写也存在一定缺陷。

其次,"纯粹的技术史",即"内生的技术史"或"内史"。主张内生的技术史书写观的,被称为"内生主义技术史观"。"内生主义"者如辛格(1876—1960)等。内生的技术史书写聚焦技术史的内部知识体系的描述与研究,就技术史而技术史,排除技术之外的自然、环境与社会的干扰。"内生主义技术史观"是典型的"学院派技术史观",它的优点在于专注于技术内部系统的生成理论与发展逻辑,强调技术史的内部理论史书写。因此,这种书写常常出现在"科学技术史"书写体系之中,使得技术史成为科技史的附庸,进而降低了技术史的社会语境书写要求,遮蔽了技术史对社会发展的作用,忽视了技术史对人的全面发展的价值,容易形成"技术工具论"或"技术的科学主义"论调,进而也放大了技术理性在知识发展中的作用,这也使得"技术的人文主义"思想崛起成为现代社会的世界性潮流,如何协调"技术的科学主义"与"技术的人文主义"书写也成为技术史书写的难处。

最后,"普遍的技术史",即"外生的技术史"或"外史"。主张外生的技术书写观,被称为"外生主义技术史观"。在技术史领域,"外生主

义"者如刘易斯·芒福德和吉迪恩等，他们主张技术史不是孤立的技术史，是与社会紧密联系的技术史，是社会史的一个表现领域。外生主义技术史观看到了技术与社会的互动联系、技术对社会发展的推动作用以及社会对技术的影响机制。在科技史领域，李约瑟（1900—1995）就提出了著名的"文明的滴定论"，即不同文明之间具有"滴定分析"一样的模式，即一种文明与另外一种文明相遇时，两种文明之间能产生溶解反应。实际上，两种文明之间也绝非完全适用"滴定分析"或"溶解分析"，因为在特定社会语境下能产生滴定的容量是选择性的，并非没有限制的滴定。换言之，技术对特定社会结构影响作用是有选择性的，技术与社会之间的"滴定分析"并非适用所有社会文明之间的互动分析。因此，一般历史与技术史书写存在很大差异性限定。同时，还应该能看到，"普遍的技术史观"容易形成"技术恐惧论"，即认识到技术对社会的反作用而产生的反技术论。譬如我们知道铁犁技术有利于拓荒与深耕，但铁犁也造成土壤中的大量生物量的流失，更造成诸如沙尘暴等自然环境的破坏。戴维·蒙哥马利在《耕作革命：让土壤焕发生机》中指出："农民们喜爱耕犁带来的丰收，但是他们忽视了或者根本没有意识到犁耕带来的副作用。"对此，戴维·蒙哥马利提出免耕思想。再譬如中国先秦时期的老子则主张技术控制论，因为老子担心技术会对社会构成一定程度的威胁。

简而言之，技术史与工艺史、科技史的书写界限混淆是典型的技术史书写困境，其根本原因性问题在于没有区分一般历史与技术史的书写，或也没有理解技术史自身的概念内涵与外延。技术史书写界限的混淆直接导致了技术史书写思想的贫乏，大大降低了技术史的学科地位与重要性，进而失去了技术史学科话语体系与理论体系。

思想的赤字：几种技术史书写偏见

长期以来，技术史书写困境直接导致技术史书写的思想赤字。从根本上说，导致这种书写思想赤字的根本原因在于技术史书写思想及其来源的贫乏。在此，试分析几种比较有代表性的技术史书写认识论偏见。

孤立的欧洲中心论

在黑格尔看来，希腊文明是欧洲文明的来源，是世界无与伦比的文明。这种欧洲文明中心论的思想直至20世纪才开始有人提出与之抗衡的思想，如奥斯瓦尔德·斯宾格勒、阿诺德·J.汤因比、弗朗茨·博厄斯等提出了历史的文化或文明是相对的，并不是以某一文化或文明为中心的。在世界文明史叙事中，西方文明一直以来遮蔽或忽视了中华文明在整个世界文明体系中的价值与功能。实际上，基于欧洲中心论的西方学者不仅无视西方文明的流动性，也忽视了世界文明在流动中的资源重组和时空缔造的特质。正如埃里克·沃尔夫（1923—1999）在《欧洲与没有历史的人民》（*Europe and the People Without History*）中指出的那样："人类世界是一个由诸多彼此关联的过程组成的复合体和整体，这就意味着，如果把这个整体分解成彼此不相干的部分，其结局必然是将之重组成虚假的现实。"换言之，欧洲中心论者或有将世界文明整体解体成虚假欧洲文明史的潜在危险。不过，约翰·霍布森（1858—1940）、埃里克·沃尔夫等学者的"西方文明的东方起源"思想已然宣告欧洲文明中心论的破产。在技术史领域，辛格、霍姆亚德及霍尔共同撰写了《技术史》（*A History of Technology*）；法国多马斯编写了《技术通史》（*Histoire Generale des Technigucs*）（1962、1964、1968年出版），其副标题为"古往今来的进步"；苏联兹渥累金等出版《技术史》；日本中山秀太郎撰写了《技术史入门》。他们均主张技术史书写是绝对静止的，在世界文明体系中的各个国家技术都是相对的，并非以欧洲技术史为中心。实际

上，中国古代的磨子技术、轮子技术、纺织技术、陶瓷技术、指南针技术、火药技术、造纸技术等在欧洲的传播与影响，已经是驳斥了那些欧洲文明中心论的最好证据。同时，伴随苏美尔人、叙利亚人以及玛雅人等的古代技术文明的发现，孤立的欧洲文明中心论也不攻自破了。包括技术文明在内的世界文明绝非静止的，而是不断流动的。因此，技术史书写采用孤立的、静止的方法论存在巨大的风险与悖论。

从更深层次分析，孤立的欧洲文明中心论的技术史或文明史的书写有明显的政治化意图，即将技术史纳入政治史研究范畴之内。这样做的风险在于无形绑架了技术史书写走上国家功利主义的道路，否定了他者技术文明的存在，将自己的技术文明陷入孤立之中，最后导致自己的技术史书写思想越来越受限制，无法获得人类技术史本来的历史原貌。

绝对的功利主义

在中国，绝对的功利主义技术史观是存在的，这是毋庸置疑的。如果学术思想与学术功利绑架在一起，学术的独立性与社会价值则会遭到怀疑。然而，学术史书写的功利主义存在巨大的隐蔽性，也存在某种制度性和社会性的"自我正当性"。譬如当学者穷尽中国技术史或欧洲技术史上对全球文明产生重要价值的技术谱系之后，很有可能产生中国技术文明优越论思想，即所有材料或指向证明中国技术文明的全球身份与价值，并显示出自我文明的优越感，进而把自我技术文明史写成了"技术赞美史"或"技术优越史"，这是典型的技术史书写的功利主义思想。

功利主义技术史书写具有显而易见的偏见，无视技术的全球分异，也无视技术的全球传播，这是学术短视行为。譬如，如果你只是看到火药技术、罗盘技术、印刷技术、鼓风技术等在中国的原创性技术粒子的书写，没有看到这些技术在全球传播中的技术升级、技术转换、技术应用等发展，或很容易陷入中国技术优越论的书写之中。因为，在全球视野下，技术迭代发展与升级往往不是在一个国家和地区展开的。譬如中国早期占卜风水的罗盘技术被传播至欧洲的时候,欧洲人将罗盘技术使用到航海以及殖民扩张之中,进而大大改进了罗盘指南技术装置与水平。另外,罗盘指南技术被传播至日本并被使用一段时间之后,原来使用在木船上的罗盘指南针已经不能适应日本的铁船了,于是日本又对指南针技术做了改进。因此可以看出,绝对的功利主义技术史书写主要是全球思想或视野的匮乏,最终在技术赞美史中迷失自我技术史,无法深入理解人类技术史的实质问题。

狭隘的文明优越论

在地理空间与社会制度的影响下,中外历史上的文明优越论是长期存在的。譬如在早期中华文明体系中,大汉民族中心主义、中原王朝中心主义、农耕文明中心主义等思想是普遍存在的。在此种思想影响下,包括中国技术史在内的文明史则毋庸置疑地被写成了"尊王攘夷"的单一汉民族的历史,譬如当前现有的美学史、技术史、艺术史、美术史等都被写成了汉民族的美学史、汉民族的技术史、汉民族的艺术史、汉民族的美术史等,所有这些历史研究写成了大陆历史中心主义的历史,诸如海洋文明、森林文明、高原文明等也就被遮蔽了。在此种文明史下,农耕文明史被无形放大和聚焦,也就像巨大的文明聚光灯一样,照亮了农耕文明的历史,在农耕文明周边则是一片黑暗区域。可见,狭隘的文明优越论书写思维是具有很大局限性的,其思想来源在时间、空间与场域上都是贫乏的。同样,欧洲的文明优越论也普遍存在,古希腊文明、基督教文明和近代欧洲科技文明是欧洲技术史书写中最为常见的文明优越论表现领域。"言必称古希腊"(欧洲文明之源)、"信仰上帝"(拯救世界)和"欧洲科技引领世界"(中国科技缺场)是西方人书写技术史的基本认识论,以致出现狭隘的欧洲文明中心论的基本立场,并产生技术史书写意义的危机。

概言之,上述技术史书写的偏见在于学术研究路径与视界单一化、狭窄

化与静止化倾向明显，学术目标过于强调绝对的功利主义，学术创新只专注于狭隘的文明优越论，最为主要的是研究思想及其来源贫乏，进而出现技术史书写的诸多危机。

可能的援引：新范式及其意义

技术史的书写困境实际上是技术史书写认识论或研究范式的困境。没有认识论的技术史书写是危险的，它极其容易导致技术史书写走向平庸化的材料堆积和粗鲁的黏合。对技术史研究而言，它的研究认识论范式直接决定其研究意义。因此，技术史书写需要援引或注入必要的研究范式及其核心要素，以解决技术史书写的诸多困境。针对上述现有的技术史书写难题，可从技术的全球史、技术的社会史和技术的交往史等视角援引可能的书写范式，以期获得正本清源、格物致知和知往鉴今的技术史书写意义。

从全球史视角理解技术分异：正本清源

从全球史视角理解技术，即从"技术全球史"范式理解技术，以缓解或减少对技术区域史研究的过分"优越"与"自豪"。因为，在全球史视野内研究会发现，区域技术史相加并非能构成全球技术史，每一个区域技术史俨然是全球范围内的技术迭代发展史——或以螺旋上升的模式，或以断点升级的模式发展。譬如古印度骑士阶层发明的马镫技术在全球的传播就显示出全球技术迭代发展模式的特征。伴随中印丝路交往以及佛教文化在中国的传播，印度的布质或皮质马镫很快传至中国北方，匈奴人或蒙古人在接受印度马镫技术粒子之后，很快在工艺上和材料上做了技术改进，于是发明了中国式的铁质马镫。中国马镫技术经过中亚和西亚人传至欧洲之后，欧洲人逐渐将铁质马镫改进为钢质马镫。在全球范围内的马镫技术的流徙与改建中，马镫技术的源流性历史脉络以及马镫技术在各国的差异性发展清晰可见，且这种技术在各个国家或地区板块中做断点式发展。

相对于抽象的科学史而言，技术史具有显而易见的物质性的特征。就物质而言，技术的物质性依附决定了技术从来就不是静止的，因为被消费的物质从它诞生那一刻起就始终处于运动之中。譬如罗盘技术是属于中国的，也是属于世界的；轮子技术是属于苏美尔人的，也是属于欧洲民众的。因此，对技术史的意义探索离不开对技术物的流动性的考察。那么，技术全球史必将是技术史研究的重要路径或范式。在技术全球史视野下考察技术或技术物有助于澄清该技术或技术物的源流，即做到"正本清源"。否则我们的研究会局限在较小的空间范围内成"井底之蛙式"的研究，如此就易陷入民粹主义的技术史书写困境，即容易在对本民族技术文明的自夸与自大中迷失方向，甚至陷入文明中心论的窘境。

在理论上，技术或技术物的"事件意义"将技术断点、板块和差异聚合到一起，进而形成技术事件意义的网络、板块与共生。在此，技术的全球史范式涉及的书写核心要素有"断点–网络"（断点化网格）、"板块–整体"（板块式整体）、"差异–共生"（差异中共生）等。这里需要阐释三个概念：断点、板块和差异。其一，所谓断点，包括历史性断裂点和空间性断裂点。所谓历史性断裂点，指的是技术事件的历史并非直线发展的，而是以历史断点模式向前发展的；空间性断裂点，指的是技术迭代发展是以非连续空间为发展特征的。譬如印度的马镫技术在中国和欧洲得到很好的利用，但在阿拉伯世界就没有显示出马镫技术的有效性；同时，马镫技术在汉代传入中国之后没有引起注意，也没有得到很好的发展利用，直至魏晋南北朝时期，马镫技术才得以广泛使用，并在战争中发挥了巨大的作用。但无论是历史性断裂点，还是空间性断裂点，马镫技术终究在全球形成了点状的网格化分异，并发挥着互动、互联与互鉴的作用。其二，所谓板块，指的是技术的全球分异是板块式的存在，板块与板块之间是有很多"沟壑"的。也就是说，技术的全球史并非一个完整的构件。因此，在理论上的技术全球史并非是在

空间上具有衔接性与整体性。譬如磨子技术在全球的分异，中国磨子技术（传播至东亚和东南亚）、欧洲磨子技术（欧洲人从东南亚带回）和南美洲磨子技术（葡萄牙殖民者带去的）并非具有直接联系，但是尽管它们之间存在联系上的"沟壑"，但全球磨子技术还是存在"整体"意义上的共同价值，即磨子在全球发挥了在饮食文化（磨谷物）、伦理文化（磨子崇拜）、经济文化（磨子经济）、制度文化（磨坊制度）等层面上的巨大价值。当然，通过技术的"板块"也能看到技术内部的深层次制度、文明及精神，就像通过皮肤上的"斑块"发现皮肤组织内部的机理与细胞一样。因此，在全球史视角，看到的技术板块绝不是孤立的或表层的，已然从技术史外部深入到互动的、深层次的技术史内部。其三，所谓差异，即分异，指的是技术在全球分布与使用是差别化存在的，并非绝对统一地标准化存在。譬如中国磨子技术在全球的传播与使用具有明显的分异性特征：当中国磨子技术传播到东南亚，东南亚开始使用磨子加工谷物，进而改变了东南亚的农业种植方式（开始种植可以磨的小麦）和饮食习惯（面粉食物增多）；当中国磨子技术被传播至欧洲国家后，像英国中世纪的寺院经济产生了深刻的变化，其中磨坊经济成为他们控制僧侣、农民的一种手段；当中国磨子传播至南美洲，他们（如巴西）用磨子技术发展蔗糖经济，进而深刻影响了南美洲的经济水平并且因吃蔗糖而改变了身体结构。同时，全球各地为了适应自己的社会、经济、农业的发展，也相应改变或革新了中国磨子技术。尽管全球磨子技术存在很多技术和使用上的差异，但是它们的共同技术粒子来自中国磨子技术。换言之，技术总是在差异中共生。那么，技术史的书写也要从全球分异中发现共生规律，找到一般历史之上的技术史。

从社会史视角理解技术意义：格物致知

从社会史视角理解技术，即从"技术社会史"范式理解技术。"技术–社会论题"是技术史上经久不衰的研究范式，它通常从技术的社会意义和社会的技术意义两个视角探讨技术的社会史价值。前者容易产生"技术决定论"（技术决定社会发展），后者容易产生"技术恐惧论"（社会对技术产生反作用）。

实际上，相对于理性的科学史而言，技术史具有毋庸置疑的实践性特征。就实践而言，技术的实践性指向表明技术从来不是独立于社会系统之外的，它总是与社会系统中的经济、政治、制度和伦理等建立了稳固的结构关系。譬如磨子技术推动了欧洲中世纪的寺院经济，造纸技术革新了欧洲的宗教制度，鼓风技术加速了欧洲农业改革，罗盘技术影响了世界的伦理关系。在技术社会史的视角考察技术或技术物，毋庸置疑地能对技术理解做到的"格物致知"的系统意义效果，明鉴技术物在社会发展中应该有的作用与功能，否则对技术史的研究容易陷入就技术而技术的技术决定论或技术恐惧论的危险境地，以至于夸大或缩小技术的社会意义。

在理论上，在"外史"中找到"内史"的意义，是技术史书写的必然路径。技术与社会的关联是技术及其技术物的实践性决定的。没有印度骑士制度也就没有了马镫技术的萌芽；没有马镫技术，欧洲骑士阶层也就不会出现。没有中国魏晋时期的南北战争，也就没有马镫技术在中国的定型；没有阿拉伯人和蒙古人等西传马镫技术，也就很难有欧洲马镫技术的引进与使用，并催生封建制度的萌芽。很显然，技术史的外史和内史是统一的。于是在研究技术的社会史的时候，至少要涉及的核心要素是"技术–经济""技术–政治""技术–制度""技术–伦理"等。就经济、政治和制度而言，技术史与它们的关联和交融是显而易见的，这里重点阐释一下"技术–伦理"要素。"技术–伦理"要素至少包含上层技术史书写要义：技术的伦理、技术物的伦理和技术景观的伦理。其一，在"技术的伦理"要义层面，技术史的书写要揭示技术协调、支配或影响人与人之间社会关系的历史。譬如早期的罗盘技术在宗教仪式、风水占卜以及方位确定上就协调了人与自然的关系以及人与人的伦理关系，后期的罗盘指南技术在引导人们的航海行为、殖民扩张和新大陆的发现等领域就发挥了重大的伦理意义上的作用，改变了全球人们

之间的交往与交流关系，也加速了全球国家和民众的交往进程与传统伦理关系的解体。其二，在"技术物的伦理"要义层面，技术史的书写旨在呈现技术物之间的伦理以及技术物与人之间的伦理。在技术粒子层面，技术物的技术绝非孤立存在的，它总是以某一基础技术粒子为基础而逐渐迭代展开的。譬如中国战国时期的铸铁技术很快引发鼓风技术的发展，而鼓风技术的进步则影响到铸剑技术、农业技术（生产工具）以及军事技术（战争武器）的变革，进而进一步加快诸侯国家的兼并速度以及国家统一的进程。换言之，铸铁、鼓风炉、宝剑、农具、武器等技术物的出现改变了社会伦理关系，技术物在推进社会及其伦理的发展进程上发挥了巨大的作用。其三，在"技术景观的伦理"要义层面，技术史书写要在技术和技术物的"场景景观"中发现潜移默化的伦理价值。譬如生活在基于古典建筑技术景观中的环境、语境和场景，人们对这种技术景观的文化熏陶、美学吸收和浸染无疑改变了环境伦理质量，诸如江南园林、皇家园林、民间宅院等技术景观中的伦理关系及其所形成的伦理质量是具有明显的差异的。换言之，不同的技术景观所生成的技术文化或技术文明是不同的，也显示出技术景观在伦理层面具有一定教育意义和文明意义。

概而言之，技术的伦理书写就是对技术的理性思考，理性思考是为技术发展制定"规则"或"标准"，以保证技术在合法性和合理性的正确轨道上发展。对技术的伦理思考也是对技术处于相对"混乱关系"时的"拨乱反正"，并使技术拥有正当的"知识产权"。

从交往史视角理解技术互鉴：知往鉴今

从交往史视角理解技术，即从"技术交往史"范式理解技术。在全球视野下，技术与技术物是流动的，并在流动与交往中实现文化和文明的互鉴，进而发挥技术的全球价值。

在"马克思交往理论"视野，全球技术或技术物的交往不仅是物质交往,还是思想交往或文明交往。因为,技术物是一定艺术、文化与美学的技术物,技术物绝非单纯技术的存在物,它包含技术物创造者及其国家和地区的制度、思想与文化。因此,这样的技术物在流动过程中必然会产生思想的流动和文明的流动,进而会改变技术物原有的技术景观及其文化含义。譬如当中国扇子技术物传播到欧洲的时候,欧洲人将扇子运用到宫廷、艺术、绘画和交往之中,进而产生了中国化欧洲扇子美学思想。

  在技术的物质性和实践性的支配下,技术史具有潜在的文明性与教育性的特征。就文明性而言,技术对人类的行为、习惯、思想等具有显而易见的影响作用,以致对经济、政治、生活、制度与环境等多种文明样态产生深远的影响。那么,技术文明史研究必然成为技术史研究的重要路径或范式。但就教育性而言,技术或技术物的存在为他者学习提供了示范,在全球流动中的技术或技术物必然成为文明互鉴的对象。换言之,技术史研究旨在建构一个技术文明共同体,否则技术史的意义会局限在技术本身之上,而湮没技术史之外的文明意义与教育意义。

  "知兴替"是技术史研究的价值目标之一。因为,"以史为镜"是技术史研究的意义旨归,为未来"正衣冠"需要技术史。对此,在交往史的视角理解技术,技术史书写将会产生"交往-交流""交融-滴定""互鉴-共同体"等核心要素。这些要素的关键是基于互鉴基础上的"技术共同体",它是技术史书写的学术使命,即找到哪些在技术史上曾经发挥过巨大作用的技术共同体。譬如,在技术史研究中发现,磨子技术共同体、轮子技术共同体、鼓风技术共同体、罗盘技术共同体、耕犁技术共同体、马镫技术共同体等在全球范围内发挥了意义深远的影响。那么,这些经典的匠作技术为何在全球交往中发挥了巨大作用,又是如何在全球交往中实现技术价值共享与互鉴,这就是交往的技术史要研究的内容,以期为当代技术的全球交往提供史学支撑与依据。不过,"技术共同体"永远是技术史研究的一种学术理想,因为很多技术的全球共享还存在制度性与安全性障碍,人类自我保护主义和敌对思想是永远不会开放所有技术领域的。

延伸

综上所述，对技术史研究而言，认识论范式直接决定其研究意义。从全球史视角阐证技术的全球分异，则能做到对技术理解的正本清源，明确技术在全球史中的源流、身份与地位；从社会史视角阐证技术的经济、政治与制度的功能，则能做到对技术理解的格物致知，以期理解技术在社会系统中的作用；从交往史视角阐证技术的交往、交流与互鉴，则能做到对技术理解的知往鉴今，以期获得应该有的研究启迪与价值。一言以蔽之，技术史研究的意义跟研究者对技术史认识论范式有密切关系。研究者拥有什么样的认识论，他就有相应的研究思想及其框架结构，这些进而深度影响研究者对技术史的理解，也影响到技术史本身的意义客观再现。进一步说，技术史理解的意义和技术史本身意义的相对完整叠合需要有效的认识论范式援引与跟进。

技术史的现象与哲学

在德国技术史研究传统中，人的技术与技术的人是他们一以贯之的研究主题，特别是在德国的技术哲学史传统中，这一主题显示出很强的研究生命力。譬如"技术时代的人和劳动"是1951年马堡技术哲学会议的主题，"技术引起人的变化"是1953年图宾根技术哲学会议的核心议题，"技术场中的人"是1955年慕尼黑技术哲学会议的主题。不过需要指出的是，除了英国科技史家李约瑟，欧洲的技术史或技术哲学研究对中华技术（这里指"传统匠作技术"）与人的关系研究是不够的，尤其忽视了中华技术引起的全球变化与影响。

在哲学层面，劳动与休闲（也是马堡技术哲学会议议题）都是人的权利和创造价值的生存方式。劳动创造了人本身，同样休闲也是创造人本身的一种方式。劳动与休闲之间的基本逻辑是在劳动中实现休闲权利及其意义。但

就劳动与休闲的哲学史观而言,大体存在以下几种看法:

第一,劳动与休闲的统一。劳动与休闲统一观认为,休闲以劳动为前提,"劳动本身就是休闲的手段"①,"离开劳动的休闲没有意义"②。原因是,物质劳动为休闲提供基础保障,而物质劳动本身是自由劳动,自由劳动也是一种休闲。猪木武德在《经济思想》中辟专文论"劳动与休闲",他认为人并不是为了工作而工作,很大程度上是为了休闲而工作,并援引《旧约》说,"安息让人靠近上帝",还援引休闲学之父亚里士多德的《政治学》指出,"工作是为了休闲"③。猪木武德指出了休闲与劳动的辩证关系,并认为休闲不是一般意义的消遣,休闲是一种高贵的事情——接近休闲文明的劳动或精神文明劳动。换言之,劳动和休闲的统一集中体现在"文明性"上。物质劳动或工作就是为精神劳动或工作提供基础,精神劳动或工作为物质劳动或工作提供思想反哺。劳动和休闲的统一还体现在休闲对劳动的影响。孙海植认为,"休闲对劳动的影响是指劳动逐渐具有休闲的性质"④,即休闲与劳动在"自由性"上达到契合与统一,否则休闲会滑入普遍意义上的消遣,劳动也会逐渐沦为失去自由的劳动。

第二,劳动与休闲的异化。在马克思看来,劳动异化是工人失去休闲的主要原因。根据马克思的研究,所谓"劳动异化",首先是政治的和经济的异化(包括社会财产的异化、社会关系的异化等),然后才是劳动的异化(包括劳动者的异化、劳动产品的异化和劳动行为的异化等)和人的异化(包括休闲的异化等)。也就是说,马克思从资本主义制度的深层次揭示了劳动与休闲异化的本质原因。很显然,在异化观体系中,劳动与休闲是孤立

---

① [韩]孙海植等:《休闲学》,朴松爱、李仲广译,大连:东北财经大学出版社,2005年,第140页。
② [英]斯迈尔斯:《品格的力量》,李红艳编译,北京:中国商业出版社,2010年,第53页。
③ [日]猪木武德:《经济思想》,金洪云、洪振义译,北京:生活·读书·新知三联书店,2005年,第223页。
④ [韩]孙海植等:《休闲学》,朴松爱、李仲广译,大连:东北财经大学出版社,2005年,第46页。

的，甚至是对立的。譬如托马斯·古德尔等在《人类思想史中的休闲》中援引凡勃伦的观点（见《有闲阶级论》）指出，"有闲阶级"通过休闲达到炫耀自我财富，并就此拉大自我同老百姓之间距离的目的[①]。这就是说，有闲阶级的"休闲"已经是异化了的休闲，他们的物质财富并非建立在自己劳动基础上的劳动财富，以致将劳动与休闲决裂开来。另外，休闲本身的异化具有腐朽性和消极影响性特质，它也可能导致人们的物质劳动异化，因为不正当的休闲空间、休闲内容和休闲方式会直接形成物质劳动本身走向异化的危险。换言之，劳动的异化和休闲的异化是相互依存的。

第三，劳动与休闲是一种社会现象。劳动和休闲既是个人的，也是社会的。原因是，个人劳动和休闲总是受社会制度、社会环境与社会思想影响。譬如，先秦社会个人的休闲被赋予了社会道德之"吉庆、美善"之含义。《论语》云："大德不逾闲。"魏晋时期社会上盛行的隐逸之风很明显受制于玄学制度而发生，唐代社会的休闲之风以及宋代士大夫的休闲生活均是社会语境的产物。同样，李渔的"闲情"也是社会制度与思想的产物。罗歇·苏在《休闲》中认为，休闲是一种个人选择，但各种社会决定论相对地影响个人选择，以至于"由于休闲所取得的规模，它已成为一种社会现象"[②]。这就是说，休闲作为社会现象的一个前提是"休闲所取得的规模"，也就是"各种社会决定论"的规模。作为社会现象的劳动与休闲，劳动与休闲之间既存在同一，又存在矛盾的关系。只有当劳动和休闲走向社会的文明性、自由性的创造时，它们之间的关系才走向同一面；当劳动和休闲走向自私工作和个人消遣时，它们之间的关系就走向了矛盾面。因此，作为社会现象的劳动与休闲之间的关系是很复杂的，但劳动与休闲的基本面是始终如一的，即在劳动中分配正义，在休闲中获得权益。

第四，技术对休闲的威胁。近代工业革命以来，伴随科学技术的发展与

---

① ［美］托马斯·古德尔、杰弗瑞·戈比：《人类思想史中的休闲》，成素梅等译，昆明：云南人民出版社，2000年，第212页。
② ［法］罗歇·苏：《休闲》，姜依群译，北京：商务印书馆，1996年，第3页。

运用，机器化生产已然破坏了人的劳动与休闲之间的适当平衡。工人的劳动被束缚在机器旁，劳动与休闲之间的鸿沟开始出现，休闲成为一种奢侈。同时，伴随劳动技术的进一步发展，流水线和机械化作业减少了工人的数量，进而又使得大部分工人失去了工作而进入"赋闲阶层"。于是，在资本主义工厂开始出现诸如工厂工作制、休闲需求与供给的规定、休闲的政策与教育制度等，以缓解劳动与休闲之间的矛盾。换言之，社会制度或是缓解劳动异化和休闲异化的建构路径。实际上，劳动和休闲异化也可以通过技术本身得以解构。在本质上，休闲是基于生命意义的生活存在，技术为生命提供物质基础。技术与休闲并非天然的矛盾与对立的范畴。正如马克思所认为的，休闲是"在精神上掌握自由的时间"，休闲是通向人的自由的路径，而技术则是为人在精神上掌握自由时间提供物质基础的。技术威胁论或技术恐惧观之所以诞生主要还是受制于技术决定论、技术价值论与技术理性论等思维的影响。

那么，技术与人的劳动以及休闲之间到底存在何种关系？在本质上，技术是属于人的技术，是人的身体功能的时空延伸。延伸身体功能的技术目的在于不断改进人的劳动空间与休闲时间状态。劳动的时空结构决定了劳动的意义与属性，技术又是引起劳动与人身体变化的根本要素。可见，身体、技术与休闲在劳动中得到统一，劳动技术延伸了身体，劳动技术赋予了休闲时间，而休闲时间又创造了人类精神文明。劳动是社会空间中最具时间意义的行为，基于技术的不同劳动方式会引起不同的空间变化。劳动技术的革新与使用引发社会空间中的劳动意义的变化，进而引起社会空间中人的时空变化。社会空间中的技术物也绝非孤立物，它们改变了社会空间中的劳动方式、劳动工具与劳动制度，进而引起了定居生活、国家统一、村落结构、城市布局、海洋扩张以及全球扩张等空间变化。劳动使时间变得有意味，技术引起时间的变化。其中，休闲时间是劳动时间之外的非劳动时间，也是劳动技术引起时间变化体系中最有价值的时间变化。在时间知识体系中，休闲时间又引起了人们的游戏时间、文艺时间、宗教时间、美学时间、哲学时间等精神领域的时间兴起与发展，为人类创造了灿烂辉煌的精神时间文明。

跋

2018年，笔者向国家推荐社科基金研究选题《中华工匠通史》（多卷本），得到同行专家认可，该选题被选确立为2018年国家重大招标选题。在后来的招标中，诸多单位和个人参加了该选题本年度的社科基金重大项目招标。遗憾的是，在外审过程中，该选题申报的标书评审出现了"意外"（与规定中标票数差了一票）。不过，同年度该选题的其他申报者都没有申报成功。随后，笔者接到了国家社科基金办的通知，该选题降格为"年度重点课题"，并缩小研究范围，最后笔者确立了本标书中的第四子课题——"中华工匠制度体系及其影响研究"为主攻方向，并获得国家社科基金办的同意与列项。

尽管没有申报成功，为了完成《中华工匠通史》（多卷本）的学术愿景，笔者还是按照个人的学术计划向前推进。更值得一提的是，写作更加"自由"和"随性"了。很快完成了三卷本的《工匠文化三论》，即《士与匠的交往》（第1卷）、《工匠精神分析》（第2卷）和《描绘器度》（第3卷），并交由中国社会科学出版社出版（2021年版），全书由陕西师范大学和陕西师范大学人文社会科学高等研究院资助出版。紧接着，笔者着手研究中华工匠技术全球史，并顺利完成写作计划。此时，刚好接到世界图书出版公司李忠良先生的约稿，并很快签订了出版合同。笔者相信，后面除了"中华工匠制度体系及其影响研究"成果之外，还会有系列相关研究成果面世。

这就是说，目前读者看到的《匠心致远：影响全球文明的中华工匠技术》，它已不是国家社科基金重大项目研究成果，如同《工匠文化三论》一样，是个人计划的国家社科基金重大项目研究成果。如此写作的好处，是按照自己的兴趣和意愿"随想随写"，但不足的是，没有像原来设计的《中华工匠通史》（多卷本）的研究具有体系性了。

在本书出版之际，特别感谢世界图书出版公司李忠良、罗明钢等先生与赵茜女士，他们为本书面世付出很多汗水，还要感谢陕西师范大学人文社会科学高等研究院李继凯、胡玉康、李胜振等先生对笔者的学术支持与帮助。

笔者

2021年5月1日